| 질문하고, 생각하고, 표현하고, 해결하는 |

깊이 있는 수업

김현섭 지음

수업디자인연구소
INSTRUCTION DESIGN INSTITUE

깊이 있는 수업

1판 1쇄 발행 2025년 4월 10일

저 자   김현섭

발행인   김성경

편집인   김현섭

교정 및 윤문 김경아

표지디자인   마음선아 인스타 @maeumsuna_calli

디자인   조주영

발행처   수업디자인연구소   www.sooupjump.org

도서문의   031-502-1359   eduhope88@naver.com

주 소   경기도 군포시 대야2로 147, 201호

ISBN   979-11-983077-0-5

값 18,000원

서문

　2022 개정 교육과정에서 수업과 관련하여 강조되고 있는 개념이 '깊이 있는 학습'이다. 깊이 있는 학습이란 학생이 학습 내용을 자기 지식화 혹은 체화하여 새로운 상황에 적용하고 문제를 해결할 수 있도록 소수의 핵심 내용을 깊이 있게 배우는 것을 의미한다. 즉, 깊이 있는 학습이란 '양(量)'보다는 '질(質)'을 추구하는 학습이라고 할 수 있다. 학생들이 다양한 지식을 암기하고 개념을 단순하게 이해하는 수준을 넘어 지식을 삶 속에서 적용하여 실천 역량을 키우고, 분석 및 종합적 사고, 비판적 사고를 통해 사물과 현상을 깊이 있게 바라보고, 문제 해결력을 바탕으로 새로운 대안을 창출하도록 해야 한다는 것이다.

　어떤 교육학 용어와 교육 정책을 제대로 이해하려면 당시 사회적, 교육적 문화를 잘 이해해야 한다. 왜냐하면 새로운 용어는 기존 교육 현실과 문화를 비판하며 그 대안으로 제시되기 때문이다. 예컨대, '배움 중심 수업'은 기존 수업의 문제점을 교사의 가르침 중심 수업으로 이해하고 대안적 개념으로 등장했다. 교사 중심, 지식 중심의 강의식 수업(강의식 설명법, 문답법)에 대하여 비판하고 학생 참여와 수업 혁신을 강조한 개념이다[1]. 학습(學習)이란 '배우고 익히는 것'을 말한다. 그런데 '배움 중심 수업'은 배움만 강조하고, 익힘은 상대적으로 소홀히 여겼기에 학력을 중시하는 보수 진영의 비판을 피하기 힘든 부분이 있었다. 미래형 수업인 역량 중심 수업에서는 배움과 익힘을 넘어 '깨침'을 강조했기에 배움 중심 수업은 한계가 있었다.

　'교육과정-수업-평가의 일체화' 담론과 정책은 교육과정과 수업과 평가가 과도한 입시경쟁 문화 때문에 왜곡되어 서로 분리되는 현상을 극복하기 위한 대안으로 제시된 것이다. 또한 '과정 중심 평가'도 수행평가의 문제점을 보완하기 위해 등장한 개념이다. 기존 객관식 선다형 평가의 한계를 극복하기 위해 수행평가를 도입했지만, 수행평가에 대한 학생들의 학습 부담이 커지고, 무엇보다 수업 시간에 다루지 않는 내용이나 활동을 학교 수행평가로 제시하는 경우가 발생하였다. 이러한 문제를 해결하기 위한 대안적 개념이 바로 '과정 중심 평가'이다. 기존 평가 문화가 상대적 서열화를 전제로 한 '결과 중심 평가'라고 바라보고, 평가 관점을 과정 중심으로 바라볼 수 있도록 강조한 것이다. 하지만 과정 중심 평가의 경우, 결과를 빼고 과정만 평가할 수 없기에 개념상 근본 한계가 있었고, 평가 관점이다 보니 수행평가나 형성평가와 혼동하는 경우가 발생하였다. 초등학교에서는 교수학습 활동 자체를 과정 중심 평가로 이해하는 경향이 생겼고, 중고등학교에서는 결과 중심 평가를 여러 번

---

1) 경기도교육청은 교육감 민선 1기 시절 학교 혁신의 출발점을 수업 혁신으로 바라보았다. 처음에는 일본 '배움의 공동체'로부터 영향을 받아 해당 용어를 그대로 사용했으나 일본의 배움의 공동체 운동과 경기도교육청의 배움의 공동체 정책이 혼동되자 정책연구를 통해 개발한 개념이 '배움 중심 수업'이다. 당시 '배움 중심 수업'과 '배움의 공동체'의 차이점을 수업 방법의 혁신을 넘어 교육과정 재구성을 포함한 수업 접근이라고 규정하였다.

실시하는 것을 과정 중심 평가로 이해하기도 하였다. 이러한 문제점을 보완하기 위해 '성장 중심 평가'가 등장하게 된 것이다.

미국은 고등교육 수준이 세계 최고라고 할 수 있지만, 초중등 교육은 동아시아 국가들보다 학력이 많이 떨어진다. 이러한 문제점을 보완하기 위해 등장한 개념이 성취기준, 백워드 교육과정 개발, 이해 중심 교육과정이다. 성취기준이란, 중앙집권형으로 표준화된 교육과정을 강조하는 동아시아 국가와 달리 지방분권형 학교 교육과정의 자율성이 강화된 미국 학교들의 성적 향상 관리를 위해 등장한 개념이다. 교육과정을 개발할 때는 기본적으로 목표 ⇒ 내용 ⇒ 방법 ⇒ 평가 순으로 가는 포워드(순방향) 교육과정이 순리(順理)이겠지만, 학력 신장을 강조하다 보니 평가를 강조해서 목표 ⇒ 평가 ⇒ 내용 ⇒ 방법 순서로 바꾸고, 평가가 교육과정과 수업을 이끌 수 있도록 변칙적으로 바꾼 것이 백워드 교육과정이다. 그리고 이해를 사고의 단계가 아니라 사고의 결과로 접근하여, 이해를 개념적으로 확장하여 강조한 것이 이해 중심 교육과정이다. 성취기준, 백워드 교육과정 개발, 이해 중심 교육과정 등은 2015 교육과정에 영향을 미쳤다.

개념 기반 교육과정과 개념 기반 탐구학습을 기반으로 한 국제 바칼로레아(IB)가 최근 우리나라에서 미래형 교육과정으로 각광받으면서 일부 교육청을 중심으로 여러 학교가 IB 학교 인증학교로 운영되고 있다. 이러한 맥락에서 개념 기반 교육과정이 2022 개정 교육과정에 큰 영향을 미치게 되었고, 교수학습 영역에서 '깊이 있는 학습'으로 연결되었다.

'깊이 있는 학습'도 코로나 이후 중위권 학생의 하향화 현상 등 학력 저하 문제, 미디어 문화의 변화 및 디지털 문화의 확산, 난독증 학생 증가, 인공지능 기술 등장으로 인하여 급변하는 사회문화 환경과 교육 환경에 대응하는 대안적 접근이라고 할 수 있다. 지식과 정보를 많이 전달하는 수업보다 본질적이고 핵심적인 것에 초점을 두고 깊이 있게 접근하는 수업이 필요하다는 것이다. 불안한 미래 사회를 대비하기 위해서는 기존 지식만으로 부족하다는 것에 공감하고, 삶의 다양한 문제를 해결할 수 있는 '역량'에서 그 해답을 찾으려는 움직임이다. 그런데 역량이란 지식을 활용할 수 있는 힘이다. 수많은 지식과 정보 중에서 문제 해결을 위한 지식을 선택해 실행하려면 고차원적 사고 역량이 뒷받침되어야 한다. 단순한 지식을 찾는 것은 구글링 등 인터넷 검색만으로도 충분하고, 수많은 지식을 검색하여 우리가 원하는 정답으로 가공하는 것은 생성형 인공지능이 사람을 대신할 수 있게 되었다. 이러한 현실 속에서 대안으로 등장한 것이 바로 '깊이 있는 학습'이라고 할 수 있다.

이 책은 깊이 있는 학습을 위한 다양한 수업 전략에 초점을 두어 정리하였다. 깊이 있는 수업 전략으로서 질문 기반 수업 디자인, 개념 기반 탐구학습, 협동학습, 융합 독서 수업, 교과 융합 프로젝트 수업, 인공지능 활용 수업, 논서술형 평가 등을 본격적으로 다루었다. 이 책이 깊이 있는 수업을 고민하는 모든 분에게 실질적인 도움이 되길 바란다. 무엇보다 하나님께 감사하며....

2025년 2월
저자 김 현 섭

목차

1장.

왜 깊이 있는 수업인가?

1장.
왜 깊이 있는 수업인가?

늘어나는 사교육비, 감소하는 학력

최근 통계청에서 발표한 자료에 따르면 2023년 초중고 사교육비 총액은 약 27.1조 원이다. 이는 2022년 약 26조 원에 비해 1조 2천억 원(4.5%)이 늘어난 것이다. 사교육 참여율은 78.5%, 주당 참여 시간은 7.3시간으로, 전년 대비 각각 0.2%p, 0.1시간 증가했다.

그런데 놀랍게도 기초 학력은 상대적으로 떨어지고 있다. 특히 코로나19 팬데믹 이후 중위권 학생의 하향화 현상까지 나타나면서 기초 학력 미달 학생들이 많이 늘어났다. 교육부에서 주관한 국가수준 학업성취도 평가 결과 중학생의 기초 학력 미달률(지표누리)을 살펴보면 이를 잘 알 수 있다.

	2019	2020	2021	2022
국어	4.1%	6.4%	6.0%	11.3%
수학	11.8%	13.4%	11.6%	13.2%
영어	3.3%	7.1%	5.9%	8.8%

물론 학력 저하 현상의 원인은 다양하고 복잡하게 얽혀 있다. 그중 하나가 학생들의 언어적 소양이 부족해지고 있다는 것이다. 2022 개정 교육과정에서 말하는 언어적 소양이란 '언어를 중심으로 다양한 기호, 양식, 매체 등을 활용한 텍스트를 대상, 목적, 맥락에 맞게 이해하고, 생산·공유, 사용하여 문제를 해결하고, 공동체 구성원과 소통하고 참여하는 능력'을 말한다. 언어는 지식을 담는 그릇이다. 그래서 언어적 소양이 부족해지면 국어와 영어과 성적에만 영향을 미치는 것이 아니라 전 과목에 영향을 미친다. 한글을 이해하나 단어를 이해하지 못하고, 단어를 이해하나 문장을 이해하지 못하고, 문장을 이해하나 문단을 이해하지 못하고, 문단을 이해하나 글의 개요를 잘 파악하지 못하는 학생들이 늘어나고 있다.

숏폼 전성시대와 집중력을 도둑맞은 아이들

학생들의 언어적 문해력이 약해지는 이유 중 하나는 미디어 환경의 변화와 관련이 있다. 최근 미디어 환경이 영상 기반 SNS 체제로 전환되고 있다. 텍스트 기반 SNS인 페이스북의 이용률은 상대적으로 줄어들고 있고, 이미지 기반 SNS인 인스타그램이나 동영상 기반 SNS인 유튜브와 쇼츠 플랫폼의 이용률이 증가하고 있다. 2024년 한국인이 사랑한 1위 앱은 놀랍게도 유튜브였다. 그런데 최근에는 유튜브 영상보다 길이가 짧은 동영상인 숏폼이 더 인기를 끄는 상황이다. 숏폼(short-form)이란 15~60초가량의 짧은 영상 콘텐츠를 말한다. 유튜브의 쇼츠, 인스타그램의 릴스, 틱톡, 네이버의 클립 등이 대표적인 숏폼 플랫폼이다.

> "짧은 길이의 동영상 콘텐츠, 숏폼이 온라인 동영상 서비스의 대세가 되고 있다. 나스미디어 조사 결과 숏폼은 '즐겨 보는 온라인 콘텐츠' 1위에 올랐다. 유튜브 이용자 16.3%는 쇼츠를 보기 위해 유튜브에 들어가고 있었다. 인스타그램의 숏폼 서비스 릴스 이용도 역시 상승했다는 분석이 나온다.
>
> KT 계열사 나스미디어가 발표한 '인터넷 이용자 조사' 결과에 따르면 숏폼 강세가 강화됐다. '즐겨 보는 온라인 콘텐츠 유형'을 물은 결과 "15초 이내 짧은 영상"이 53.2%로 1위에 올랐다. 지난 조사보다 10.1%p 올랐다. 유튜브에서 쇼츠만 보는 행태도 증가했다. 유튜브를 통해 쇼츠만 이용한다고 밝힌 응답자는 16.3%로 지난 조사보다 6.4% 증가했다. 10대 응답자 중 22.8%는 쇼츠만 이용하고 있었다. 온라인 동영상 시청 서비스 이용률 조사 결과 유튜브가 94.4%로 가장 높았으며, 넷플릭스는 60%(0.4%p 상승), 인스타그램은 51.9%(6.2%p 상승)였다. 나스미디어는 "인스타그램 릴스 이용도는 전년 대비 상승했다"고 했다. [출처] 미디어오늘(https://www.mediatoday.co.kr) 2024.3.17.

숏폼은 짧으면서도 강렬하다. 그래서 중독성이 강하다. 숏폼은 우리 뇌가 빠르게 튀어 오르는 팝콘처럼 짧은 영상에만 즉각적으로 반응하는 현상, 소위 '팝콘 브레인' 현상을 일으킬 수 있다[1]. 일부 의사들은 숏폼 비디오가 더 빠르게 많은 도파민을 얻을 수 있는 합성 마약과 효과가 비슷하다며 '디지털 마약'이라는 표현으로 숏폼 비디오에 대해 경고하고 있다[2]. 숏폼 중독 현상은 스마트폰 과의존 현상으로 연결되는데, 2022년 과학기술정보통신부 조사에 따르면 청소년 10명 중 4명은 이미 스마트폰 과의존 위험군인 것으로 나타났다[3].

---

1) 박광식, 「숏폼, 1시간은 '순삭'…학습·주의력엔 빨간불」, KBS 뉴스, 2024.2.15.
2) 닥터프렌즈, 「디지털 마약에 중독되는 현대인들」, 2023.2.9, 유튜브 영상,
   https://www.youtube.com/watch?v=baGptzQOQMo
3) 윤영혜, 「국내 청소년 10명 중 4명, 스마트폰 과의존위험군」, 동아 사이언스, 2023.3.23.

숏폼은 1분 이내 짧은 시간에 흥미와 웃음을 일으킬 목적으로 제작되다 보니 대개 맥락 없는 내용으로 구성되어 있다. 맥락을 이해하는 노력 없이도 해당 영상을 시청할 수 있는 환경은 디지털 리터러시와 문해력 저하에 영향을 미칠 수 있다[4]. 숏폼에 중독되면 느리고 약한 자극에는 좀처럼 반응하지 않는 뇌로 바뀌게 된다. 이는 언어적 문해력 저하의 주요 원인이 될 수 있다.

학생들이 한 가지 일에 집중하는 시간은 19초에 불과하다. 일반 직장인들의 평균 집중 시간도 단 3분에 불과하다. 집중력을 회복하는 데만 평균 23분이 필요하다. 어른도 3분 집중하고, 23분은 산만한 상태에서 일하는 것이다. 요한 하리(Johann Hari)는 『도둑맞은 집중력』에서 이러한 사실을 밝히면서 그 원인으로 빅 테크 기업의 알고리즘 체제, 값싸고 형편없는 식단, 잘못된 ADHD 진단 등을 제시한다. 개인적인 절제력만으로 집중력을 회복할 수 없다는 것을 강조하면서 사회적 차원에서 대안을 찾아야 하고 청소년들의 집중력을 올릴 수 있도록 모두가 노력해야 한다는 것을 이야기한다[5]. 잃어버린 집중력, 몰입력의 회복이 필요한 시기이다.

폭증하는 지식과 정보, 그러나 불안한 미래와 산적한 사회적 문제들

미래학자 버크민스터 풀러(Buckminster Fuller)는 1982년에 '지식 두 배 증가 곡선'을 발표했다. 그에 따르면, 1900년 이전에 인류의 지식 총량은 100년마다 두 배씩 증가해 왔다. 그러던 것이 1945년에는 25년으로, 1982년에는 13개월로 그 주기가 단축되었다. 2030년이 되면 지식 총량은 3일마다 두 배씩 늘어나게 된다. 전문가들은 이 주기가 최대 12시간으로 단축되리라 예측한다. 유튜브에 두 달 동안 올라오는 동영상이 미국의 방송 3사가 지

---

4) 강수연, 「재밌고 자극적인 '숏폼' 시청, '팝콘 브레인' 만든다」, 헬스 조선, 2022.12.15.
5) 요한 하리, 김하연 역(2023), 『도둑맞은 집중력』, 어크로스

난 60년 동안 제작해 온 동영상보다 더 많다고 한다. 지식이 폭발적으로 늘어나는 가장 큰 이유는 지식의 원천이라 할 수 있는 정보(information), 그리고 그 정보의 원천이 되는 데이터의 급속한 증가다. 우리는 지식 폭발(Knowledge Explosion)이라고 말할 수 있는 시대를 살아가는 것이다[6].

지식은 폭발적으로 늘어나고 있지만 안타깝게도 인간 삶의 행복은 지식에 비례하여 늘어나지 않는다. 지식을 어떠한 방향으로 활용하는가에 따라 인간을 행복하게 할 수도 있고, 반대로 불행하게 만들 수도 있다. 사람들은 미래에 대한 기대감보다 불안감으로 힘들어하고 있다. 왜냐하면 미래 사회는 변동하고, 예측하기 힘들고, 애매모호하고, 복잡하기 때문이다. 지금도 세계 곳곳에서 전쟁이 끊이지 않고, 경제 불황과 빈부 격차로 인하여 고통을 겪는 사회적 약자들은 늘어나고 있다. 한국 사회가 가지고 있는 사회구조적 문제점들은 여전히 산적해 있다. 남북 분단에 따른 안보 문제와 이념 갈등, 지역 격차에 따른 수도권 집중화와 지방 인구 소멸 현상, 소득 격차에 따른 빈부 갈등, 저출산과 고령화 현상 등 수많은 문제가 있다.

미래 사회를 살아갈 아이들에게 필요한 것은 역량이다. 그런데 한국 교육의 현실은 아직도 지식 중심의 학력 교육 패러다임에서 크게 벗어나지 못하고 있다.

정답을 찾기 쉬운 인공지능 시대

오픈AI의 챗(Chat)GPT 3.5 등장 이래 생성형 인공지능 기술이 한 단계 도약하면서 일상생활 전반에 인공지능 기술이 활용되고 있다. 챗GPT는 사람이 의사소통할 때 사용하는 언어인 자연어를 분석하는 자연어 처리 작업에 사용

---

6) 김재광, 「지식의 폭발 시대에 효율적 지식 습득을 위한 문서 요약 기술」, 『e-생물산업 웹진』 2020년 6월호

되는 대규모 인공 신경망 모델을 말한다. 2023년 3월에 출시한 챗GPT 4는 챗GPT 3.5보다 신뢰도가 훨씬 높으며, 창의적이고 미묘한 명령을 수행할 수 있다. 챗GPT는 딥러닝 기술 중의 하나인 트랜스포머 기반 모델로서 자연어 처리를 하고, 대규모 데이터를 활용한 사전학습을 통해 생성된 언어 모델이 특징이다. 인간의 피드백을 적극적으로 활용하여 모델을 학습해 정확도를 올리고, 특정 도메인 관련 학습을 위해 미세 조정을 한다[7].

챗GPT 출시 이후 구글의 제미나이(Gemini), MS의 뉴 빙(New Bing), 네이버의 클로바X 등 IT 회사들이 경쟁적으로 생성형 인공지능 서비스를 출시했다. 앞으로 시간이 갈수록 인공지능 기술은 더욱 발전할 것이고, 이에 따라 인공지능이 사회 변화에 큰 영향을 미칠 것이다. 전문직 종사자들이 담당하던 전문적인 업무의 상당 부분을 인공지능 서비스가 대체할 수 있기에 미래 직업 세계에도 큰 변화가 예상된다.

이제 인공지능을 활용하면 정답을 찾기가 그리 어렵지 않은 시대로 전환하게 되었다. 주목할 사항은 인공지능이 사람보다 잘하는 것이 있고, 사람이 인공지능보다 잘할 수 있는 일이 있다는 것이다. 인공지능이 사람보다 잘하는 것은 방대한 정보를 검색하여 원하는 방식의 정답을 짧은 시간 안에 생성하는 것이다. 반면, 사람이 인공지능보다 잘할 수 있는 것은 문제를 선정하고 질문하는 일이다. 그래서 인공지능 시대에는 정답보다 질문 자체가 더 중요하다. 문제를 선정하고, 문제 해결을 위한 질문을 던지고, 인공지능이 제시한 정답의 정확성을 분별할 수 있는 판단력이 필요해진 것이다.

기존 강의식 수업과 객관식 선다형 평가의 한계

현재 우리 수업 문화를 비판적으로 살펴보면, 아직도 지식 전달형 수업, 일

---

7) 정제영 외(2023), 『챗GPT 교육혁명』, 포르체

제 학습, 객관식 선다형 평가 문화에서 크게 벗어나지 못하고 있다. 민선 교육감 등장 이후 수업 혁신 정책으로 소위 '배움 중심 수업'을 강조했고 교실 변화도 많았지만, 코로나19로 인하여 온라인 수업, 블렌디드 수업, 사회적 거리두기를 유지하는 일제 학습과 개별 학습으로 진행되면서 '가르침 중심 수업'으로 회귀한 부분이 있다.

기존 수업 문화는 강의식 설명법과 문답법, 문제 풀이식 수업, 비구조화된 모둠 수업 정도에 머무르는 경우가 많다. 이러한 현상이 나타나는 현실적인 이유가 있다. 강의식 설명법은 일제 학습의 대표적인 수업 방법이라고 할 수 있는데, 장단점은 다음과 같다.

일제학습

장점	단점
• 짧은 시간 안에 여러 지식을 전달하는 데 유리하다. • 오개념 가능성이 작다. • 효율적이고 경제적이다. • 다인수 학급에서 적용할 수 있다.	• 교사 의존도가 높다. • 학생은 수동적인 자세로 구경꾼이 될 수 있다. • 학생이 집중력을 발휘할 수 있는 시간이 제한적이다.

강의식 설명법이 오랫동안 주된 수업 방식으로 자리 잡은 이유는 여러 지식을 짧은 시간 안에 전달하는 데 유리하기 때문이다. 교육과정에서 제시하는 학습 내용과 성취기준이 과감하게 줄어들지 않는 한, 강의식 설명법은 그대로 유지될 가능성이 크다.

교사들이 수업에서 발문 중심의 문답법을 많이 활용하는데, 사실 확인 차원의 닫힌 질문을 주로 사용하는 경우가 많았다. 지식과 이해에 초점을 맞추어 복습을 위한 발문이 이루어지는 경우가 대부분이었다.

문제 풀이식 수업은 제한 시간 안에 많은 문제를 풀어야 하는 수능 대비용으로 최적화된 방법이라고 할 수 있다. 비슷한 유형의 문제들을 많이 풀면 실제 시험에서 실수를 줄이고, 좋은 점수를 얻는 데 도움이 되기 때문이다. 하지만 수시 전형으로 대학 진학을 희망하거나 대학 진학을 하지 않는 학생들에게 문제 풀이식 수업은 별로 도움이 되지 않는다.

비구조화된 모둠 수업은 일제 학습, 강의식 설명법의 한계를 극복하기 위해 많이 활용된다. 하지만 모둠 활동 관리의 어려움, 무임승차자와 일벌레 학생 문제, 시간의 비효율성, 모둠 간 학습 격차 등의 문제로 인하여 교실에서 적용하는 데 많은 어려움이 있다.

평가 방식을 살펴보면 지필고사 시 객관식 선다형 평가 문항의 비중이 여전히 높은 편이다. 객관식 선다형 문항은 평가의 객관성, 신뢰성, 실용성이 좋지만, 가장 중요한 타당성은 상대적으로 떨어진다. 객관식 선다형 문항은 지식과 이해 수준의 사고력을 측정하는 데 유용하지만, 적용, 분석, 종합, 평가, 창조의 사고력을 측정하는 데 한계가 있다. 무엇보다 구체적인 삶의 문제들은 객관식 선다형 평가 방식으로 쉽게 해결할 수 없다. 최근 수행평가의 비중이 높아지고 있지만, 수행평가는 객관식 선다형 평가에 비해 객관성, 신뢰성, 실용성이 떨어진다. 그리고 일부 교사들이 수업 시간에 다루지 않는 내용을 수행평가로 제시하는 경우가 있어서 그 대안으로 과정 중심 평가가 강조되는 상황이다.

깊이 있는 사고

깊이 생각하는 것을 흔히 '사색(思索)'이라고 한다. 사색의 사전적인 의미(표준국어대사전)는 '어떤 것에 대하여 깊이 생각하고 이치를 따지는 것'이다. 사색보다 넓은 개념으로 '사유(思惟)'가 있다. 사유란 '대상을 두루 생각하는 일'로서 '개념, 구성, 판단, 추리 따위를 행하는 인간의 이성 작용'을 말한다. 사유는 사색을 포함한 '넓고 깊이 생각하기' 활동이라고 할 수 있다[8].

깊이 있는 사고는 '사색'을 넘어 '사유'까지 발전할 수 있어야 한다. 사고에 있어서 깊이와 넓이의 조화를 추구해야 하기 때문이다. 생각의 깊이만 강조하면 좁은 영역에 국한된 사고를 할 수 있고, 생각의 넓이만 강조하면 문제 발생 시에 생각이 흔들릴 수 있다. 넓이 ⇒ 깊이 ⇒ 넓이 ⇒ 깊이 ⇒ …의 순환 구조가 형성되어야 진짜 깊이 있는 사고를 할 수 있다. 깊이 있는 사고는 융합적 접근을 통해 향상시킬 수 있다.

깊이 있는 사고를 블룸(Bloom)의 교육목표분류체계학 차원에서 접근한다면 지식(기억), 이해를 넘어, 적용, 분석, 종합, 평가 수준까지 생각하는 것이다[9].

단계	예상되는 학생 행동	수업 과정	주요 용어
지식 (기억하기)	정보를 기억하거나 회상할 수 있으며 사실, 용어, 법칙 등을 인지할 수 있음	반복 암기	정의하기 묘사하기 확인하기
이해 (이해하기)	읽거나 들은 내용을 번역하거나 달리 말함으로써 표현 방식을 바꿀 수 있음	설명 예증	요약하기 부연하기 달리 말하기
적용 (전이하기)	이미 배운 정보를, 배울 당시와는 다른 맥락에서 응용할 수 있음	실습 전이	적용하기 활용하기 응용하기
분석 (관련짓기)	어떤 문제를 구성하는 부분들로 나눌 수 있고, 부분들 사이의 관련성을 도출해낼 수 있음	연역 귀납	관련짓기 구별하기 식별하기
종합 (창조하기)	부분들을 결합하여 독특하거나 새로운 문제 해결 방안을 만들 수 있음	확산 일반화	공식화하기 구성하기 산출하기
평가 (비판하기)	주어진 기준에 따라 어떤 방법, 아이디어, 사람 또는 산출물의 가치를 결정할 수 있음	식별 추론	평가하기 결정하기 정당화하기

8) 고일석, 「사색하기와 사유하기」, 2023.10.23, https://brunch.co.kr/@franz-ny/578
9) 게리 보리치, 박승배 외 역(2002), 『효과적인 교수법』(4판), 프랜티스홀

깊이 있는 수업

즉, 저차원적 사고 활동을 넘어 고차원적 사고 활동을 강조하는 것이다.

지식	이해	적용	분석	종합	평가
저차원적 사고 (Low order thinking)		고차원적 사고 (High order thinking)			
닫힌(수렴적) 사고		열린(발산적) 사고			

블룸의 제자인 앤더슨과 크래스월(Anderson&Krathwohl, 2001)은 신교육목표분류체계학에서 종합을 빼고, 평가 다음에 창조(창안)를 제시하였다. 즉, 기억(지식), 이해, 적용, 분석, 평가, 창조로 재구조화하였다. 창조란 일관적이거나 기능적인 전체를 형성하기 위해 함께 묶거나 요소들을 새로운 패턴화 또는 재조직하기를 말한다. 주요 용어로 생성하기, 계획하기, 산출하기 등을 제시하였다.

하지만 하버드 대학의 프로젝트 제로에서는 이해를 적용, 분석, 종합, 평가, 창조에 앞서는 사고 유형이 아니라 사고의 결과로 판단하였다. 사고는 정해진 순서에 따라 일어나는 것이 아니며, 한 단계에서 다음 단계로 체계적으로 진행하지 않는다. 이보다 훨씬 혼란스럽고, 복잡하며, 역동적이고, 상호 연결되어 있다. 사고는 내용과 복잡하게 연관되어 있다[10].

프로젝트 제로에서는 이해하기를 돕는 사고 활동으로 다음을 제시하고 있다.

• 관찰하고 묘사하기
• 설명하고 해석하기
• 증거로 추론하기
• 연관성 찾기
• 다른 견해와 관점 고려하기

---

10) 론 리치하트 외, 최재경 역(2023), 『생각이 보이는 교실』, 사회평론아카데미

- 핵심 포착하기와 결론 형성하기
- 궁금해하고 질문하기
- 복잡성을 밝혀내고 사물의 이면 바라보기
- 패턴 찾기와 일반화하기
- 가능성과 대안 창출하기
- 증거, 논거, 행동 평가하기
- 계획 수립하기와 행동 모니터링 하기
- 주장, 가정, 편견 식별하기
- 우선순위, 조건, 지식 명료화하기

프로젝트 제로의 성과는 이해 중심 교육과정과 백워드 교육과정 개발 모델과 연결되어 있다. 기존 교육과정 개발 단계가 '목표 ⇒ 내용 ⇒ 방법 ⇒ 평가'의 단계 속에서 이루어지는 포워드 교육과정 개발 모델이었다면, 백워드 교육과정 개발 모델에서는 목표 다음 단계로 평가를 제시하여 '목표 ⇒ 평가 ⇒ 내용 ⇒ 방법'의 순서로 바꾸었다. 평가를 강조함으로써 학습 성과 관리에 초점을 두어 교육과정을 개발하고자 한 것이다. 블룸과 달리 이해 중심 교육과정에서는 이해를 최종 사고의 결과로 얻어지는 산출물로 파악한다.

2022 교육과정의 핵심 아이디어와 깊이 있는 학습

2022 교육과정 각론 내용 체계에서 핵심 아이디어가 새롭게 도입되었고, 성취기준의 의미가 수정되었다[11]. 2015 교육과정 각론 내용 체계는 '핵심 개념, 일반화된 지식, 내용 요소, 기능'을 제시했지만, 2022 개정 교육과정에서는 '핵심 아이디어'를 중심으로 교과(목)에서 배워야 할 필수 학습 내용을 '지식·이해, 과정·기능, 가치·태도'로 세분화하여 제시하였다.

---

11) 경남교육청(2023), 『미리 준비하는 2022 개정 교육과정(초등)』

2015 교육과정 각론 내용 체계

- 내용 체계 : 영역, 핵심 개념, 일반화된 지식, 내용 요소, 기능으로 구성
- 영역 : 교과의 성격을 가장 잘 나타내는 최상위의 교과 내용 범주
- 핵심 개념 : 교과의 기초 개념이나 원리
- 일반화된 지식 : 학생들이 해당 영역에서 알아야 할 보편적인 지식
- 내용 요소 : 학년(군)에서 배워야 할 필수 학습 내용
- 기능 : 수업 후 학생들이 할 수 있거나 할 수 있기를 기대하는 능력으로 교과
  고유의 탐구 과정 및 사고 기능 등을 포함
- 성취기준 : 학생들이 교과를 통해 배워야 할 내용과 이를 통해 수업 후 할 수 있거나
  할 수 있기를 기대하는 능력을 결합하여 나타낸 수업 활동의 기준

2022 교육과정 각론 체계

- 내용 체계 : 영역, 핵심 아이디어, 내용 요소(지식 · 이해, 과정 · 기능, 가치 · 태도)
- 영역 : 교과목의 성격에 따라 기반 학문의 하위 영역이나 학습 내용을 구성하는
  1차 조직자
- 핵심 아이디어 : 영역을 아우르면서 해당 영역의 학습을 통해 일반화할 수 있는
  내용을 핵심적으로 진술한 것, 이는 해당 영역 학습의 초점을
  부여하여 깊이 있는 학습을 가능하게 하는 토대가 됨
- 내용 요소 : 교과목에서 배워야 할 필요 학습 내용
  – 지식·이해 : 교과목 및 학년(군)별로 해당 영역에서 알고 이해해야 할 내용
  – 과정·기능 : 교과 고유의 사고 및 탐구 과정 또는 기능
  – 가치·태도 : 교과 활동을 통해 기를 수 있는 고유한 가치와 태도
- 성취기준 : 영역별 내용 요소(지식 · 이해, 과정 · 기능, 가치 · 태도)를 학습한
  결과 학생이 궁극적으로 할 수 있거나 할 수 있기를 기대하는 도달점

핵심 아이디어란 "영역을 아우르면서 해당 영역의 학습을 통해 일반화할 수 있는 내용을 핵심적으로 진술한 것"이다. 이는 "해당 영역 학습의 초점을 부

여하면서 깊이 있는 학습을 위한 토대"가 된다. 세 가지 영역 구성 요소로서 지식과 이해, 과정과 기능, 가치와 태도를 제시하였다. 핵심 아이디어를 구현하는 데 있어서 학생이 질문을 제기하며 학습자가 의미를 구성하는 탐구 과정이 필요하다. 핵심 아이디어는 빅 아이디어와 비슷하다고 볼 수 있다[12]. 핵심 아이디어는 핵심 개념과 원리를 중심으로 일반화할 수 있는 내용을 진술한 문장이라고 할 수 있다. 2022 교육과정에서는 핵심 아이디어를 기반으로 깊이 있는 학습을 구현하는 것을 강조한다.

초등학교 역사 일반 각론 체계표

핵심 아이디어	• 시대에 따라 지역, 교통·통신, 풍습 등 생활 모습이 달라진다. • 과거의 모습을 보여 주는 자료는 역사의 증거로 활용된다. • 일상생활 속 과거에 관심을 가짐으로써 자신을 역사적 존재로 인식한다.			
범주		내용 요소		
		초등학교		중학교
		3~4학년	5~6학년	1~3학년
지식·이해	역사 학습의 기초	• 역사의 시간 개념 • 역사 증거 • 변화와 지속 (지역, 교통·통신, 풍습)	• 역사 탐구 방법	• 역사의 의미와 역사 학습의 목적 • 역사 탐구의 절차와 방법

---

12) 임유나(2023)는 핵심 아이디어 진술 지침은 핵심 아이디어의 도입 취지와 내용, 설계 방안 등을 이해하기에 어려움이 있었고, 빅 아이디어로 도입된 핵심 아이디어에 대한 오해나 혼란을 줄 여지를 담고 있었다고 비판한다. 핵심 아이디어의 제시 형식과 내용 구성에 있어서는 공통 교육과정기를 아우르는 핵심 아이디어의 적용상 어려움, 내용 요소의 세 범주를 포괄하는 접근이 가져온 진술의 오류, 개념의 불명료함에 따른 빅 아이디어 기반 수업설계의 어려움, 빅 아이디어로서 적합하지 않은 핵심 아이디어 진술의 문제 등을 지적한다.
   – 임유나(2023), 「2022 개정 교육과정의 '핵심 아이디어'에 대한 비판적 검토」, 『학습자중심교과교육연구』 제23권 18호

		• 자료의 선택·분석·해석과 논쟁을 통해 역사 지식을 형성하기
과정·기능	• 역사적 질문 생성하기 • 신뢰성 있는 역사 정보를 선택, 분석, 추론하기 • 역사적 서사를 구성하여 다양한 방식으로 표현하기 • 사회문제의 역사적 연원을 파악하는 질문 생성하기	• 적절하고 타당한 근거를 가지고 역사적 사실에 대해 해석, 판단하기 • 역사적 개념을 이해하고 활용하기 • 역사적 서사를 구성하여 다양한 방식으로 표현하기
가치·태도	• 역사에 대한 관심과 흥미 • 역사적 시간 속에서 자기 위치 확인 • 타인의 역사적 해석을 존중하는 태도 • 역사에 성찰적으로 접근하는 태도	• 타인의 역사적 해석을 존중하는 태도 • 역사적 연원에 대한 이해를 토대로 다양한 문화와 정체성 존중 • 역사에 성찰적으로 접근하는 태도 • 지속 가능한 삶을 위한 가치관 • 자신을 역사적 존재로 인식하고 실천하는 자세

  2022 교육과정 총론에서는 교수학습 설계의 원리로 '깊이 있는 학습'을 다음과 같이 제시한다[13].

  가. 학교는 학생들이 깊이 있는 학습을 통해 핵심 역량을 함양할 수 있도록 교수·학습을 설계하여 운영한다.

  1) 단편적 지식의 암기를 지양하고 각 교과목의 핵심 아이디어를 중심으로 지식·이해, 과정·기능, 가치·태도의 내용 요소를 유기적으로 연계하며 학생의 발달단계에 따라 학습 경험의 폭과 깊이를 확장할 수 있도록 수업을 설계한다.

---

13) 교육부 고시 제2022-33호

2) 교과 내 영역 간, 교과 간 내용 연계성을 고려하여 수업을 설계하고 지도함으로써 학생들이 융합적으로 사고하고 창의적으로 문제를 해결하는 능력을 함양할 수 있도록 한다.

3) 학습 내용을 실생활 맥락 속에서 이해하고 적용하는 기회를 제공함으로써 학교에서의 학습이 학생의 삶에 의미 있는 학습 경험이 되도록 한다.

4) 학생이 여러 교과의 고유한 탐구 방법을 익히고 자신의 학습 과정과 학습 전략을 점검하며 개선하는 기회를 제공하여 스스로 탐구하고 학습할 수 있는 자기 주도 학습 능력을 함양할 수 있도록 한다.

5) 교과의 깊이 있는 학습에 기반이 되는 언어 · 수리 · 디지털 기초 소양을 모든 교과를 통해 함양할 수 있도록 수업을 설계한다.

여기에서 말하는 깊이 있는 학습이란 단편적 지식의 암기를 지양하고 각 교과목의 핵심 아이디어를 중심으로 지식 · 이해, 과정 · 기능, 가치 · 태도의 내용 요소를 유기적으로 연계하는 학습이다. 학생의 발달단계에 따라 학습 경험의 폭과 깊이를 확장할 수 있도록 한다.

깊이 있는 학습은 "학생들의 실생활과 연계하며 교과 간 연계를 추구하고, 학습 과정에 대한 성찰을 통해 자기 주도 학습 능력을 함양하는 학습"이다. 즉, "학생이 학습 내용을 자기 지식화 혹은 체화하고 이를 통해 배운 것을 새로운 상황에 적용하고 문제를 해결할 수 있도록 소수의 핵심 내용을 깊이 있게 배우는 것"이다. 핵심 내용은 "교과에서도 중요하게 다루어지는 내용이면서 동시에 학생들이 삶 속에서 지속해서 활용할 가치가 있는 내용"이다. 교과 간 연계와 통합은 학습자가 여러 교과의 지식과 기능을 서로 관련지어 습득하고 이를 적용하여 문제를 해결하는 것을 지원한다. 성찰은 인간이 수행하고 있는 사고에 대한 사고로서 메타학습과 관련이 있다. 메타학습은 학습자가 자신의 학습을 반성하고 조절하는 과정이다. 특히 메타인지는 현재 나의 상황,

앞으로 도달하고자 하는 목표, 이를 위해 내가 할 수 있는 것 등에 대해 스스로 사고하는 '사고에 대한 사고 과정'으로서 평생 학습을 위한 학습 습관을 형성하고 배운 것을 다른 상황과 맥락에 전이시키는 데 필수적이다[14].

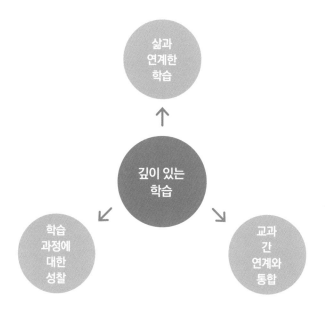

깊이 있는 학습이란 '활동 중심 학습보다는 높은 수준의 사고와 심층 학습을 추구하는 학습'을 말한다. 쉽게 말해, 깊이 있는 학습이란 양(넓이)보다 질(깊이)을 추구하는 학습을 말한다. 핵심적인 내용, 본질적인 내용을 깊이 있게 접근하는 학습이다. 핵심과 주변, 본질과 비본질을 구분하는 기준이 '학습의 전이(transfer)'이다. 원래 '전이(轉移)'의 사전적 의미는 '자리나 위치 따위를 다른 곳으로 옮김'이다. 전이의 교육학적 의미는 다른 교과 영역으로 확대하거나 다음 단계의 심화학습으로 발전할 수 있거나 삶 속에 적용하고 실천할 수 있는 것을 말한다.

---

14) 온정덕(2022), 「역량과 주도성을 기르는 2022 개정 교과 교육과정」, 『서울교육』 2022 겨울호(249호)

지식 폭발, 정보 폭발 시대에 폭증하는 지식과 정보를 교육과정과 수업 안에서 모두 다룰 수는 없다. 그렇다면 지식과 정보의 핵심만을 다룰 수밖에 없다. 브루너(Bruner)는 이러한 문제를 '지식의 구조'를 통해 해결하고자 하였다. 지식의 구조를 이용한다는 것은 해당 학문의 성격을 충실히 가르친다는 의미이다. 지식의 구조는 곧 학문을 특징짓는 사물을 보는 안목 또는 각 학문의 기본적인 아이디어, 지식의 기본 개념, 지식의 기본 원리 그리고 지식의 탐구 과정 등을 말한다. 지식의 구조는 기본 개념과 원리 또는 일반적 아이디어이다. 사물이나 현상의 관련 방식을 이해하는 사고방식이다. 지식의 구조가 지닌 이점이 있는데, 학생이 지식의 구조를 알면 자기가 학습한 내용을 쉽게 이해할 수 있고, 오래 기억할 수 있고, 학습 이외의 상태에 적용할 수 있으며, 고등지식과 초보 지식의 간극을 좁힐 수 있다[15]. 지식의 구조, 빅 아이디어는 핵심 아이디어와 연결된다.

깊이 있는 수업이란?

깊이 있는 수업이란 '깊이 있는 학습'이 이루어지는 수업을 말한다. 깊이 있는 학습이 이루어지려면 교사의 깊이 있는 사고를 기반으로 수업설계가 이루어져야 한다. 그리고 깊이 있는 학습이 가능한 방식으로 교수 활동이 전개되어야 한다.

깊이 있는 학습의 방향과 관련하여 삶과 연계한 학습, 교과 간 연계와 통합, 학습 과정에 대한 성찰을 강조하고 있는데 이와 관련한 교수학습 모형들은 다음과 같다.

- 삶과 연계한 학습 : 문제 중심 수업, 프로젝트 수업, 토의토론 수업, 사회 참여 활동, 지역 연계 활동, 실험·실습 활동 등

---

15) 김진규(2015), 『교육과정과 교육평가』(3판), 동문사

- 교과 간 연계와 통합 : 융합 수업, 프로젝트 수업, 융합 독서 수업 등
- 학습 과정에 대한 성찰 : 코칭 기반 수업 등

깊이 있는 수업은 지식의 양보다 질을 추구하는 수업이다. 교사가 가르쳐야 할 지식이 많으면 지식 전달형 수업, 강의식 설명법으로 진행할 수밖에 없다. 많은 지식과 정보를 암기하고 기억하는 것보다 지식을 삶 속에 적용하고, 해당 요소를 분석하고 종합하여, 새로운 산출물을 만들거나 평가하는 것을 지향하는 수업이다.

일반적인 수업 과정(process)에 따라 깊이 있는 수업의 원리와 특징을 정리하면 다음과 같다.

• 질문이 살아 있는 수업

생각은 질문에서 비롯된다. 배움은 생각에서 출발하고, 생각은 질문에서 출발한다. 즉, 질문해야 생각하고, 생각해야 배움이 일어나며, 배움이 이루어져야 스스로 공부할 수 있는 깨침이 가능해진다. 물론 질문 없이 생각할 수도 있지만 이러한 경우, 대개 공상, 망상, 상상으로 흐르기 쉽다. 논리적인 사고 활동은 반드시 질문을 통해 진행된다.

정답보다 질문이 우선이다. 왜냐하면 정답은 시기와 상황에 따라 달라지지

만, 질문은 그대로 유용하기 때문이다. 예컨대, '나는 누구인가?'라는 질문은 성장 단계와 시기, 상황에 따라 다양한 답이 나올 수 있고, 그 답변에 따라 자기 인생의 방향과 정체성이 달라질 수 있다. '소리의 성질은 무엇인가?'라는 질문의 정답은 반사, 확산, 회절, 굴절이 있겠지만 시간이 흘러 과학적 탐구와 성과가 쌓이면 새로운 소리의 성질을 찾아내거나 정답이라고 생각했던 성질이 오류로 판명 날 수 있을 것이다.

"질문해야 정답을 찾을 수 있다."

당연한 말처럼 느낄 수 있지만, 이 문장을 뒤집으면 의미가 좀 더 강하게 다가온다. "어떤 문제에 대하여 정답이 없다는 것은 그 문제에 대하여 누군가가 질문하지 않았기 때문이다. 그 문제에 대하여 누군가가 질문을 했어도 정답이 없는 것은 그 질문에 자기 인생을 건 사람이 없기 때문이다."

수업 시간에 교사가 질문을 많이 한다고 해서 반드시 좋은 수업이라고는 보기 어렵다. 수업에서 질문이 너무 많으면 산만해지고, 수업 목표 도달에 오히려 방해될 수 있기 때문이다.

깊이 있는 수업은 핵심 질문에 집중하여 수업을 진행하는 것이다. 핵심 질문이란 수업에서 꼭 가르쳐야 할 핵심 내용(지식, 기술, 가치 등)을 질문 형태로 표현한 것이다. 핵심 질문은 학습 목표를 질문 형태로 전환하여 표현할 수 있다. 핵심 질문은 개념 확인 질문보다 탐구 질문 유형으로 풀어 가면 좋다. 또 추상적인 질문보다는 구체적인 질문이 좋다. 핵심 질문이 추상적이면 수업의 방향과 맥락이 모호해질 수 있기 때문이다.

교실 속 질문은 단순한 발문법에 국한되지 않는다. 교사가 학습 목표 도달을 위해 학생들에게 질문하는 것이 교사 중심의 발문법이라면, 학생 스스로 지적 호기심을 기반으로 자기 질문을 통해 학습을 유도하는 것이 하브루타 수업 방법이다. 질문을 통해 수업을 디자인할 수 있고, 질문을 기반으로 다양한 수업 방법을 진행할 수 있다. 예컨대, 질문 기반 수업 모형으로 문제 중심 수업, 탐구학습, 모둠 게임 토너먼트(TGT) 수업, 질문 보드게임, 질문 샤워 활동 등이 있다. 또한 질문을 통해 교육과정을 디자인하고, 평가할 수 있다[16].

・탐구하는 수업

"아빠는 왜 수염이 났어?"

"비누는 왜 거품이 나와?"

"밤이 되면 왜 깜깜해져?"

어린아이들은 '왜?'라는 질문을 많이 던진다. 아이는 세상과 자연과 사회를 만나면서 호기심을 가지고 다양한 질문을 던진다. 이러한 질문과 답변을 통해 성장한다. 사람들은 누구나 지적 호기심이 있다. 누구나 성장하고자 하는 마음이 있다.

'왜?'라는 질문의 해답을 찾아가는 과정이 바로 탐구라고 할 수 있다. 탐구는 질문으로 시작된다. 유영식(2018)은 2022 개정 교육과정과 관련하여 네 가지 탐구 질문의 성격을 제시한다[17].

- 다양한 답을 기대할 수 있는 질문
- 질문에 대한 답을 찾아가는 과정에서 성취기준 도달 정도를 확인할 수 있는 질문
- 단원 혹은 성취기준 단위에서 필요한 지식이나 개념들을 포괄하여 일반화된 생각을 도출할 수 있는 질문
- 학생들의 삶과 연계된 소재를 활용한 질문

---

16) 김현섭(2015), 『질문이 살아있는 수업』, 수업디자인연구소
17) 유영식(2018), 『교육과정 문해력』, 테크빌교육
　　유영식(2023), 『2022 개정 교육과정 기반 교사 교육과정과 수업 디자인』, 테크빌교육

질문을 통해 깊이 생각하고 몰입하면서 자연스럽게 탐구 활동으로 전개된다. 과학자들은 어떤 질문의 해답을 찾기 위해 자료를 찾고, 실험과 인터뷰 등으로 가설을 검증하고 이를 통해 일반화된 명제나 답변을 도출한다. 이러한 과정이 탐구 활동이라고 할 수 있다. 탐구(探究)의 사전적 의미는 '진리, 학문을 파고들어 깊이 연구하는 것'이다.

그런데 어린아이가 성장하면서 안타깝게도 질문이 점차 사라진다. 학교 교육을 통해 체계적인 지식을 공부하면서 오히려 탐구 능력이 사라지는 경우가 생긴다. 지식의 분량이 많아지면 주어진 지식과 정보를 처리하는 데 많은 에너지가 쓰이다 보니 자연스럽게 지적인 호기심이 사라지고, 탐구 능력을 잃어버리는 경우가 많다[18].

깊이 있는 수업을 통해 잃어버린 탐구 능력을 회복시킬 수 있어야 한다. 탐구 활동을 통해 학습할 수 있도록 설계된 대표적인 수업 모형이 탐구학습이다. 탐구학습은 질문, 문제 등을 제시함으로써 시작하는 학생 주도형 수업이라고 할 수 있다[19]. 이 외에도 탐구를 강조하는 수업 모형은 개념 기반 탐구학습, 문제 중심 수업, 프로젝트 수업, 실험·실습 수업 등이 있다.

· 몰입하는 수업

학생들이 깊이 생각하도록 하려면 충분한 시간을 가지고 특정 주제에 관심을 가지고 몰입할 수 있도록 해야 한다. 몰입(沒入)이란 '깊이 파고들거나 빠짐'을 말한다. 심리학자 칙센트미하이(Csikszentmihalyi)는 몰입을 '머릿속의 생각과 목표, 행동 등 모든 정신이 하나로 통일되는 상태'라고 말한다[20]. 몰입 상태에 빠지면 시간이 흘러가는 것을 완전히 잊어버릴 수 있으며 공간 감

---

18) 교육방송 다큐프라임(2016), 「왜 우리는 대학에 가는가 - 5부 말문을 터라」
19) 브루스 조이스·마샤 웨일, 김종석 외 역(1992), 『교수·학습 이론의 이해와 실제』, 성원사
20) 미하이 칙센트미하이, 이희재 역(2010), 『몰입의 즐거움』, 해냄

깊이 있는 수업

각도 사라질 수 있다. 몰입하면 나를 잊어버리는 무아지경 단계에 도달할 수 있다. '나'와 '그것'의 경계가 무너지는 물아일체(物我一體)를 경험할 수 있다. 몰입하게 되면 자기 안에 해당 문제가 꽉 차게 되고, 문제만 생각해도 쾌감을 얻고, 자신감이 생기고, 창의적인 아이디어를 빠른 속도로 얻을 수 있고, 문제 해결력이 극대화된다[21].

수업에서 학생들이 학습에 몰입할 수 있도록 유도해야 한다. 순간적인 몰입이 아니라 지속적인 몰입을 할 수 있도록 해야 한다. 이를 위해 먼저 미해결 과제를 문제로 선정하고, 집중할 수 있는 환경을 구축하며, 행동의 동기를 의미 있고 분명하게 해야 한다[22]. 수업에서 미해결 과제를 질문으로 제시하되, 미해결 과제가 학생 입장에서 관심 있는 주제이거나 의미가 있어야 한다. 왜냐하면 몰입하고자 하는 대상(학습 주제나 학습 과제)이 의미 있고 관심 분야여야 동기 유발이 잘 이루어지기 때문이다. 그래야 미해결 과제를 풀고 싶은 마음이 들기 때문이다. 그런데 미해결 과제 수준과 난도가 낮으면 몰입하기가 쉽지 않다. 몰입하지 않고 조금만 노력해도 문제를 해결할 수 있기 때문이다. 수학 공식을 외우고, 여기에 숫자를 넣어 산술 계산 방식으로 짧은 시간 안에 문제를 푸는 것은 오히려 깊이 있는 사고를 방해한다. 몰입하기 위해서는 미해결 과제에 집중할 수 있는 수업 환경 역시 필요하다. 산만한 수업 분위기에서는 몰입하기가 쉽지 않다. 멀티태스킹(multitasking, 다중작업)은 얼핏 효율적인 것처럼 느껴지지만 사실 학습 몰입도를 떨어뜨린다. 상황에 따라 바로 유연한 반응을 보이는 순발력은 순간적인 몰입이라고 볼 수 있지만, 우리가 추구할 것은 지속적인 몰입이다. 천천히 오랫동안 생각할 수 있어야 몰입 단계에 이를 수 있다[23]. 적당한 걱정이나 스트레스는 몰입하는 데 도움이 된다.

---

21) 황농문(2007), 『몰입』, 알에이치코리아(RHK)
22) 미하이 칙센트미하이, 이희재 역(2010), 『몰입의 즐거움』, 해냄
　　황농문(2007), 『몰입』, 알에이치코리아(RHK)
23) 황농문 교수는 이를 'Slow Thinking(천천히 생각하기)'이라고 부르면서, 몰입에서 중요하다고 강조한다.

몰입은 흥미를 통해서 이루어진다. 흥미와 재미는 비슷하지만, 차이가 분명하다. 재미와 흥미의 사전적인 의미를 살펴보면, 재미(fun)는 '아기자기하게 즐거운 기분이나 느낌', '좋은 보람이나 성과'이고, 흥미(interest)는 '어떤 대상에 대하여 특별히 주의하려는 감정, 경향'이다. 재미가 '즐거움', '쾌락' 등을 의미한다면, 흥미란 '대상에 대한 관심' 상태를 말한다. 학습 과정에서 흥미 유발이 이루어지면, 재미는 부록처럼 자연스럽게 따라온다. 하지만 재미있다고 해서 늘 흥미로 연결되는 것은 아니다. 대개 수업에서 흥미는 주로 학습 내용과 관련이 있고, 재미는 학습 활동과 관련이 있다. 활동 중심 수업, 놀이수업 등은 재미있지만, 항상 흥미 있는 수업이 되는 것은 아니다. "지난 수업에 무엇을 배웠니?"라는 교사의 질문에 학생들이 "퀴즈 게임이요", "토론했어요"라는 대답을 하고, 정작 학습 내용을 제대로 말하지 못한다면, 해당 수업은 깊이 있는 수업이라고 평가하기 힘들 것이다. 강의식 수업에서도 몰입을 경험할 수 있는데, 이 경우는 학생의 관심사를 교사가 잘 다루는 경우이다. 반대로 학생의 관심사가 아닌 내용을 교사가 길고 장황하게 이야기한다면 학생들은 몰입 대신 딴생각에 쉽게 빠질 것이다.

몰입과 과몰입은 다르다. 몰입이 자기가 통제할 수 있는 상태라면 과몰입은 중독에서 경험할 수 있는 것으로 자기가 통제할 수 없는 상태이다. 몰입은 가치 있고 의미 있는 대상에 대한 접근이지만, 과몰입은 그렇지 않은 대상에 대한 접근이라고 할 수 있다.

독서에 몰입하면 사고력이 향상되지만 숏폼에 몰입하면 오히려 사고력 신장에 방해가 된다. 독서를 통해 텍스트를 이미지나 영상으로 상상하고, 저자의 주장에 대하여 동의하거나 비판하면서 사고력이 발전할 수 있지만 자극적인 짧은 영상들은 두뇌가 영상 정보를 수용하기에 급급하기 때문이다.

몰입은 학생들이 수동적 학습 태도가 아니라 능동적 학습 태도를 가질 때 경험할 수 있다. 즉, 학생 주도성이 있어야 교실에서 몰입이 이루어질 수 있다. 교실에서 학생 주도성이 사라지면 몰입 현상 대신 형식적인 수동 반응만 있을 뿐이다.

자기 관심사를 가지고 탐구 활동을 진행하는 프로젝트 수업이나 특정 주제의 핵심 개념을 기반으로 탐구 활동을 전개하는 개념 기반 탐구학습, 그리고 학생 주도성을 추구하는 프로젝트 수업, 코칭 기반 학습 등을 통해 학생들에게 몰입의 경험을 줄 수 있다.

• 자기 생각을 다양하게 표현하는 수업

학생들이 자기의 생각을 말이나 글, 그림, 표, 영상물 등으로 다양하게 표현할 수 있도록 수업을 진행해야 한다. 자기의 생각을 노래나 음악적 요소로 표현할 수 있고, 신체적인 행동이나 사회적 실천 행동으로 표현할 수 있다. 학생들이 깊이 있게 사고했어도 이를 상대방에게 설득력 있게 표현하지 못하면 그 의미가 사라진다. 의사소통이 잘 이루어져야 교육적 효과를 확인하고 검증할 수 있다. 종은 쳐야 종이 되는 것이고, 사랑은 표현해야 사랑이 될 수 있다. 예컨대, 학생들이 영어를 배웠는데, 영문을 읽거나 쓸 수는 있어도 말하거나 듣지 못하면 영어를 깊이 있게 배웠다고 말할 수 없다. 어떤 주제에 대하여 자기 생각은 많지만, 논리적으로 정리하여 말이나 글로 표현하지 못한다면 좋은 수업이라고 평가할 수 없다. 토론을 통해 상대방에게 자기 생각을 설득하지 못한다면 토론 활동은 말싸움 수준으로 격하된다.

다중지능이론(Multiple Intelligence)에 의하면, 언어적 지능, 논리수학적 지능 관점에서 논리적으로 사고를 표현할 수 있고, 음악적 지능, 신체운동감각적 지능, 시공간적 지능 관점에서 창의적이고 예술적으로 표현할 수 있다.

자기 생각을 말이나 글로 표현할 수는 있지만 도표나 그림, 영상, 신체 활동

등으로 표현하지 못한다면 역시 깊이 있는 수업이라고 말할 수 없을 것이다. 따라서 깊이 있는 수업은 글쓰기 수업, 토의토론 수업, 프로젝트 수업, 매체 활용 수업, 에듀테크(인공지능) 활용 수업 등으로 표현되어야 한다.

· 문제를 해결하고 삶 속에서 실천하는 수업

사람들은 다양한 삶의 문제 속에서 살아간다. 남북 분단, 지역 격차, 인구 감소, 고령화 현상, 경제 물가 문제, 빈부 격차, 집단 이기주의 등 사회 구조적인 문제뿐 아니라 학생 개인의 삶 차원에서도 진로, 성적, 교우관계, 외모 등 다양한 문제에 부딪힌다. 개인, 가족, 사회, 국가, 세계 등 영역이 넓어질수록 더 많은 삶의 문제들이 다가온다.

다양한 삶의 문제를 해결하기 위해서는 기본적으로 역량이 필요하다. 일반적으로 역량이란 과제나 역할을 수행하는 데 필요한 능력을 말한다. 역량은 지식과 기술뿐 아니라 정서, 신념, 가치, 태도를 포괄하는 총체적인 능력이다. 나아가 역량은 총체적인 능력을 적절하게 활용하고 특정 맥락에 맞게 수행할 수 있는 학습 가능성도 포함한다.

즉, 지식은 아는 것이고, 역량은 할 수 있는 것이다. 아는 것이 많다고 문제를 잘 해결하는 것은 아니다. 그래서 지식을 기반으로 역량을 키우는 노력이 필요한 것이다. 지식은 삶과 연계되어 실천할 때 비로소 의미를 가지고 역량으로 전환된다.

깊이 있는 수업은 지행합일(知行合一)을 추구하는 수업이다. 아는 것을 실천할 수 있어야 한다. 예컨대, 어떤 학생이 사회 정의(Justice)의 개념을 잘 알고 있지만, 친구가 다른 친구에게 몰래 괴롭힘을 당하는 것을 알고도 방관만 한다면 그 학생이 사회 정의를 잘 알고 있다고 말하기 힘들 것이다. 앎이 삶이 되어야 의미가 있다.

파커 파머(Parker Palmer)는 현재 교육 현실을 다음과 같이 비판한다[24].

• **우리는 머리와 가슴을 분리한다.**
그 결과 머리는 느끼는 방법을 모르고 가슴은 생각하는 방법을 모른다.

• **우리는 사실과 느낌을 분리한다.**
그 결과 생기 없는 사실은 이 세상을 막연한 어떤 곳으로 만들고 무지한 느낌은 진리를 오늘의 느낌 수준으로 격하시킨다.

• **우리는 이론과 실천을 분리한다.**
그 결과 이론은 생활과 별반 관련이 없고 실천은 이해가 따르지 못한다.

• **우리는 가르침과 배움을 분리한다.**
그 결과 교사들은 발언만 할 뿐 들으려 하지 않고, 학생들은 듣기만 할 뿐 말하려 하지 않는다.

깊이 있는 수업은 머리와 가슴, 사실과 느낌, 이론과 실천, 가르침과 배움을 분리하지 않고 통합적인 접근을 추구한다. 문제 해결과 실천을 위해서는 문제 중심 수업, 프로젝트 수업, 에듀테크 활용 수업, 사회 참여 수업 등이 필요하다.

깊이 있는 수업의 전제와 한계

깊이 있는 수업의 전제는 교육과정상 성취기준과 학습 분량이 적어야 하고, 교과별로 핵심 개념을 보다 명료하게 정리하고 합의할 수 있어야 한다는 것이다. 수업에서 깊이(질)와 넓이(양)를 동시에 추구하기는 힘들다. 넓이(양)를 어느 정도 포기해야 깊이(질)를 추구할 수 있다. 깊이와 넓이를 동시에 충족하려

---

24) 파커 파머, 이종인 외 역(2013), 『가르칠 수 있는 용기』, 한문화

면 학습 시간이 대폭 늘어나야만 가능하기 때문이다. 깊이 있는 수업을 교실에서 잘 구현하려면 교육과정상 내용 요소와 성취기준의 수를 과감하게 줄여야 한다. 학습 분량(내용 요소)을 현재 그대로 유지한 채 깊이 있는 수업을 하자는 것은 현실적으로 어려운 모순적 주장이 될 수밖에 없다. 2015 교육과정에 비해 2022 교육과정의 성취기준과 학습 분량이 다소 줄긴 했지만, 기존 성취기준을 과감하게 삭제한 것이 아니라 기존 성취기준들을 통합한 경우가 많기에 실제로는 별로 줄어들지 않았다고 볼 수 있다.

깊이 있는 학습은 활동보다 내용 자체에 초점을 두기에 상대적으로 수업 방법과 기술이 약해질 수 있다. 깊이 있는 학습에서 학생 참여 수업을 '활동 중심 수업'이라고 비판하는 것은 허수아비의 오류라고 할 수 있다. 학생 참여 수업과 활동 중심 수업은 개념적으로 다른데, 이를 동일시하여 비판하기 좋게 만들어 공격하는 것은 전형적인 허수아비 오류에 해당한다. 모든 학생이 깊이 있는 학습을 경험할 수 있도록 참여적 교수 전략에 근거하여 접근해야 할 것이다.

무엇보다 깊이 있는 학습은 상위권 학생들에게는 유리한 접근일 수 있지만, 중하위권 학생들은 잘 따라가지 못할 가능성이 있다. 중하위권 학생들도 깊이 있는 학습을 할 수 있도록 학습 수준과 학습 유형에 맞는 개별화된 접근이 이루어지게 노력해야 할 것이다.

교사는 이 같은 전제와 한계를 인식하면서 깊이 있는 수업을 적용할 필요가 있다. 무엇보다 교사가 깊이 있는 사고를 할 수 있어야 깊이 있는 수업을 디자인하여 운영할 수 있다. 교사의 질문에 따라 배움의 방향이 달라지므로, 교사가 수업에서 좋은 질문을 할 수 있어야 한다. 결국 교사의 전문성과 역량이 뒷받침되어야 교실에서 깊이 있는 학습이 일어날 수 있다.

여기에서는 깊이 있는 수업을 구현할 수 있는 수업 담론으로서 질문 기반

깊이 있는 수업

수업 디자인, 개념 기반 탐구학습, 협동학습, 융합 독서 수업, 교과 융합 프로젝트 수업, 코칭 기반 수업, 인공지능 활용 수업, 논서술형 평가 등을 제시하고 이에 대하여 좀 더 세부적으로 다루고자 한다.

2장.
생각하는 힘을 기르는
질문 기반 수업 디자인

2장.
생각하는 힘을 기르는 질문 기반 수업 디자인

깊이 있는 수업의 시작, 질문!

깊이 있는 수업은 질문으로 시작한다. 질문을 통해 학생들의 배움을 끌어낼 수 있다. 질문해야 생각하고, 생각해야 배움이 일어날 수 있다. 서양 문화의 두 가지 축이라면 헬레니즘과 헤브라이즘이라고 할 수 있다. 서양 학문의 시조라고 할 수 있는 소크라테스는 소위 산파술이라는 방법으로 사람들에게 질문하였다. 질문을 통해 자신의 무지(無知)를 깨닫게 하고, 무지를 자각함으로써 진정한 앎을 추구하도록 하였다. 유대인들이 나라 없이 2천 년 동안 그들의 종교, 문화적 정체성을 유지할 수 있었던 비결은 하브루타 전통이었다. 하브루타는 '짝을 지어 질문하고, 토의하고, 논쟁하는 것'이다. 하브루타의 핵심은 학생들의 지적 호기심을 자극하여 자기 질문으로 자기 생각을 펼쳐나갈 수 있도록 접근한 질문법이다.

교사의 질문 방식에 따라 학생의 사고방식이 달라진다. 교사가 뻔한 질문을 하면 학생은 뻔한 대답을 한다. 교사가 낯선 질문을 하면 낯선 대답이 나온다. 교사가 어떻게 질문하는가에 따라 학생의 배움이 달라질 수 있다.

효과적인 13가지 발문법

소크라테스의 산파술(문답법) 이후, 교육에서 교사의 발문법(發問法)을 항상 강조해 왔다. 교사들도 발문을 잘하고 싶지만, 막상 좋은 발문법을 익히고 활용하기는 그리 쉽지 않다. 우선 '피해야 할 발문 습관들'을 제시하면 다음과 같다.

- 자문자답하기
- 습관적으로 학생들에게 질문을 하지만, 학생들이 원하는 반응을 보이지 않으면 별다른 피드백 없이 수업을 진행하기
- 외향적이고 공부 잘하는 학생들에게만 질문하거나 반응을 기다리기
- 닫힌 질문만 사용하기
- 유도 질문하기(열린 질문을 닫힌 질문처럼 사용하기)
- 추상적인 질문을 던지고, 구체적인 답변을 기대하기
- 누구나 다 알고 있는 뻔한 질문으로 시작하기
- 쉬운 내용을 어렵게 질문하기
- 여러 가지 질문을 동시다발적으로 던지기
- 공격적으로 질문하기
- 너무 많이 질문하기
- 개별 학생이나 모둠을 향한 질문 없이 학급 전체 학생들을 향한 질문만 하기
- 수업 마무리 단계에서만 학생 질문 시간을 주기(수업 중간에 질문할 기회를 주지 않음)
- 질문-대답-평가 방식으로만 수업 대화를 진행하기

그렇다면 어떻게 질문하는 것이 좋을까?

• 질문했으면 반드시 반응을 기다리기

교사 : "국가의 3요소가 무엇일까요?"

학생 : "…"

교사 : "국민, 영토, 주권이죠."

많은 교사가 자문자답(自問自答)한다. 특히 고교 수업에서 이러한 장면을 쉽게 발견할 수 있다. 교사가 질문했는데 학생들이 무반응이면 교사가 정답을 말한다. 교사는 질문을 했는데 아무런 반응이 없어서 답답하니까 정답을 말한다. 하지만 학생은 3초 정도의 침묵을 지키면 교사가 정답을 말할 것을 알고 있기에 침묵으로 반응하는 것이 빨리 정답을 알 수 있는 길이다. 괜히 대답했다 틀리면 교사로부터 부정적인 피드백을 받을 가능성이 크다. 만약 정답을 말하면 긍정적인 칭찬을 받을 수 있겠지만, 다른 학생들의 시샘과 견제를 받을 수 있다. 고등학생들은 대답이 귀찮아서라도 교사의 질문에 침묵을 지킬 수 있다.

유치원생은 잘 몰라도 질문하거나 대답하려고 한다. 초등학교 1~2학년은 궁금한 것이 있으면 질문하고, 정답을 알고 있으면 대답한다. 대신 자기 세계에 빠져 있느라 다른 친구의 이야기를 경청하지 못하는 경우가 많아 중복된 질문을 던지기도 한다. 그러다 4학년쯤 되면 학습 내용이 많아지면서 점차 궁금한 것이 사라지게 된다. 게다가 다른 사람의 시선에도 민감해져서 궁금한 것이 있어도 잘 질문하지 않고, 정답을 알아도 잘 대답하지 않는다. 혹시라도 잘난 척하는 것처럼 보이기 싫어서이다. 중고등학생이 되면 학습 내용을 수용하기만 급급할 뿐, 궁금한 것도 별로 없고 질문할 필요성을 느끼지 못하는 경우가 많다. 쉬는 시간에 별도로 질문하고, 수업 시간 안에 질문하는 경우는 많이 줄어든다. 교사가 발달단계별 학생들의 특징을 이해하고 학생들에게 질문할 수 있어야 한다.

교사가 질문을 했으면 학생 반응을 반드시 기다려야 한다. 어색한 침묵도 견뎌야 한다. 내성적인 학생은 정답을 알고 있어도 자기 생각을 표현하는 데 약 7초는 필요하다고 한다. 그래서 교사가 질문을 했으면 최소 7초 동안은 학생 반응을 기다려야 한다.

• 내성적이거나 공부를 못하는 학생들에게도 질문할 기회를 주거나 배려하기

교사가 질문하거나 학생들에게 자유 발표 기회를 부여하면 외향적이거나 공부를 잘하는 일부 학생들만 반응을 보이는 경우가 많다. 그러다 보면 상대적으로 내성적이거나 공부를 못하는 학생들은 가만히 있게 된다. 교사가 반응하는 일부 학생들하고만 상호작용을 하면서 수업을 진행하는 것이다. 다수의 학생은 침묵하는데, 소수 학생만의 반응에 맞추어서 수업을 진행한다면, 가르침과 배움의 간극이 벌어질 수 있다. 그러므로 내성적이거나 공부를 못하는 학생들에게도 교사가 의도적으로 질문을 하거나 발표 기회를 부여해야 한다. 특정 학생을 개별적으로 선택하여 질문하거나 답변하도록 하되, 해당 학생의 학습 수준과 특성에 맞게 질문을 던져야 한다. 내성적이고 공부를 잘하지 못하는 학생에게 교사가 갑자기 어려운 질문을 던지면 학생은 더욱 당황하고 친구들 앞에서 망신을 당한다고 생각할 수 있기 때문이다.

• 닫힌 질문과 열린 질문을 섞어서 질문하기

닫힌 질문 : "이 글 저자의 주장에 동의하니?"

열린 질문 : "이 글 저자의 주장에 대하여 넌 어떻게 생각하니?"

닫힌 질문은 응답 제한형 질문으로서 정답이 한 개인 질문이고, 열린 질문은 응답 자유형 질문으로서 다양한 정답이 나올 수 있는 질문이다. 닫힌 질문이 있어야 수업 목표에 도달할 수 있다. 하지만 열린 질문이 있어야 학생 참여를 유도할 수 있고, 심화 지식에 도달할 수 있다. 지식과 이해뿐 아니라 적용, 분석, 종합, 평가, 창조 관련 질문을 골고루 던질 수 있으면 좋다.

• 유도 질문 대신 프레이밍 질문을 사용하기

교사 : "여름 하면 어떤 이미지가 떠오르나요?"

학생 1 : "무더운 날씨요."

학생 2 : "장마요."

학생 3 : "물놀이요."

교사 : "조금만 더 말해 봐요."

학생들 : ???

학생 4 : "소나기요."

교사 : "맞아요. 소나기가 여름에 많이 내리죠. 이번 시간에는 소나기를 주제로 이야기해 보려고 해요."

교사가 열린 질문을 사용하고는 닫힌 질문처럼 반응하는 경우가 있다. 이를 유도 질문이라고 한다. 소위 '답정너'처럼 한 가지 답을 정해 놓고 열린 질문을 던지는 경우이다. 유도 질문 대신 프레이밍 질문을 하면 좋다. 프레이밍 질문(Framing Questions)이란 하나의 정답이 아니라 방향을 정해 놓고 질문하는 것이다. 프레이밍 질문 사례는 다음의 수업 대화에서 확인할 수 있다.

교사 : "오늘은 계절의 특징을 공부하려고 해요. 여러분, 봄 하면 무엇이 떠오르나요?"

학생1 : "벚꽃이요."

학생2 : "황사요."

학생들 : "○○요."…

교사 : "그렇다면 여름 하면 무엇이 떠오르나요? 선생님이 기록해 볼게요."

• 구체적인 질문으로 시작하여 추상적인 질문까지 연결하기

교사 : "사회 정의란 무엇인가요?"

학생 : "좋은 것이요."

교사 : ?

추상적으로 질문하면 추상적인 답변이 나오고, 구체적인 질문을 던지면 구체적인 답변이 나온다. 특히 초등학생들은 구체적 조작기에 해당하기에 구체적인 질문으로 시작해야 한다. 추상적인 개념을 다루는 수업이라도 구체적인 질문으로 시작하여 추상적인 질문으로 자연스럽게 연결할 필요가 있다. 추상적인 질문들을 구체적인 질문으로 전환한 사례들은 다음과 같다.

"사회 정의란 무엇인가요?"

⇒ "우리 사회에서 억울한 일이 발생하지 않으려면 어떤 원칙을 가져야 할까요?"

"중력이란 무엇인가요?"

⇒ "지구 반대편에 있는 사람들도 지구에서 떨어지지 않고, 붙어 있는 이유는 무엇인가요?"

"해류가 중요한 이유는 무엇인가요?"

⇒ "만약 바닷물이 돌지 않고, 호수처럼 고여 있다면 어떤 일이 발생할까요?"

• 뻔한 질문보다 낯선 질문을 하기

뻔한 질문을 하면 뻔한 대답이 나오고, 낯선 질문을 하면 낯선 대답이 나오다. 교과서에 실린 질문들을 분석해 보면, 내용상으로는 옳은 질문이지만 학생이 보기에는 밋밋한 경우가 많다. 그래서 교과서에 실린 질문대로 수업을 진행하면 학생들이 흥미를 느끼고 학습에 참여하기가 쉽지 않은 경우가 많다. 흥미 유발 질문은 학생의 구체적인 삶과 학습 주제를 잘 연결할 필요가 있다. 심화 질문은 교사가 내용 이해를 전제로 심화 지식에 연결할 수 있는 질문을 미리 만들어야 한다. 낯선 질문을 던지려면 교사가 먼저 낯선 생각을 해야 한다. 그래서 중심 질문만큼은 교사가 미리 고민하여 좋은 질문을 만들어 활용하는 것이 필요하다.

"석유가 일상생활에서 꼭 필요한 이유는 무엇일까요?"
⇒"만약 석유가 없다면 우리 일상생활이 어떻게 변화할까요?"

"환경보호와 경제개발 중 무엇이 더 소중할까요?"
⇒"만약 우리 동네에 골프장이 건설된다면 어떻게 될까요?"
⇒"만약 우리 동네에 테마파크가 생긴다면 어떻게 될까요?"

• 어려운 내용을 쉽게 질문하기

어려운 내용을 학생 눈높이에 맞추어 쉽게 질문하는 능력이 교사에게 매우 필요하다. 어려운 내용을 어렵게 질문하는 것은 일반인도 할 수 있다. 쉬운 내용을 어렵게 질문하는 것은 연구자의 특징일 수 있지만, 교사라면 어려운 내용도 쉽게 질문할 수 있어야 한다. 그런데 교사가 어려운 내용을 온전히 이해해야 쉽게 질문할 수 있다. 그래서 교사는 교육과정과 교재 연구를 잘할 수 있어야 한다.

• 한 번에 한 가지만 질문하기

교사 : "민욱아, 이번 소설의 주제가 무엇이라고 생각하니? 그리고 작가가 '산'이라

는 소재를 강조하는 이유가 무엇일까? 이번 소설에 대해 간단한 소감을 말해
본다면?"

학생 : "일단 이번 소설 소감부터 이야기하면.... 그런데, 첫 번째와 두 번째 질문이
무엇이었죠?"

한 번에 한 가지만 질문하는 것은 지극히 상식적인 부분이라고 볼 수 있다.
하지만 수업 시간에 교사가 마음에 여유가 없거나 가르칠 내용이 많다면 자기
도 모르게 여러 가지 질문을 동시에 던지는 경우가 종종 있다.

• 친절하고 안전하게 질문하기

교사 : "지난 시간에 배운 내용 중 기억나는 것을 이야기해 볼까?"

학생들 : ...

교사 : "소현아, 지난 시간에 배운 것을 이야기해 보렴."

소현 : "..."

교사 : "동현아, 이야기해 봐."

동현 : "..."

교사 : "학급회장, 지난 시간에 배운 것에 대하여 이야기해 볼래?"

학급회장 : "..."

교사 : "선생님이 지난 수업 내용이 중요하다고 여러 번 강조했잖아. 그리고 이번 중
간고사에서도 지난 단원에서 평가 문항을 많이 출제했다고 한 것 같은데....
너희들 정신 못 차리는 것이야? 머리는 장식품이니? 왜 그래?"

교사가 감정적으로 공격적인 질문을 던지는 것은 배움에 방해가 된다. 배움
은 두려움과 함께 춤출 수 없기 때문이다. 공포 분위기 속에서 질문을 던지면
학생은 긴장해서 아는 것도 대답하기 쉽지 않다.

· 많은 보조 질문보다 중심 질문에 집중하기

수업 질문에 대하여 강조하면, 많은 교사가 수업 시간에 질문을 많이 하는 것이 좋다고 생각하는 경향이 있다. 실제 수업에서 질문을 많이 던지면 오히려 수업 목표 도달에 방해가 되고, 진도 나가기도 힘들어진다. 작은 질문, 보조 질문이 많은 것보다 큰 질문, 중심 질문에 초점을 맞추어 질문하는 것이 좋다. 모든 학습 내용을 질문으로 전환하면 진도를 나가기도 힘들 뿐 아니라 학생들도 지식을 이해하기가 힘들어질 수 있다. 개념을 기반으로 큰 질문, 중심 질문에 초점을 맞추어 수업을 진행할 필요가 있다.

· 전체 학생뿐 아니라 개별 학생이나 모둠을 향한 질문도 하기

교사 : "3반, 지난 시간에 배운 내용을 이야기해 볼 수 있을까?"
교사 : "3반, 고개를 숙인 친구들도 고개를 들고 선생님을 볼래? 아무나 이야기해 보라니까...."

수업에서 전체 학생들을 향한 질문도 있어야 하지만, 개별 학생이나 모둠을 향한 질문도 필요하다.

교사 : "소희야, 이번 주제에 관하여 네 생각을 말해 보렴."
교사 : "4모둠, 모둠 활동하면서 진행 단계가 이해되지 않는 것이 있니?"

개별 학생이나 모둠을 향한 질문을 할 때는 성량을 줄여서 질문할 필요가 있다. 자칫 전체 학생에게 말하듯이 큰 목소리로 이야기하면 다른 학생들이 학습 활동에 참여하는 데 방해가 될 수 있기 때문이다.

· 수업 중간에 질문할 수 있도록 하기

교사 : "오늘 수업은 여기까지 진행하도록 할게요. 그리고 보니 수업 시간이 5분이

깊이 있는 수업

나 남았네. 그러면 오늘 배운 내용 중 이해하기 힘들었던 부분이나 궁금한 점이 있으면 질문해 볼래요?"

학생 : "..."

교사 : "질문이 없으면 약간 일찍 마치도록 하죠. 남는 시간은 자습해도 좋아요."

수업 마지막 단계에서 질문 시간을 주는 것은 그리 좋은 방법이 아니다. 학생이 수업 중간에 이해되지 않은 부분이 있다면 그때그때 질문하여 이해할 수 있도록 하는 것이 좋다. 마지막 단계에서 질문 시간을 주면 중간에 궁금했던 것을 잊어버리기 쉽다. 그리고 수업 마지막 단계에서 어떤 학생이 질문을 했는데, 교사의 답변이 길어지면 수업 마침 종이 울려도 그대로 설명이 이어질 수 있다. 이 경우, 나머지 학생들은 질문한 학생을 원망의 시선으로 바라볼 수 있다. 질문 게시판을 활용하여 메모식 접착지에 자기 질문을 기록하여 붙여 놓고, 학생 질문에 대한 답변을 교사가 한꺼번에 진행하는 방법도 좋다.

• 학생의 답변을 심화 질문이나 확대 질문으로 연결하기

교사 : "시계를 보고 답변해 주세요. 지금 몇 시일까요?"

학생 : "오후 3시 35분입니다."

교사 : "정답입니다. 맞아요."

위의 수업 대화 구조를 분석해 보면 교사의 발문 – 학생의 대답 – 교사의 평가 반응으로 이루어져 있다. 수업 대화 구조는 일상 대화 구조와 약간 다르다. 해당 수업 대화 구조를 부부간 일상 대화로 적용해 보자.

아내 : "자기야, 시계 보고 이야기해 줘. 지금 몇 시야?"

남편 : "오후 3시 35분이야."

아내 : "정답이야. 잘했어."

남편 : ???

위의 경우, 아내가 "고마워"라고 말하는 것이 자연스럽다. 교사의 발문 – 학생의 대답 – 교사의 평가로 진행되는 수업 대화 구조가 잘못된 대화는 아니지만, 교사의 반응이 평가 대신 심화 질문이나 확대 질문으로 진행하면 좋다. 심화 질문이란 "왜?"라는 물음으로 대답의 근거를 물어보면서 사고의 깊이를 추구하는 질문이다. 확대 질문이란 "그리고 또 다른 이유는?", "다른 사람은 어떻게 생각하니?" 등으로 사고의 폭을 넓히는 질문이다.

교사 : "소설가가 되려면 어떻게 준비하면 좋을까요?"

학생 : "대학 진학 시 문예창작과 등 관련 학과에 진학해서 준비하면 좋을 것 같아요."

교사 : "맞아요. 관련 학과를 진학하면 좋겠죠."

위의 수업 대화를 심화 질문 방식으로 바꾸면 다음과 같다.

교사 : "소설가가 되려면 어떻게 준비하면 좋을까요?"

학생 : "대학 진학 시 문예창작과 등 관련 학과에 진학해서 준비하면 좋을 것 같아요."

교사 : "문예창작과에 들어가는 것이 좋다고 생각한 이유는 무엇인가요?"

학생 : "아무래도 문예창작과에 들어가면 소설을 쓸 때 체계적인 작법을 배울 수 있고, 전문가들에게 피드백을 받을 수 있다고 생각해서요."

위의 수업 대화를 확대 질문 방식으로 바꾸면 다음과 같다.

교사 : "소설가가 되려면 어떻게 준비하면 좋을까요?"

학생1 : "대학 진학 시 문예창작과 등 관련 학과에 진학해서 준비하면 좋을 것 같아요."

교사 : "문예창작과에 진학하는 방법 외에도 소설가가 되는 방법이 있을까요?"

학생2 : "소설 문예지나 잡지에 원고를 투고하여 인정받는 방법도 있을 것 같아요."

교사 : "미연이는 어떻게 생각해요?"

깊이 있는 수업

학생3 : "유명한 소설가에게 찾아가 문하생으로 공부할 수도 있을 것 같아요."

교사 : "민철이는 어떻게 생각해요?"

학생4 : "소설 관련 인터넷 사이트에 들어가서 창작 소설을 올려 보고 독자들의 반응을 살피면서 소설을 써 보는 방법도 있을 것 같아요."

평가보다 심화 질문이나 확대 질문으로 반응을 보이면 학생들이 좀 더 깊고 다양한 생각을 할 수 있을 것이다. 여기에 다른 학생들의 반응을 유도하는 것도 좋다.

교사 : "정연아, 인터넷 사이트에 자신의 창작 소설을 올려놓는 민철이의 방법에 대하여 어떻게 생각하니?"

학생5 : "참 좋은 생각이라고 생각해요. 저도 종종 관련 사이트에 들어가 다양한 소설들을 읽어 보고 댓글을 단 적이 있어요."

교사들이 대학이나 교사 연수에서 다양한 질문 유형과 발문법을 공부하지만, 실제 교실에서 구조화된 질문을 사용하고 구체적으로 피드백을 받아 본 경험은 거의 없다. 그래서 발문법이 중요하다는 것은 교사라면 누구나 알고 있지만, 실제 수업에서 교사가 좋은 발문을 하는 경우는 그리 많지 않다. 교사가 좋은 질문을 하려면 사전에 중심 질문을 미리 준비하고, 수업 후 발문에 대한 피드백을 동료 교사나 전문가로부터 받아 보면 좋을 것이다.

질문 기반 수업 디자인

수업 디자인이란 '교사가 수업을 준비하고 전개하는 일련의 과정'을 말한다. 교육과정은 수업 디자인을 통해 실제 수업으로 구현된다. 따라서 교사의 수업 전문성은 수업 디자인 능력에 달려 있다고 볼 수 있다.

수업을 제대로 이해하려면 수업에 대한 좋은 질문을 던질 수 있어야 한다.

대개 수업에 대한 질문은 '무엇'(교육과정)과 '어떻게'(교수학습 방법)에만 치중되어 있었다. 하지만 '누가'(존재론 및 관계론)와 '왜'(교육철학)에 대한 질문이 빠지면 좋은 수업을 디자인하기 힘들다.

- 누가(존재론/관계론) : 학습자 이해(학습 수준과 의지, 발달단계, 관심사 등), 수업자 이해 (교사의 내면, 성장 과정, 교수 유형 등), 교사와 학생과의 관계성 등
- 왜(교육철학) : 교육관, 수업관, 교사관, 학생관, 지식관, 교사의 개인적인 신념 등
- 무엇(교육과정) : 지식에 대한 이해, 교육과정 재구성 문제 등
- 어떻게(교수학습 방법) : 교수학습 방법, 발문, 학습 동기 유발 방법 등

수업 디자인은 [누가(존재론 및 관계론)] → [왜(교육철학)] → [무엇을(교육과정)] → [어떻게(교수학습 방법)]의 순으로 이루어진다. 수업 디자인의 단계를 정리하면 다음과 같다[1].

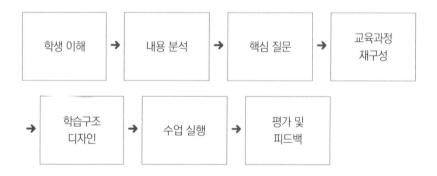

학생 이해는 '누가'이고 내용 분석 및 핵심 질문은 '왜'이다. 교육과정 재구성은 '무엇'이고, 학습구조 디자인은 '어떻게'이다.

그런데 교사들이 수업 디자인을 할 때 '무엇(교육과정)'에만 집중하거나 '어떻게(교수학습 방법)' ⇒ '무엇(교육과정)' 순으로만 진행하는 경우가 많다. 예

---

1) 김현섭(2015), 『질문이 살아있는 수업』, 수업디자인연구소

깊이 있는 수업

전에 수업 준비 과정을 '교재 연구'라고 표현한 때가 있었는데, 이러한 표현은 교육과정에만 초점을 맞춘 것이라고 할 수 있다. 즉, 교과서 내용을 이해하고 구조화하는 데만 초점을 맞추어 수업 준비를 하는 것이다. 이 경우, 가르침은 있으나 배움은 충분히 일어나지 않을 수 있다. 많이 안다고 해서 잘 가르치는 것은 아니고, 교사가 박식하다고 해서 학생들도 많은 것을 배우는 것은 아니다. 공개 수업의 경우, '어떻게(교수학습 방법)' ⇒ '무엇(교육과정)' 순으로 수업 디자인을 하는 경우가 많다. 예컨대, 토의토론을 국어과 수업에서 적용한다고 할 때, CEDA모형을 먼저 정하고 그에 맞는 교과서 단원을 찾아 수업 디자인을 하는 것이다. 이 경우, 학습 주제보다는 CEDA모형이라는 수업 모형만 두드러지게 된다.

질문 기반 수업 디자인의 단계

• 학생 이해

수업 디자인은 배움의 주체인 학생들을 분석하는 것에서 시작한다. 상품을 생산할 때 소비자의 성향을 먼저 분석하듯, 수업을 준비할 때도 학생들의 학습 수준과 의지, 거주 지역의 특성, 부모의 사회 경제적 배경, 학교급과 학교의 독특성 등을 먼저 분석해야 한다. 이에 따라 학습 난이도와 분량, 해당 차시 수업 계획 등이 결정될 것이다.

• 내용 분석

학생의 특성을 분석했으면 다음으로 학습 목표와 학습 내용을 이해해야 한다. 교과서 분석보다 먼저 해야 할 일이 국가 수준 교육과정을 개괄적으로 이해하는 것이다. 이때 마인드맵 등을 활용하면 좋다.

마인드맵은 전체 교육과정이나 단원의 주제를 하나의 그림으로 정리하는 것이다. 교육과정 재구성의 전 단계로 활용할 때는 브레인스토밍 방식으로, 교육과정을 이해하는 목적으로 활용할 때는 요약하고 구조화하는 방식으로 정리할 수 있다.

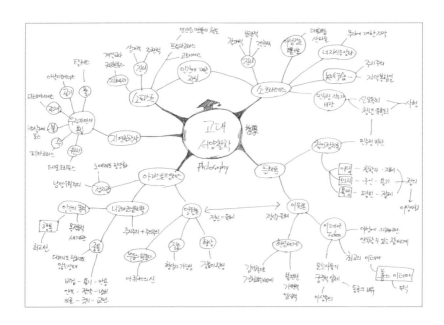

• **핵심 질문**

[핵심 질문]

수업 디자인의 핵심은 핵심 질문을 만드는 것이다. 핵심 질문이란 교사가 수업을 통해 학생들과 나누고자 하는 핵심 메시지를 담은 질문이다. 핵심 질문을 만드는 것은 수업 디자인의 기본 방향과 뼈대를 세우는 일이다. 핵심 질문은 수업의 맥락에 따라 세부적으로 출발 질문, 전개 질문, 도착 질문에 의해 구조화되고 뒷받침되어야 한다.

학생을 분석하고 교육과정을 이해했다면 이제 학습 목표를 정하고 그에 맞

깊이 있는 수업

는 핵심 질문을 만들어야 한다. 핵심 질문은 학습 목표나 성취기준을 토대로 만들면 좋다. 그런데 단순히 학습 목표를 의문형 문장으로 전환하면 추상적인 질문이 되기 쉽다. 학습 목표가 추상적인 언어로 표현되는 경우가 많기 때문이다. 그러므로 이를 학생 배움 관점에서 학생들이 이해할 수 있도록 좀 더 구체화하고, 흥미를 유발하는 언어로 표현하면 좋다.

예컨대, 과학과 수업에서 화산과 지진을 주제로 수업한다고 했을 때, 다음과 같이 핵심 질문을 만들 수 있다.

학습 목표	"화산과 지진이 일어나는 이유를 설명할 수 있다."

↓

단순 질문 만들기 (의문형)	"화산과 지진이 일어나는 이유는?"

↓

구체적인 질문 전환	"만약 우리나라에서 화산과 지진 현상이 일어난다면 어떻게 하면 좋을까?"

핵심 질문은 학습 목표와 학습 주제에 대한 교사의 깊은 고민이 있어야 나올 수 있는 질문이다. 교사가 생각한 수업의 주안점이 핵심 질문에 잘 드러나면 좋다. 예컨대, 동학농민운동은 사관(史觀)에 따라 다르게 해석할 수 있다. 유교사관, 식민사관, 민족사관, 실증사관 등에 따라 사건 해석이 다를 수 있는데, "동학농민운동을 민족사관 입장에서 바라본다면?"과 같이 교사의 철학과 주안점에 따라 핵심 질문이 다르게 표현될 것이다.

교과 특성이나 주제에 따라서 내용적 지식(지식·이해)뿐 아니라 과정적 지식(과정·기능)이 핵심 질문이 될 수 있다. 가치와 태도를 강조하여 핵심 질문을 만들 수 있다. 예컨대, '다른 사람의 이야기를 경청하기', '제한 시간 안에 안전하게 실험실습을 진행하기', '사회 정의 관점에서 비판하기' 등이 수업의 주안점이라면 이를 반영하여 핵심 질문으로 표현할 수 있다.

핵심 질문을 만들 때 브레인스토밍을 통해 다양한 질문을 만들어 검토하면서 적절한 질문을 선택하는 것도 좋다. 교육과정과 학습 내용을 충분히 이해하고 교사 스스로 고민하며 묵상할 때 좋은 핵심 질문을 만들 수 있다.

핵심 질문에 도달하기 위해서는 세부 질문이 필요하다. 세부 질문에는 출발 질문, 전개 질문, 도착 질문이 있다.

[출발 질문]

출발 질문은 도입에 해당하는 질문으로, 학습 주제와 학생들의 구체적인 삶을 연결함으로써 흥미와 지적 호기심을 자극하고 학생들을 수업에 참여시키기 위한 질문이다. 좋은 출발 질문은 학생이 답하기 좋고 다양하고 구체적인 답변을 유도할 수 있는 질문이다. 시(詩) 수업이라면 "시를 좋아하는가?"보다는 "여태까지 읽어 본 시 중에 감동적이었던 시는 무엇이며, 그 이유는 무엇인가?"라는 질문이 더 좋을 것이다. 하지만 이 역시 시를 거의 안 읽는 학생들에게는 답하기 어려운 질문이다. 이때 "사랑과 자전거의 공통점은 무엇일까?"라고 질문한다면 좋을 것이다. 그러면 평소에 시를 접하지 않던 학생들도 다양한 답변을 할 수 있을 것이다.

출발 질문에서 닫힌 질문은 전시 학습을 확인하는 정도로만 사용하고, 주로 열린 질문을 하는 것이 좋다. 추상적이고 일반적인 질문은 학생들의 흥미를 유발하기 어려우므로 구체적으로 질문하는 것이 좋다. 학생들의 관심사와 연결된 내용으로 질문해야 학생들이 수업에 참여할 수 있다는 점에서 다소 도발적이고 낯선 질문을 하는 것이 좋다. 학생들의 수업 참여도는 도입 5분 안에

깊이 있는 수업

결정된다는 것을 잊지 말아야 한다. 출발 질문은 질문의 난도를 적절하게 조절해야 한다. 그래야 학생들이 쉽게 답변할 수 있기 때문이다. 난도가 높은 질문을 던지면 학생들이 대답하기 힘들어할 수 있다.

[전개 질문]

전개 질문은 본시 학습에서 다루는 학습 내용에 관한 질문으로, 지식과 이해를 묻는 수렴적 질문, 닫힌 질문을 주로 사용한다.

전개 질문은 교과서 중심 질문으로서 대다수 교사가 이미 사용하고 있는 방식의 질문이므로 사용하기 어렵지 않다. 문답법 수업에서처럼 교사가 질문의 주도권을 가지고 진행할 수 있겠지만, 하브루타 수업이나 학습코칭에서처럼 학생에게 질문의 주도권을 넘겨줄 수도 있다. 교사들은 보통 학생들에게 질문의 주도권을 넘기는 것을 불안해하지만, 실제 수업을 해 보면 학생들은 예상보다 훨씬 좋은 질문들을 만들고 열심히 참여한다. 나아가 학생들끼리 질문할 기회를 주면 다양한 질문을 끌어낼 수 있다. 학생들의 참여나 질문 수준이 교사의 기대에 못 미치거나, 학생들 스스로 해결하지 못한 질문은 교사가 피드백하며 보완해 주면 된다.

[도착 질문]

도착 질문은 배운 지식과 실제 삶을 연결하는 질문으로, 적용, 분석, 종합, 평가에 해당하는 발산적 질문, 열린 질문이다. 수업 흐름상으로는 생각 넓히기(심화), 삶에 반응하기(적용) 단계에 해당한다.

도착 질문은 학습 내용과 학생의 삶을 연결하는 전이 질문이다. 지식은 삶으로 연결될 때만 의미가 있으므로 도착 질문은 수업에서 매우 중요한 부분이라 할 수 있다. 하지만 현실적으로 모든 수업에서 도착 질문을 사용하기는 어렵다. 왜냐하면 학습 내용이 실천으로 연결하기 힘든 지식도 많을뿐더러, 학습 내용이 많은데 수업 시수가 충분하지 않은 경우도 있기 때문이다. 이 경우에는 학습 주제별, 혹은 중단원이나 대단원 단위로 도착 질문을 활용하면 좋다.

도착 질문은 가급적 구체적으로 실천할 수 있고 확인 가능한 내용을 담아 만들면 좋다. 예를 들어 수업 주제가 '행복'이라면, "행복하기 위해 꼭 이루고 싶은 것은 무엇인가?"보다는 "3개월밖에 못 산다면 죽기 전에 꼭 해 보고 싶은 일 세 가지는 무엇인가?"라는 질문이 더 좋다. 도착 질문은 상대적으로 난도가 높은 질문을 사용해도 좋다. 학생들의 지적인 도약을 위해 심화 지식에 대한 관심과 호기심을 자극하면 좋다.

다음은 화산과 지진을 주제로 한 출발 질문, 전개 질문, 도착 질문의 사례들이다.

핵심 질문	· "만약 우리나라에서 화산과 지진 현상이 일어난다면 어떻게 하면 좋을까?"
출발 질문	· "만약 백두산이나 후지산에서 화산 활동이 일어난다면 어떤 일이 생길까?" · "2017년 포항에서 지진이 일어났을 때 많은 포항 사람이 고통을 받았는데, 우리 동네에서 포항 지진처럼 강한 지진이 일어난다면?"
전개 질문	· "화산 활동과 지진이 일어나는 이유는?" · "지진의 세기 중 규모와 진도는 어떻게 다를까?" · "화산 활동과 지진은 어디에서 자주 발생할까?"

깊이 있는 수업

도착 질문	· "많은 과학자가 조만간 백두산(후지산)이 화산 활동을 할 가능성이 있다고 경고하는데, 내가 대통령이라면 이 문제에 어떻게 대비하면 좋을까?" · "우리 동네에서 지진이 일어날 경우를 가정하고, 우리 모둠에서 지진 대피 매뉴얼을 만든다면?"

이를 도표로 정리하면 다음과 같다.

세부 질문	수업 단계		특징
출발 질문	도입	흥미 유발 (마음 열기)	· 학습 흥미 유발, 학생 참여 유도 질문 · 학생들의 지적 호기심 유발 (열린/발산적 질문)
전개 질문	전개	지식 이해 (생각 키우기)	· 학습 내용과 관련된 질문 · 지식과 이해와 관련된 질문 (닫힌/수렴적 질문)
도착 질문	마무리	심화 (깊이 생각하기)	· 지식과 삶을 연결하기 · 적용, 분석, 종합, 평가와 관련된 질문 (열린/발산적 질문)
		적용 (삶에 반응하기)	

　　기존 3단계(도입/전개/마무리) 수업에서는 지식 전달에 초점을 둔 전개 질문이 중요했다면, 4단계(마음 열기/생각 키우기/깊이 생각하기/삶에 반응하기) 수업에서는 심화 또는 적용에 초점을 둔 도착 질문이 더 중요하다.

• 교육과정 재구성

핵심 질문에 따라 교육과정(지식)을 재구조화하는 것이다. 개념을 중심으로 간단하게 다룰 것인지, 심화 지식까지 포함하여 세밀하게 접근할 것인지에 따라 학습 분량과 접근 방식이 달라진다. 교과서만으로는 충분하지 않기 때문에 그에 맞는 학습 자료를 찾아 학습지나 워크북을 만드는 것이 좋다.

• 학습구조 디자인

교육과정을 재구성하고 나면 그에 맞는 교수학습 방법을 찾아야 한다. 학습 내용에 맞는 교수학습 방법(수업 모형, 수업 기술)을 찾아 적용해야 한다. 학습구조란 어떻게 가르칠 것인가와 관련된 것으로, '교사와 학생, 학생과 학생 사이의 상호작용 방식'을 말한다. 학습구조에는 교사의 일방적인 전달 중심의 일제 학습, 학생 개별의 특성과 수준에 맞게 접근하는 개별 학습, 학생 간 부정적인 상호 의존 관계인 경쟁학습, 학생 간 긍정적인 상호 의존 관계인 협동학습이 있다. 학습구조 안에 교수학습 방법이 있다. 동일한 교수학습 방법도 학습구조에 따라 다르게 활용될 수 있다. 예컨대, 퀴즈 게임을 한다고 할 때 개인별 경쟁학습 방식으로 개인별 퀴즈 게임을 할 수 있고, 협동학습 방식으로 모둠 퀴즈 게임(TGT 모형)을 진행할 수 있다.

교수 전략에 따라 교사 중심의 직접적 교수 전략, 학생 중심의 간접적 교수 전략, 이 둘의 장점을 결합하여 교사의 기획과 학생의 참여로 진행되는 참여적 교수 전략이 있다. 참여적 교수 전략은 교사의 계획과 학생 자발성의 조화를 추구하는 교수 전략을 말한다. 국가 교육과정에서 말하는 학생 참여형 수업은 학생 참여 교수 전략을 말한다. 교사가 다양한 교수학습 방법을 알고 실천할 수 있으면 수업을 풍부하게 디자인할 수 있고, 학생들의 배움을 끌어내고 역량을 신장시키는 데 큰 도움이 된다. 동일한 학습 내용도 교수학습 방법

깊이 있는 수업

(수업 기술)에 따라 학생들의 학습 경험이 달라진다.

• 수업 실행

수업 지도안이 완성되면 그에 따라 수업을 실행한다. 수업 디자인은 정교하게 구성하되 실제 수업은 학생과의 상호작용과 배움의 흐름, 속도 등을 고려하여 유연하게 진행하는 것이 좋다. '수업 준비는 철저하고, 수업 운영은 유연하게' 진행하는 지혜가 필요하다.

• 평가 및 피드백

수업을 평가하고 피드백하기 위해서, 수업에서 나온 다양한 결과들(학생 노트 및 학습지 결과물, 학생 보고서, 수업 활동을 찍은 사진, 수업 지도안 등)을 포트폴리오 형태로 정리하는 것이 좋다. 수업 성찰 일지를 쓰거나 동영상을 촬영하거나 수업 공개를 하고 다른 사람들로부터 피드백을 받는 것도 좋다. 일상 수업의 모습은 학생들이 가장 잘 알고 있다는 점에서 학생 수업 평가나 배움일지를 통해 학생들에게 정기적으로 피드백을 받는 것도 매우 좋은 방법이다.

질문 기반 수업 디자인 실천 사례

다음은 수업디자인연구소에서 비상교육과 함께 개발한 질문 기반 수업 지도안의 일부분이다[2].

---

2) 수업디자인연구소(2024), 『질문이 살아있는 사회과 수업』, 비상교육

〈초등학교 4학년 2학기 사회과 ③ 다양한 환경과 삶의 모습〉

(2) 도시의 특징과 삶의 모습

▶ 질문 분석표

구분	질문 내용
핵심 질문	살기 좋은 도시를 만들기 위해 우리는 어떤 노력을 해야 할까요?
출발 질문	우리 지역이 어린이에게 살기 좋은 부분이 있다면 무엇인가요? 우리가 사는 곳은 도시인가요? 도시가 아닌가요? 이유를 들어 이야기해 봅시다.
전개 질문	도시에서 일상적인 삶의 모습은 어떠할까요? 도시에서 볼 수 있는 문제점은 무엇인가요? 여러 도시의 인구, 교통, 산업 특징을 살펴볼까요?
도착 질문	세계의 다양한 도시는 어떤 모습일까요? 살기 좋은 미래 도시를 어떻게 만들어 갈 수 있을까요?

▶ **주제 분석** 이 주제에서는 여러 도시의 특징을 사례 중심으로 탐구하면서 도시에서 나타나는 삶의 모습을 종합적으로 이해하도록 한다. 도시의 경관, 인구, 교통, 산업, 생활 방식의 특징을 이해하고 도시 생활의 좋은 점과 문제점 들을 평가할 수 있도록 한다.

▶ **개념** 도시, 인구, 교통, 산업, 변화, 도시 생활, 웰빙(참살이)

▶ **수업의 주안점** 이 수업에서는 직접 사는 지역의 특징을 생각해 보는 것으로 출발하여 주변에서 볼 수 있는 도시적 특성을 알 수 있게 한다. 다양한 사례를 통

해 도시에서 삶의 특징과 문제점을 살펴보고 문제점을 해결하는 방법까지 고민할 기회를 주는 데 주안점이 있다.

성취기준   [4사10-02] 사례를 통해 도시의 인구, 교통, 산업 등의 특징을 탐구하고, 도시에서 삶의 모습을 이해한다.

수업 전개도

출발	전개				도착
우리 지역 평가하기	도시에서 볼 수 있는 특징으로 도시 개념 알아보기	사진을 통해 본 도시의 문제점 알아보기	도시의 문제점 해결 방법 알아보기	대표적인 도시의 인구, 교통, 산업, 특징 살펴보기	1. 세계의 다양한 도시 조사하기 2. 살기 좋은 미래 도시 상상하기
개별 및 모둠 활동 활동지 1	개별 및 모둠 활동 활동지 2	개별 활동 활동지 3-1	개별 및 모둠 활동 활동지 3-2	개별 및 모둠 활동 활동지 4	개별 및 모둠 활동 활동지 5, 6

학습 준비물   교과서, 활동지, 스마트 기기

핵심 질문   살기 좋은 도시를 만들기 위해 우리는 어떤 노력을 해야 할까요?

출발 질문   [활동 1] 우리 지역이 어린이에게 살기 좋은 부분이 있다면 무엇인가요?
- [활동지 1]을 나눠 주고 어린이들에게 우리 지역은 살 만한 곳인지 별점을 주고 그 이유를 적어 보게 한다.
- 서로의 생각을 모둠에서 나눠 보고 모둠 의견을 정해 문항 2번에 정리해 보도록 한다.

      [활동 2] 우리가 사는 곳은 도시인가요? 도시가 아닌가요? 이유를 들어 이야기해 봅시다.
- 우리 지역이 도시인지 아닌지 생각해 보고 이유를 들어 활동 3번에 자신의 생각을 적어 보도록 한다.
- 모둠에서 이야기를 나눠 보고 전체적으로 발표해 보게 한다.

전개 질문   [활동 3] 도시에서 삶의 모습은 어떠할까요?
- [활동지 2]의 사진 자료를 보고 도시의 특징과 삶을 정리해 1번 문항에 적어 보게 한다.
- 그 밖에 도시의 모습을 알 수 있는 사진이나 자료를 찾아 문항 2번에 정리해 보도록 한다.
- 3번 문항의 빈칸을 채워 '도시'의 개념을 알아보게 한다.
- 4번 문항에 도시에서의 삶을 간단한 만화로 표현해 보고 모둠 친구들과 작품을 공유하게 한다.

      [활동 4] 도시에서 볼 수 있는 문제점은 무엇인가요?
- [활동지 3-1]의 사진을 보고 도시에서 발생하는 문제점에는 무엇이 있을지 1번 문항에 정리해 보도록 한다.

- 그 밖에 도시에서 볼 수 있는 문제점을 스마트 기기로 찾아 2번 문항에 적어 보고 발표해 보게 한다.
- 이번 활동을 통해 알게 된 도시 문제점 중 직접 겪은 도시 문제를 3번 문항에 쓰고 서로 돌아가며 말해 보도록 한다.
- [활동지 3-2]의 자료를 살펴보고 도시의 문제점을 해결하려는 지역의 노력을 1번 문항에 정리해 보게 한다.
- 이와 같은 사례를 스마트 기기로 찾아 2번 문항에 적어 보게 한다.
- 모둠에서 서로 조사한 사례를 나눠 보고 3번 문항에 정리하게 한다.
- 우리 지역에서 나타나는 도시의 문제점을 찾아보고 그 해결법을 조사 및 생각해 4번 문항에 적어 보게 한다.

 우리 지역에서 발생하는 도시의 문제점을 검색할 때 검색 단어를 제시해 준다.
　검색어 : 00시의 문제점, 00시의 도시 문제점
　- 5번 문항의 빈칸을 채워 보며 도시 문제를 해결하기 위한 태도를 알아보게 한다.

[활동 5] 여러 도시의 인구, 교통, 산업 특징을 살펴볼까요?
- [활동지 4]에서 제시된 도시를 참고하여 모둠원 각자 다른 도시를 선정해 특징을 조사해 보게 한다.
- 조사한 도시를 친구들과 돌아가며 말해 보고 이 활동을 통해 알게 된 사실을 3번 문항에 적어 보게 한다.

도착 질문　　[활동 6] 세계의 다양한 도시는 어떤 모습일까요?
- [활동지 6]에 나타난 두 도시의 사례를 보고 세계의 살기 좋은 도시들을 스마트 기기로 찾아 1번 문항에 정리해 보게 한다.
- 조사 활동을 통해 사람들이 살기 좋은 도시의 조건은 무엇이라 생각하는지 2번 문항에 적어 보게 한다.
- 서로의 생각을 나눠 본다.

[활동 7] 살기 좋은 미래 도시를 어떻게 만들어 갈 수 있을까요?

· [활동지 6]을 학생들에게 나누어 주고 각자 살고 싶은 미래 도시를 상상해
  1번 문항에 적어 보게 한다.
· AI 이미지 생성 프로그램을 통해 핵심 단어로 미래 도시를 상상해 이미지
  를 만들어 보게 한다.

 캔바 홈 화면에서 '앱' 선택 →

Magic Media
AI를 활용해 이미지와 동영상을
즉시 생성할 수 있습니다.

→ '새 디자인에서 적용' 선택 → 워크시트(A4) 선택 →

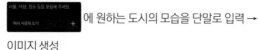 에 원하는 도시의 모습을 단말로 입력 →

이미지 생성

· 생성된 그림을 3번 문항에 붙여 보고 미래 도시를 설명해 보게 한다.
· 서로의 작품을 감상하게 한다.

 3번 문항에 직접 사진을 붙이거나 그려 볼 수도 있지만, 온라인
공유 프로그램을 통해 공유할 수도 있다.

참고 자료   AI 이미지 생성 사이트, 캔바 https://www.canva.com/

깊이 있는 수업

6. 살기 좋은 미래 도시를 어떻게 만들어 볼 수 있을까요?

_____학년 _____반 _____번 이 름: _____

1. 내가 살고 싶은 미래 도시를 상상해 볼까요?

도시 이름	
도시의 대표적인 특징	
도시에 있는 시설이나 건물들	
도시의 교통수단	
도시의 주변 자연환경	

2. AI 이미지 생성 프로그램을 통해 도시 기획자가 되어 미래 도시를 생성해 봅시다.

캔바 홈 화면에서 '앱' 선택 → **Magic Media** AI를 활용해 이미지와 동영상을 즉시 생성할 수 있습니다. → '새 디자인에서 적용' 선택

→ 워크시트(A4) 선택 → [사물, 색상, 장소 등을 포함해 주세요. / 이제 사용해 보기] 에 원하는 도시의 모습을 단말로 입력 →

이미지 생성

바닷속, 아파트, 자동차, 물고기

숲, 아파트, 호수, 지하 터널, 자동차, 동물들

질문 기반 수업 모형

・왜 – 만약 – 어떻게? 삼박자 질문 활동

왜-만약-어떻게 삼박자 질문은 문제를 해결하기 위한 구조화된 질문 기법이다. '왜'는 문제를 설정하고, 사고의 방향을 제시하는 질문이다. '만약'은 다양한 대안과 가능성을 탐색하는 질문이다. '어떻게'는 구체적인 해결 방안을 구현하기 위한 질문이다. 이 세 가지 질문이 결합하면 문제 해결을 위한 수업에서 의미 있게 활용될 수 있다.

- · 주제 : 가짜 뉴스와 확증 편향
- · 왜 : 왜 사람들은 편향된 유튜브 방송을 잘 믿을까?
  왜 사람들은 자기가 믿고 싶은 정보만 받아들일까?
- · 만약 : 만약 정부가 유튜브 방송을 검열한다면?
  만약 유튜브 알고리즘 방식을 바꾼다면?
  만약 가짜 뉴스를 퍼뜨리는 사람들에게 페널티를 준다면?
- · 어떻게 : 사람들이 어떻게 해야 진짜 뉴스와 가짜 뉴스를 구별할 수 있을까?
  유튜브 방송을 건전하게 발전시키기 위해 어떻게 인센티브와 페널티를 줄
  수 있을까?

- · 주제 : 인구 감소 문제
- · 왜 : 왜 요즘 사람들은 자녀를 많이 낳으려고 노력하지 않을까?
- · 만약 : 만약 정부가 다자녀 가구에 혜택을 많이 준다면?
  만약 자녀를 낳을 때마다 거액의 출산 장려금을 지급한다면?
- · 어떻게 : 사람들이 어떻게 해야 자녀를 많이 낳을 수 있을까?

· 주제 : 발명

· 왜 : 왜 병뚜껑을 열기 힘들까?

　　왜 사람들은 신호등을 분별하기 힘들까?

· 만약 : 만약 기존 병뚜껑 대신 터치형 병마개를 만든다면?

　　만약 신호등 모양을 바꾸거나 바닥에도 신호등을 만든다면?

· 어떻게 : 병뚜껑을 어떻게 열어야 가장 손쉬울까?

　　기존 교통법 안에서 어떻게 신호등 보조 도구를 만들 수 있을까?

"어떤 주제에 대하여 왜-만약-어떻게 삼박자 질문 활동의 핵심 아이디어는 문제가 발생한 주제에 대하여 삼박자 질문 구조에 따라 질문을 만들고 그 질문에 따라 대안을 만들 수 있다."이다. 활동은 아래 단계에 따라 진행한다.

① 교사가 삼박자 질문의 특징을 설명하고 학생들이 문제를 설정할 수 있도록 안내한다.

② 학생들이 문제를 설정하고 삼박자 질문 구조에 맞추어 질문을 만든다.

③ 모둠 안에서 각자가 만든 삼박자 질문에 대하여 이야기한다.

④ 모둠 안에서 대표 질문을 선정하고 삼박자 질문에 맞는 자유 토의를 진행한다.

⑤ 학급 전체에서 모둠 의견을 발표한다.

⑥ 교사가 모둠 발표 내용에 대하여 피드백한다.

[개발자 / 참고 문헌] 워런 버거, 정지현 역(2014), 『어떻게 질문해야 할까?』,

21세기북스

· 질문 – 탐구 – 쓰기 – 토의 활동

서울형 쓰기 수업 모형에 기반한 접근방법으로 질문-탐구–쓰기-토의 활동이 있다. 학습 주제에 대하여 교사가 질문하면 학생들이 그 질문을 탐구하고, 질문에 대한 생각을 글로 쓰고, 모둠 안에서 토의하여 전체 학생에게 발표하는 방법이다.

질문 사례는 다음과 같다[3].

국어과
- 우리는 인공지능과 어떻게 공존해야 할까?
- 삶에서 부딪히는 다양한 문제들을 말과 글로 어떻게 논리적, 비판적으로 해결해 낼 수 있을까?
- '감정'을 통해 인간(나와 우리)을 이해할 수 있을까?
- 나와 타인을 '존중'한다는 것의 의미는 무엇이며, 이 의미를 어떻게 실천할 수 있을까?
- 지속 가능한 발전을 위해 해결해야 할 사회 문제의 원인과 해결 방안을 적절한 설명 방법을 찾아 핵심 정보가 드러나도록 한 편의 온전한 글로 전달할 수 있는가?
- 현대사의 주요 사건(또는 사회 현안)은 사회 각계의 어떤 원인으로 인하여 발발하였으며, 사건 추후 처리는 과연 국민이 충분히 이해할 수 있는 최선책으로 이루어졌는가?
- 미래 사회의 변화에 따라 내가 관심 있는 직업 분야에 생길 문제는 무엇이고, 그 문제를 어떻게 해결할 수 있을까?
- 소설과 현실은 어떤 관계가 있는가? 어떠한 요소가 소설을 명작으로 만드는가? 우리는 소설로부터 어떠한 '진실'을 배울 수 있을까?

수학과
- '확률'을 먼저 생각하면 무엇이 바뀌는가?

사회과
- 땀 흘리는 노동의 현실을 마주해야 하는 이유는 무엇일까?
- 사회적 소수자 차별 문제를 어떻게 해결할 것인가?
- 차별 없는 사회를 어떻게 만들 것인가? 능력주의는 공정한가?
- 우리 사회에 존재하는 불평등은 무엇이며, 이를 해소하는 방법은 무엇인가?
- 역사적 사건과 관련된 인물들이 한 행동의 의도, 목적, 동기는 무엇일까?

---

3) 서수현 외(2023), 「서울형 쓰기 중심 수업·평가 모델의 효과성 분석 연구」, 서울특별시교육청교육연구정보원

도덕윤리과

· 나는 어떤 사람인가? 내가 사회를 위해 할 수 있는 일은 무엇인가?

· 인권을 지키는 사람들의 삶은 어떤 모습이며, 어떻게 닮아갈 수 있을까?

과학과

· 지속 가능한 사회를 위하여 과학을 이용한 아이디어를 생각할 수 있는가?

· 왜 이산화탄소가 기후 위기의 주범인가?

· 우리가 자극을 받고 반응이 일어나기까지의 과정을 설명할 수 있는가?

· 플라스틱 쓰레기 문제를 어떻게 해결할 것인가?

· 우리 학교의 들꽃을 어떻게 보호할 수 있을까?

· 화산 활동과 지진이 일어나는 이유는 무엇이며, 우리 생활에 어떤 영향을 미칠까?

영어과

· Where is the meaning of life?

· 나는 누군가에게 Jeremy인 적이 있는가?

· How can we make a wise budget plan for our class?

· 스마트폰 세상의 앱과 나, 앱은 나와 세상을 어떻게 연결하는가?

미술과

· 디자인으로 우리 사회의 문제를 해결할 수 있을까?

정보과

· 정보사회에 인공지능이 올바르게 활용되기 위해 어떻게 해야 하는가?

진로

· 미래 사회 변화에 따른 나의 진로를 어떻게 개발할 것인가?

· 책 속 멘토의 삶을 바탕으로 나의 미래를 어떻게 설계할까?

질문-탐구-쓰기-토의 활동은 아래 단계에 따라 진행한다.

① 교사가 학생들에게 학습 주제에 대한 질문을 던진다.

② 학생들이 해당 질문에 대한 자료를 찾는다.

③ 자료를 기반으로 자기 생각을 글로 쓴다.

④ 자기 글을 모둠 안에서 발표하고, 토의한다.

⑤ 모둠 안에서 대표 글을 선정하여 전체 학생들 앞에서 발표한다.

· 질문 보드게임

질문 보드게임은 질문 카드에 직접 다양한 질문을 쓰고 사각형 놀이판 위에 질문 카드를 올린 뒤 주사위나 선택 돌림판을 활용해 말을 이동하며 다양한 질문 놀이를 할 수 있도록 고안된 일종의 DIY형 보드게임이다.

질문 보드게임을 통해 서로 질문하며 소개하고 서로를 알아갈 수 있다. 또한, 질문퀴즈 게임을 통해 학습 내용을 확인할 수 있다.

· 진행 단계

① 교사가 모둠별로 질문 보드게임 세트를 배부한다. 모둠원은 접착식 메모지 다섯 장을 가진다.

② 교사가 주제를 제시하면 모둠원은 그 주제에 맞는 질문을 접착식 메모지에 네 개씩 만들어 질문(Q)카드 자리에 붙인다.

③ 간단한 미션을 기록하여 모퉁이(P)에 붙인다.

　예 인사하기, 안마하기, 사랑의 하트 날리기, 우스꽝스러운 표정 짓기 등

④ 각자 말을 정하고, 말을 자기 자리에서 가까운 위치의 모퉁이(P)에 올려놓는다.

⑤ 첫 번째 학생이 주사위를 던져 나온 숫자만큼 오른쪽이나 왼쪽으로 말을 이동시킨다. 이때 말의 이동 방향은 오른쪽이든 왼쪽이든 자유롭게 선택할 수 있다.

⑥ 주사위를 던진 학생이 해당 질문을 읽고 그에 대한 답을 말한다.

　예 "'가장 좋아하는 음식이 있다면?'을 뽑았는데요. 저는 수제비를 가장 좋아합니다. 아마 할머니랑 함께 수제비를 만들고 먹던 추억 때문인 것 같아요. 수제비를 먹으면 맛도 좋지만, 할머니가 생각나서 더 좋아요."

⑦ 두 번째 학생이 위와 같은 방식으로 주사위를 던져 해당 질문에 대한 이야기를 나눈다. 이때 모퉁이(P)를 지나칠 때마다 미션카드에 기록된 해당 미션을 수행한 뒤, 질문(Q)카드의 질문을 읽고 그에 대답한다.

⑧ 활동을 마치면 전체적으로 친구에 대해 새로 알게 된 사실이나 느낀 점을 발표하게 한다.

유의 사항

· 활동 시간은 15~20분 정도의 제한 시간을 사전에 정해 제시할 수도 있고, 3바퀴 등 횟수로 제시할 수도 있다.

· 서로 소개하기 활동으로 진행하는 경우, 승자와 패자를 나누는 활동은 아니다. 하지만 복습하기 활동으로 하는 경우, 점수에 따라 보상을 할 수 있다.

· 주제에 맞는 질문을 만들기가 다소 어려울 수 있으니 예시를 제시하는 것도 좋다.

· 미션을 만들 때 상대방을 기분 나쁘게 하는 행동이나 과한 행동을 넣지 않도록 주의를 준다.

· 접착식 메모지에 직접 질문을 기록하는 것 대신 기존 질문카드를 활용해도 좋다.

[개발자 / 참고 문헌] · 수업디자인연구소

· 김현섭 외(2020), 『에듀파베르』, 수업디자인연구소

3장.
연역적 수업설계와 귀납적 수업설계를
통합한 개념 기반 탐구학습

3장.
연역적 수업설계와
귀납적 수업설계를 통합한 개념 기반 탐구학습

개념 기반 학습

개념 기반 탐구학습은 개념 기반 학습과 탐구학습을 결합한 수업 모형이다. 개념 기반 탐구학습을 이해하려면 개념 기반 학습과 탐구학습을 각각 이해하고, 이 두 가지 수업 모형을 결합한 이유를 알아보아야 한다.

개념 기반 학습은 말 그대로 개념에 초점을 두어 이루어지는 학습을 말한다. 개념이란 여러 대상이나 현상을 공통된 특성에 기초하여 하나의 범주로 분류하기 위해 인위적으로 만든 추상적인 용어로서 새로운 상황과 맥락으로 전이되는 것이다. 개념은 새로운 상황과 맥락으로 전이되는 정신적 구성물이자 과정으로부터 도출되는 정신적 구성물이라고 할 수 있다. 개념을 통해 우리는 복잡한 세상 속의 정보들을 정리하고, 이해하고 분석하고, 상호작용 할 수 있다. 개념은 시간, 공간, 상황 속에서 전이된다. 예컨대, 구조라는 개념은 국어과의 이야기 '구조', 사회과의 계급 '구조', 과학과의 세포 '구조' 등으로 다양한 맥락에서 전이될 수 있다. 개념은 우리의 사고와 세상을 연결해 주는 자연스러운 다리라고 할 수 있다[1].

개념 기반 학습은 기존 개념 획득 수업 모형의 심화 버전이라고 할 수 있다. 개념 획득 수업 모형은 학생들이 어떤 개념을 알 수 있도록 학생들에게 그 개념의 특성을 내포한 사례와 그렇지 않은 사례를 비교 대조하여 해당 개념을 이해할 수 있도록 고안된 수업 모형이다. 그래서 개념 획득 수업 모형은 범주화하기, 개념 형성, 개념 획득을 강조한다. 개념 획득 수업 모형의 단계는 다음과 같다[2].

개념 기반 학습에서 개념 형성 시 다음의 내용을 고려해야 한다. 개념은 맥락적이며 시간이 지나면 변할 수 있기 때문에 학생의 연령, 발달단계, 능력 수준 등을 고려하여 적절한 개념을 선택하는 것이 필요하다. 학생들은 일반적인 맥락보다 특정 지식 영역의 맥락에서 개념을 가르칠 때 잘 배운다. 개념은 실제 생활 문제를 해결하는 과정에서 잘 학습할 수 있다. 학습 과제 난이도가 학생들의 능력에 맞아떨어질 때 개념을 잘 이해할 수 있다. 비계 학습(scaffold-

1) 칼라 마샬·레이첼 프렌치, 신광미·강현석 공역(2021), 『개념 기반 탐구학습의 실천』, 학지사
   온정덕(2022), 「역량과 주도성을 기르는 2022 개정 교과 교육과정」, 『서울교육』 2022 겨울호(249호)
2) 브루스 조이스·마샤 웨일, 김종석 외 역(1992), 『교수 · 학습 이론의 이해와 실제』, 성원사

ing)을 적용하여 개념을 이해할 수 있으면 좋다[3].

특정 주제와 개념의 예시는 다음과 같다.

주제	개념
갈등 해결	평화, 갈등
토론	관점, 주장, 논거, 사실
기후 위기	온난화, 탄소 중립, 지속 가능한 발전
빛	입자, 파동
스포츠 경기	준법, 경쟁, 협동

개념 기반 학습을 잘 이해하려면 개념 기반 교육과정에서 사용하는 주요 용어를 잘 이해하면 좋다[4].

- 주제(Topic) : 학습의 구체적인 맥락 제공
- 사실(Fact) : 인물, 장소, 상황, 물건의 구체적인 사례, 일반화의 기초
- 개념(Concepts) : 여러 대상이나 현상의 공통적인 특성에 기초한 보편적이고 추상적인
  단어
- 일반화(Generalization) : 개념들 사이의 상관관계를 설명한 보편적 진술, 사실에 의해
  뒷받침되는 개념이 서로 결합한 문장, 두 개 이상의 개념 간의
  관계를 하나의 문장으로 진술함
- 원리(Principles) : 학문의 기초를 이루는 진리, 빅 아이디어
- 이론(Theories) : 현상을 설명하기 위해 사용되는 개념적 아이디어 집합
- 핵심 질문(Key questions) : 주요 학습 내용을 탐구할 수 있는 질문, 일반화 도출을 위
  한 질문

---

3) 조호제 외(2022), 『개념 기반 교육과정 수업설계의 이론과 실제』, 박영스토리
4) 조호제 외(2022), 『개념 기반 교육과정 수업설계의 이론과 실제』, 박영스토리

깊이 있는 수업

- 안내 질문(길잡이 질문) : 핵심 질문(탐구 질문)으로 안내하는 질문, 일반화를 도출하는 데 필요한 학생 사고력 개발을 위한 비계(Scaffolding) 역할을 하는 질문, 사실적, 개념적, 논쟁적 질문

개념 기반 학습에서는 지식의 구조를 사실 ⇒ 소재 ⇒ 개념 ⇒ 일반화 ⇒ 원리 순서로 이해하도록 한다. 과정의 구조는 과정/기능 ⇒ 개념 ⇒ 일반화 ⇒ 원리 순서로 접근한다.

개념 기반 학습에서는 많은 양의 정보와 사실을 전달하는 것이 아니라 사실과 주제, 개념 간의 관계를 파악하여 원리나 일반화에 도달하도록 하는 데 초점을 둔다. 그래서 '개념적 렌즈'를 강조한다. 개념적 렌즈란 개념 자체를 이해하는 것을 넘어 개념을 기반으로 심층적인 사고를 하도록 하는 것이다. 개념적 렌즈를 통해 사실과 개념을 통합하여 세상을 바라보는 관점을 가지도록 하는 것이다. 개념적 렌즈는 개념 기반 학습과 기존 개념 획득 모형과의 차별성을 드러낸다.

예컨대, 세계 각국의 다양한 주택 형태에 대하여 수업한다고 했을 때, 세계 각국의 다양한 주택 형태의 특징(사실)을 이해하는 것을 넘어 기후와 자연환경이 주택 형태에 어떠한 영향을 미치게 되었는지를 살펴보는 것이 중요하다. 세계 각국의 다양한 주택 형태가 나오게 된 이유는 해당 자연 환경과 기후에 적응하기 위한 것이다. 즉, '환경 적응'이 개념적 렌즈에 해당하는 것이다. 다양한 가옥 형태의 특징을 이해하는 것 자체가 의미 있는 것이 아니라 다양한 가옥 형태가 왜 생겼는지, 그리고 기후와 자연환경이 우리의 주거 문화에 구체적으로 어떻게 영향을 주었는지에 초점을 맞추어 접근하는 것이다. 그렇다면 '세계 각국의 주택 형태와 특징이 다른 이유는 무엇인가?'가 핵심 질문이 될 수 있을 것이다. 이러한 개념적 렌즈를 가지게 되면 기존 가옥 구조의 특징만 이해하는 것이 아니라 미래형 주택 형태를 예측하고 새롭게 집 구조를 디자인할 수 있는 능력을 갖추게 될 것이다. 미래형 주택은 기후 위기 상황에서 냉난방과 단열이 잘 갖

추어진 주택이거나 이동식 주택 개념으로 등장할 수 있을 것이다. 인공지능 발달과 사물 인터넷 발달 등으로 인하여 주택 자체가 전자제품화될 수도 있을 것이다. '왜 해당 사실과 정보를 배워야 하는가?', '무엇을 위해 해당 사실을 공부해야 하는가?'라는 질문에 대한 대답이 바로 개념적 렌즈라고 할 수 있다. 따라서 개념적 렌즈는 수업의 주안점에 해당한다. 교사가 수업을 디자인할 때 학습 주제와 관련하여 어디에 초점을 두어 접근할 것인지가 개념적 렌즈에 해당한다고 볼 수 있다.

개념 기반 학습에서는 개념을 중심으로 사실, 기능, 일반화가 연결된다.

- 주제 : 세계 각국의 주택 형태와 특징
- 개념 : 집, 구조, 기후, 자연환경
- 개념적 렌즈 : 환경 적응
- 사실 : 세계 각국의 주택 형태와 특징이 다양하다(온돌집, 수상가옥, 흙집, 통나무집 등).
- 기능 : 세계 각국의 다양한 주택 형태와 특징에 대하여 비교하여 설명할 수 있다.
- 일반화 : 기후와 자연환경에 따라 주거 문화가 다양한 집의 형태와 구조를 가지게 된다.

주제, 사실, 개념, 개념적 렌즈, 일반화의 사례를 제시하면 다음과 같다.

구분	역사	도덕	과학
주제	조선 시대의 전쟁	진정한 행복	소리의 전달
사실	임진왜란, 병자호란	세계행복역량지수, 세계행복보고서	물, 철, 공기, 감압용기, 스피커
개념 (마이크로 개념)	전쟁, 승리, 패배	행복, 불행	소리, 전달, 물질
개념적 렌즈 (매크로 개념)	인과관계 (전쟁 승리와 패배의 원인)	참 행복 (행복의 조건)	관계 (소리의 성질과 물질 전달과의 관계)

일반화	평화 시 전쟁을 대비하지 못하면 평화를 유지할 수 없다.	진정한 행복은 물질적인 부(돈)에만 달린 것이 아니라 건강, 안전, 환경, 경제, 교육, 관계 및 사회 참여, 여가 등의 객관적 조건과 삶의 만족도라는 주관적 조건을 충족해야 경험할 수 있다.	소리는 물질을 통해 전달된다.

개념은 광범위한 매크로(거시적) 개념과 상대적으로 협소한 마이크로(미시적) 개념으로 구분할 수 있다. 기존 개념은 마이크로 개념에 해당한다면 개념적 렌즈는 매크로 개념이라고 볼 수 있다. 예컨대, 소설 이야기 구조가 매크로 개념에 해당한다면 발단, 전개, 위기, 절정, 결말은 마이크로 개념이라고 할 수 있다. 매크로 개념은 이해의 폭을 제공하고, 마이크로 개념은 구체적인 학문 분야의 깊이 있는 지식을 반영한다. 매크로 개념(개념적 렌즈)의 사례로는 다음과 같은 것들이 있다[5].

매크로 개념(개념적 렌즈)의 사례

갈등, 가치, 상호 의존성, 자유, 정체성, 관계, 변화, 관점, 권력, 시스템, 구조, 영웅, 복잡성, 역설, 상호작용, 혁신, 균형, 유용성, 창의력, 인과관계, 인식, 표현 등

개념 기반 학습에서는 교육과정, 수업, 평가 차원에서 탐구 질문을 핵심 질문으로 삼을 것을 이야기한다. 핵심 질문은 일반화를 도출할 수 있는 탐구 질

---

5) 에릭슨 외, 온정덕 외 역(2019), 『생각하는 교실을 위한 개념 기반 교육과정 및 수업』, 학지사

문이다. 핵심 아이디어와 학습 목표와 관련한 질문이 핵심 질문이라고 할 수 있다. 핵심 질문은 다음의 특징을 가진다[6].

- 개방형 질문, 하나의 정답이 없는 질문
- 사고를 촉발하는 질문
- 고차원적 사고 질문
- 다른 분야로 전이가 가능한 질문
- 답 자체를 넘어 정당한 근거를 요구하는 질문
- 반복할 수 있는 질문

개념 기반 학습에서는 핵심 질문(탐구 질문)에 도달하기 위한 안내(길잡이) 질문을 제시한다. 안내 질문이란 학생들의 사고를 촉진하여 일반화로 갈 수 있도록 도와주는 질문이다. 안내 질문의 특성은 다음과 같다[7].

- 주제 탐구를 독려하고 이끌기 위한 질문
- 성취하고자 하는 지식과 기능으로 안내하는 질문
- 시간이 지난 후에 질문할 수 있음
- 일반적으로 설명과 교사의 도움이 필요함

안내 질문 유형에는 사실적 질문, 개념적 질문, 논쟁적 질문 등이 있다. 사실적 질문은 사실과 관련한 질문이고, 개념적 질문이란 개념과 관련한 질문이다. 논쟁적 질문은 심화 질문으로서 논쟁적인 성격을 가진 질문이다[8]. 질문 사례들을 제시하면 다음과 같다.

---

6) 제이 맥타이·그랜트 위긴스, 정혜승·이원미 역(2016), 『핵심 질문, 학생에게 이해의 문 열어 주기』, 사회평론아카데미
7) 제이 맥타이·그랜트 위긴스, 정혜승·이원미 역(2016), 위의 책
8) 칼라 마샬·레이첼 프렌치, 신광미·강현석 역(2021), 위의 책

깊이 있는 수업

[주제] 조선 시대의 전쟁 (역사)

[핵심 질문] 임진왜란과 달리 병자호란에서는 외적의 침입을 잘 막지 못한
　　　　　　이유는?

[안내 질문]
· 사실적 질문 : 임진왜란과 병자호란의 원인, 과정, 결과는 무엇인가?
· 개념적 질문 : 전쟁이란 무엇인가? 전쟁에서 승리 또는 패배할 수 있는
　　　　　　　조건은 무엇인가?
· 논쟁적 질문 : 병자호란에서 외적의 침입을 막지 못한 이유는 내부적 차원에서 전쟁
　　　　　　　준비 부족 때문일까? 외부적인 차원에서 청나라가
　　　　　　　일본(왜)보다 군사력이 강했기 때문일까?

[주제] 행복 (도덕)

[핵심 질문] 현재 한국 사회가 역사상 가장 부유한 시기를 보내고 있음에도
　　　　　　불구하고 많은 사람이 행복하지 않다고 생각하는 이유는?

[안내 질문]
· 사실적 질문 : 우리나라 사람들이 느끼는 행복지수는 어느 정도인가?
　　　　　　　세계에서 행복지수가 가장 높은 나라와 그 이유는 무엇인가?
· 개념적 질문 : 행복이란 무엇인가? 행복의 주관적 조건은 무엇인가?
· 논쟁적 질문 : 행복은 목표를 추구하는 과정에서 느끼는 것인가?
　　　　　　　목표에 도달한 결과로 얻어지는 성취감인가?

[주제] 소리의 전달 (과학)

[핵심 질문] 소리는 어떻게 전달될까?

[안내 질문]
· 사실적 질문 : 물, 공기, 철 중 소리 전달이 가장 빠른 것은 무엇인가?
· 개념적 질문 : 소리의 성질은 무엇일까?
　　　　　　　소리가 물질을 통해 전달되는 이유는?
· 논쟁적 질문 : 공기가 없는 달에서도 직접 말하면 잘 들을 수 있을까?

탐구학습

일반적으로 탐구학습은 질문, 문제, 시나리오를 제시함으로써 시작하는 능동적 학습이라고 할 수 있다[9].

탐구학습이란 학생들이 지식 획득의 과정에 주체적으로 참가함으로써 자연이나 사회를 조사하는 데 필요한 탐구 능력이 몸에 배게 하고, 인식의 기초가 되는 개념 형성을 꾀함으로써 새로운 것을 탐구하려는 적극적인 태도를 기르고자 하는 학습 활동을 촉진하는 교수학습 전략이다. 즉, 탐구적 사고능력을 기르기 위한 교수학습 전략이라고 할 수 있다. 탐구학습은 원래 과학자들이 지식을 조직하고 원리를 발견하기 위하여 사용한 연구 방법과 절차들을 수업 모형화한 것이다.

탐구학습의 일반적인 목표는 학생들이 문제를 제기하게 하고, 호기심을 바탕으로 해답을 추구하는 데 필요한 지적 훈련을 제공하고 지적 기능을 개발하는 것이다. 탐구학습은 기본적으로 다음과 같은 단계로 접근한다[10].

탐구학습은 교사의 참여와 학생의 주도성 수준에 따라 구조화된 탐구 활동, 안내된 탐구 활동, 개방형 탐구 활동으로 구분할 수 있다. 구조화된 탐구 활동은 교사의 적극적인 계획과 의도성 속에서 탐구 활동을 진행한다. 교사 주도형 접근이라 실행 지휘자로서 교사의 역할을 강조한다. 그래서 효율적인 탐구 활

---

9) 위키백과
10) 브루스 조이스·마샤 웨일, 김종석 외 역(1992), 위의 책

깊이 있는 수업

동이 가능하지만, 상대적으로 학생 주도성은 적을 수 있다. 안내된 탐구 활동은 교사가 전략적인 탐구 촉진자 역할을 한다. 교사가 탐구 과정을 계획하고 다양한 결정을 내리는 과정에서 학생을 포함하고, 학생의 의견을 들으며 학생을 관찰한다. 개방형 탐구 활동은 교사는 멘토 역할을 하고, 학생 질문에 초점을 맞춰 학생이 직접 문제 해결 절차를 계획하여 추진하도록 한다. 학생 주도성을 극대화할 수 있지만, 탐구 능력이 부족한 학생들은 개방형 탐구 활동을 잘 수행하기 힘들 수 있다[11].

• 탐구 질문(핵심 질문)

탐구학습은 학습을 촉진하기 위해 적극적으로 질문하는 것에 초점을 둔다. 그래서 탐구학습은 기본적으로 탐구 질문을 중심으로 진행된다. 탐구 질문이란 탐구적 사고능력을 기를 수 있는 질문이다. 탐구 질문의 특징을 정리하면 다음과 같다[12].

- 학생 스스로 해답을 찾아가는 질문
- 학생들이 학습에 몰입할 수 있는 질문
- 문제 해결을 위한 질문
- 열린 질문
- 삶과 연계된 질문

탐구 질문의 사례를 살펴보면, '새가 하늘을 날 수 있는 이유는?', '가난한 사람들이 정치적으로 보수적 성향을 지니는 이유는?' 등이 있다.

---

11) 칼라 마샬·레이첼 프렌치, 신광미·강현석 역(2021), 위의 책
12) 유영식(2023), 『2022 개정 교육과정 기반 교사 교육과정과 수업 디자인』, 테크빌교육

· 개념 기반 학습 + 탐구학습 = 개념 기반 탐구학습

마샬(Carla Marschall)과 프렌치(Rachel French)는 개념 기반 학습과 탐구학습을 결합하여 개념 기반 탐구학습 모델을 개발하였다. 개념 기반 탐구학습 모델은 다음의 절차를 제시한다[13].

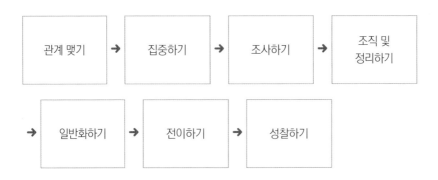

관계 맺기(Engage)

관계 맺기란 학생의 관심사와 사전 경험, 그리고 학습 주제를 연결하는 것이다. 단순한 재미를 넘어 학습 주제와 학생의 삶을 연결함으로써 흥미를 유발하고 학생 참여를 유도하는 것이다.

집중하기(Focus)

집중하기는 기본 개념을 이해할 수 있도록 개념 형성 전략을 사용하는 것이다. 학생들에게 오개념이 생기지 않고 명료하게 개념을 이해할 수 있도록 교사가 지도해야 한다.

조사하기(Investigate)

조사하기는 교사가 학생들에게 학습 주제 관련 탐구과제를 제시하면 학생

---

13) 칼라 마샬·레이첼 프렌치, 신광미·강현석 역(2021), 위의 책

들이 탐구과제 수행을 위한 자료들을 찾아보는 것이다.

조직 및 정리하기(Organize)

조직 및 정리하기는 조사한 결과들을 정리하고, 지도, 그래프, 마인드맵, 도표 등으로 명료화, 가시화하는 것이다. 이를 통해 학생들이 배운 것들 속에 존재하는 패턴을 살펴보면서 자기 사고를 정리하도록 한다.

일반화하기(Generalize)

일반화하기는 개념 간의 관계를 정리하고 조사한 결과를 토대로 일반화할 수 있는 어떤 명제를 도출하는 것이다.

전이하기(Transfer)

전이하기는 일반화한 내용을 심화하거나 다른 맥락에서 적용할 수 있도록 하는 것이다. 개념 기반 탐구학습의 핵심 단계가 바로 전이하기라고 할 수 있다.

성찰하기(Reflect)

성찰하기는 메타인지적 사고를 통해 학생들이 학습 과정에서 알게 된 지식, 기능, 이해를 반성하고 돌아보도록 하는 것이다. 학생들의 메타인지 능력이 뛰어날수록 학습 능력이 뛰어나기 때문에 단순히 수업 내용을 간단하게 마무리하는 수준이 아니라 심층 학습을 위한 필수 단계로 이해할 필요가 있다.

개념 기반 탐구학습 모형에 따라 수업 디자인 사례를 제시하면 다음과 같다.

학습 주제 : 조선 시대의 전쟁(역사)

단계	설명	교수학습 활동 예시
관계 맺기	주제에 대한 학생들의 관심을 끌어내기 흥미 유발 학생의 삶과 연결하기	· 가장 기억에 남는 전쟁과 그 이유는? (문답법) · 우리가 외적의 침입을 많이 받았지만 다른 나라를 공격한 사례는 거의 없는 이유는? (동영상 활용)
집중 하기	기본 개념을 이해하기	· 전쟁이란 (　　　)이다. 왜냐하면 (　　　)이기 때문이다. (빈 문장 채우기) · 전쟁의 개념을 이해하기 (교사의 설명, 문답법)
조사 하기	학습 문제에 대하여 조사하기	· 임진왜란의 원인, 과정, 결과를 조사하기 · 병자호란의 원인, 과정, 결과를 조사하기 · 임진왜란과 병자호란이 이후 후기 조선 사회에 미친 영향은?
조직 및 정리 하기	조사한 결과들을 정리하기	· 임진왜란과 병자호란의 특징을 비교하기 (도표 만들기) · 조선이 임진왜란에서는 외적을 물리쳤지만, 병자호란에서는 외적에게 굴복한 이유를 알아보기 (개별 학습)
일반화 하기	개념 사이의 관계를 연결하거나 구분하고 일반화된 명제로 도출하기	· 임진왜란과 병자호란에서 얻을 수 있는 교훈을 명제로 만들어 본다면? (모둠토의) · "평화 시 전쟁을 대비해야 평화를 유지할 수 있다"라는 명제를 어떻게 생각하는가? (전체 발표)
전이 하기	일반화된 명제를 다른 맥락으로 전이하거나 적용하기	· 임진왜란과 병자호란의 교훈을 근대 조선(대한제국)이 이어 가지 못한 이유는? · 변화하는 국제 정세와 강대국 사이의 지정학적 위치, 남북 분단의 현실에서 우리가 전쟁을 경험하지 않으려면? (자유토론)
성찰 하기	학습 전 과정에 대하여 돌아보고, 메타인지 차원에서 자기 배움의 상태를 파악하기	· 이번 수업을 통하여 내가 알게 된 것은 무엇인가? (문답법, 배움일지)

깊이 있는 수업

학습 주제 : 행복(도덕)

단계	설명	교수학습 활동 예시
관계 맺기	주제에 대한 학생들의 관심을 끌어내기 흥미 유발 학생의 삶과 연결하기	· 내가 가장 행복(불행)했던 순간은? (문답법) · 부자들은 행복할까? · 세계행복지수 통계를 보고 느낀 점은? (관련 동영상 활용)
집중 하기	기본 개념을 이해하기	· 행복이란 ( )이다. 왜냐하면 ( )이기 때문이다. (빈 문장 채우기) · 행복의 개념을 이해하기 (교사의 설명, 문답법)
조사 하기	학습 문제에 대하여 조사하기	· 사람들이 언제 행복하다고 느끼는지 설문 조사하기 · 우리나라 사람들이 다른 나라에 비해 경제적으로 여유가 있음에도 불구하고, 행복하지 않다고 생각하는 이유를 조사하기
조직 및 정리 하기	조사한 결과들을 정리하기	· 행복의 조건을 설문 조사 결과를 토대로 보고서와 PPT로 정리하기 · 세계행복지수 보고서 내용을 요약하여 비교하기
일반화 하기	개념 사이의 관계를 연결하거나 구분하고 일반화된 명제로 도출하기	· 이번 조사를 바탕으로 행복에 대한 명제를 만들어 본다면? · "행복이란 객관적 조건과 주관적인 조건을 모두 충족해야 한다"라는 명제에 대하여 어떻게 생각하는가? (개별 학습 및 모둠토의)
전이 하기	일반화된 명제를 다른 맥락으로 전이하거나 적용하기	· 나의 행복을 위해 내가 오늘부터 실천해야 할 부분이 있다면? (개별 학습, 글쓰기) · 한국 사회가 행복한 사회가 되기 위해 사회적 차원에서 노력할 부분을 제시한다면? (자유토론)
성찰 하기	학습 전 과정에 대하여 돌아보고, 메타인지 차원에서 자기 배움의 상태를 파악하기	· 이번 수업에서 행복과 관련하여 내가 알게 된 것은 무엇인가? (문답법, 배움일지)

학습 주제 : 소리의 전달(과학)

단계	설명	교수학습 활동 예시
관계 맺기	주제에 대한 학생들의 관심을 끌어내기 흥미 유발 학생의 삶과 연결하기	· 수박을 고를 때 두들겨 보는 이유는 무엇일까? (문답법) · 다음 소리를 듣고 어떤 소리인지 알아맞혀 본다면? (동영상 활용)
집중 하기	기본 개념을 이해하기	· 소리란 ( )이다. 왜냐하면 ( )이기 때문이다. (빈 문장 채우기) · 소리의 개념과 특징을 이해하기 (교사의 설명, 문답법)
조사 하기	학습 문제에 대하여 조사하기	· 어떤 물질로 소리가 잘 전달되는지 조사하고 실험해 보기 (딱딱한 고체, 물, 공기)
조직 및 정리 하기	조사한 결과들을 정리하기	· 소리의 전달과 물질은 어떠한 관계인지 도표로 비교하여 정리하기
일반화 하기	개념 사이의 관계를 연결하거나 구분하고 일반화된 명제로 도출하기	· 소리의 전달과 관련하여 명제를 도출해 본다면? · "소리는 ( ), ( ), ( )에서도 잘 전달되며, ( ) 일수록 소리 전달이 잘 이루어진다."
전이 하기	일반화된 명제를 다른 맥락으로 전이하거나 적용하기	· 잠수함을 찾아내는 소리의 작동 원리를 설명해 본다면? · 공기를 빼면 소리를 들을 수 있을까? 감압용기의 공기를 빼고 그 안에 블루투스 스피커를 넣고 실험했을 때 나오는 결과와 그 이유를 설명한다면?
성찰 하기	학습 전 과정에 대하여 돌아보고, 메타인지 차원에서 자기 배움의 상태를 파악하기	· 이번 수업을 통하여 내가 알게 된 것은 무엇인가? (문답법, 배움일지)

　개념 기반 탐구학습 모델은 기존 객관식 선다형 평가문항으로 평가하기 힘들다. 개념기반 탐구학습에 맞는 논서술형 평가 문항 사례들을 제시하면 다음과 같다.

[주제] 임진왜란과 병자호란(역사과)

· 사실 중심 서술형 평가문항 사례

　예) 임진왜란의 발발 원인과 전개과정을 서술하세요.

· 개념 중심 서술형 평가문항 사례

　예) 전쟁과 평화의 관계에 대하여 설명하라.

　예) 임진왜란의 성격에 대하여 2가지 이상 설명하세요.

· 개념기반 탐구학습 중심 논서술형 평가문항 사례 :

　예) 임진왜란시 일본(왜)의 침입을 잘 막았지만 병자호란은 삼전도의 굴욕으로 이
　　　어져서 중국(청) 침략에 굴복할 수밖에 없었는데, 두 전쟁을 비교하면서 그 이유
　　　는 무엇인지 3가지로 제시하세요.

　예) 조선시대 임진왜란과 병자호란의 교훈을 최근 한반도 주변 국제 상황과 관련
　　　하여 적용해본다면 어떻게 이해할 수 있는지 자기의 입장을 2가지 이상 논술하
　　　세요.

[주제] 진정한 행복(도덕윤리과)

· 사실 중심 서술형 평가문항 사례

　예) 행복의 객관적 조건에 대하여 5가지 이상 서술하세요.

· 개념 중심 서술형 평가문항 사례

　예) 행복과 불행의 차이점은 무엇인가? 3가지 이상 제시하세요.

· 개념기반 탐구학습 중심 논서술형 평가문항 사례 :

　예) 세계행복보고서에 따르면 2025년 행복지수 조사 결과 핀란드, 덴마크, 아이슬
　　　란드 등 주로 북유럽 국가들이 상위권을 차지했지만, 한국은 147개국 중 58위
　　　에 불과했는데, 그 이유에 대하여 3가지 이유를 제시한다면? 한국 사람들이 행
　　　복하기 위해 노력해야 할 것이 무엇인지 2가지 이상 서술하세요.

[주제] 소리의 전달(과학과)

· 사실 중심 서술형 평가문항 사례

　예) 물, 철, 공기 중 소리 전달이 가장 빠른 것은 무엇인가?

· 개념 중심 서술형 평가문항 사례

　예) 소리가 파동인 이유는 무엇인가?

· 개념기반 탐구학습 중심 논서술형 평가문항 사례

　예) '소리는 물질을 통해 전달된다'는 원리를 통해 잠수함의 위치를 찾아내는 음파
　　　탐지기 소나의 작동 원리와 방식에 대하여 설명한다면? 이와 같이 소리 전달의
　　　특성을 활용하여 새로운 발명품을 만든다면?

개념 기반 탐구학습의 의미와 평가

　수업설계 방식에 있어서 개념 기반 학습은 대표적인 연역적 수업설계 방식
이다. 그에 반해 탐구학습은 대표적인 귀납적 수업설계 방식이다. 연역적 수
업설계 방식이란 교사가 먼저 정답을 말하고, 왜 정답인지 그 이유를 설명하거
나 활동을 통해 정답을 익히는 접근법이다. 귀납적 수업설계 방식은 질문을 통
해 학생 스스로 해답을 찾아가도록 유도하는 접근법이다.

연역적 수업설계 방식의 흐름

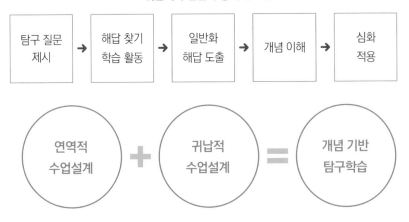

귀납적 수업설계 방식의 흐름

탐구 질문 제시 → 해답 찾기 학습 활동 → 일반화 해답 도출 → 개념 이해 → 심화 적용

연역적 수업설계 **+** 귀납적 수업설계 **=** 개념 기반 탐구학습

연역적 수업설계 방식의 장점은 많은 지식을 전달하기가 좋고, 오답 없이 정답에 바로 접근할 수 있는 효율적인 수업 운영이 가능하다는 점이다. 단점은 학생 집중도가 수업 후반부로 갈수록 떨어져서 용두사미형 수업이 될 수 있다는 것이다.

귀납적인 수업설계 방식은 학생 스스로 해답을 찾을 수 있도록 유도하기 때문에 학생들의 수업 참여도가 높고, 수업 후반부로 갈수록 중요한 부분이 나오기 때문에 점층적으로 수업 몰입이 이루어질 수 있으나 시간 대비 학습 효율성은 상대적으로 떨어질 수 있다. 개념 기반 탐구학습은 연역적인 수업설계 방식의 장점과 귀납적인 수업설계 방식의 장점을 변증법적으로 결합한 것이다.

개념 기반 학습과 탐구학습을 변증법으로 결합한 이유는 각 담론이 지닌 장단점을 상호 보완하기 위함이다.

개념 기반 학습의 장점은 개념을 기반으로 심층적 사고를 할 수 있도록 도와준다는 것이다. 하지만 개념 기반 학습은 학생 주도성을 발휘하는 데 한계가 있다. 학생들이 새로운 개념을 만들거나 기존 개념을 마음대로 바꿀 수 없기 때문이다. 만약 기존 개념을 학생들이 마음대로 바꾼다면 오개념이 될 것이다. 학생들은 새로운 개념을 창출하기 위한 고도의 지식과 기능을 가지고 있지 못하다. 그래서 개념 기반 학습만으로는 미래 교육의 핵심 역량인 변혁적인 역량과 학생 주도성을 세우기 힘들다.

게다가 한국의 교육 현실에서는 이미 개념 기반 학습을 충실히 구현하고 있다고 볼 수 있다. 개념뿐 아니라 많은 사실도 가르쳐 왔다. 물론 그동안 개념 이해를 강조했지만, 개념적 렌즈까지 강조하지는 못했다. 지식의 분량(넓이)을 추구하다 보니 상대적으로 깊이 있게 생각하는 것까지 나아가지 못한 부분이 있었다.

탐구학습은 학생 주도성을 기르고 고차원적 사고 개발을 향상시키며, 탐구 역량을 기를 수 있다. 하지만 학생들이 탐구 주제에 관심과 흥미를 가지고 있어야 하고, 기초적인 지식과 기능이 있어야만 탐구 활동을 할 수 있다. 탐구학습의 전제가 충족되지 않으면 탐구 활동이 잘 이루어질 수 없다. 무엇보다 개념 이해가 없는 탐구 활동은 무의미한 활동으로 전락하기 쉽다. 탐구학습은 기존 수업에 비해 효율성과 가성비가 상대적으로 떨어지고, 중하위권 학생들에게는 쉽지 않다.

한국 교육 현실에서는 탐구학습이 예전부터 소개되었지만, 교실에서 잘 적용하지 못한 수업 모형이다. 짧은 시간 안에 정답을 도출해야 하는 교육 상황에서 시간과 비용이 드는 탐구학습은 일종의 사치처럼 느껴졌기 때문이다. 그래서 탐구학습을 적용하기 가장 좋은 과학과 실험·실습 수업에서조차 탐구학습은 외면되어 왔다. 대개 학생들의 실험·실습 결과가 정답으로 도출되지 않은 경우, 그 결과를 무시하고 정답을 암기하는 것을 강조했다. 이론과 달리 실제 실험 결과는 오차가 생기는 것이 자연스럽고 당연할 수 있는데, 교사가 학생들과 함께 오차가 발생한 원인을 찾아서 개념과 원리를 통해 과학적 탐구

깊이 있는 수업

사고력을 향상시키기보다 개념과 원리에 대한 설명과 암기에 초점을 두고 수업을 진행하는 경우가 많았다.

개념적 이해를 바탕으로 탐구 활동을 강조하는 개념 기반 탐구학습은 깊이 있는 수업의 좋은 접근법이다. 다만 개념 기반 탐구학습이 우리 교실에서 제대로 구현되려면 교육과정상 학습 분량을 과감하게 줄이고, 교육과정 재구성이 전제되어야 한다. 일제 학습과 경쟁학습 속에서 성장한 교사가 개념 기반 탐구학습을 교실에 적용하려면 개념 기반 탐구학습에 대한 이해와 실천, 도전과 피드백이 필요하다.

2022 개정 교육과정과 개념 기반 학습

우리나라 교과 교육과정을 살펴보면 교과에서 주제와 개념을 명료하게 구분하기가 쉽지 않다. 그 이유는 기존 교과 체계가 개념 중심으로 많은 사실들을 열거했기 때문이다. 그동안 수업에서 개념과 사실을 많이 가르쳐 왔기에 사실을 줄이고 개념적 렌즈에 초점을 맞추어 수업을 운영하는 것이 낯설게 느껴질 수 있다. 음미체 교과에서는 지식과 이해보다는 과정과 기능이 상대적으로 강조되기에 지식과 이해에 토대를 둔 개념을 정리하기가 쉽지 않은 부분이 있다.

2022 개정 교육과정에서 교육과정 총론을 집필한 교육학자들은 개념 기반 교육과정에 기반을 두고 개념적 렌즈(매크로 개념)를 강조했지만, 정작 교과 교육과정 각론을 집필한 교과교육학자들은 기존 개념(마이크로 개념) 수준에서 개념을 진술한 경우가 많았다. 교과 교육과정 개발자들도 개념적 렌즈를 충분히 이해하지 못한 채로 교과 교육과정을 개발한 것이다. 그런데 교사들에게 개념을 넘어 개념적 렌즈를 도출하여 교육과정 및 수업 디자인을 하라고 강조하는 것은 사실 무리가 있다.

2022 개정 교육과정은 개념 기반 교육과정의 영향을 받았지만, 구체적으로

개념 기반 교육과정이라고 제시하지 않았고, 오히려 2015 교육과정에 이어서 역량 중심 교육과정을 표방했다. 개념 기반 교육과정의 특성상 역량 중심 교육과정보다는 학문 중심 교육과정에 가깝기에 논리적으로 깔끔하지 않은 부분이 있다. 역량 중심 교육과정의 특성을 강조하려면, 학생 주도성을 강조하는 탐구학습, 프로젝트 수업을 보다 강조할 필요가 있다.

2022 교육과정에서는 개념 기반 탐구학습의 영향을 받아 '깊이 있는 학습'을 강조했지만, '깊이 있는 학습'의 의미를 교수학습 영역에서 광범위하게 정의했기에 약간 모호한 부분도 있다.

4장.
집단 지성을 세우는 협동학습

4장.
집단 지성을 세우는 협동학습

집단 지성을 세우는 협동학습

지성(Intelligence)이란 어떤 것을 생각하고 추론해 과제를 해결하는 능력이다. 개인들의 지성이 연결되면 집단 지성이 된다[1]. 개인이 할 수 없는 일을 집단은 할 수 있다는 것이다. 개방적인 분위기에서 다양한 아이디어를 공유하고, 서로 의견을 보완하며, 조정과 상호 인정을 통해 지능의 네트워크를 형성할 수 있다. 집단 지성을 세우는 가장 좋은 접근 중의 하나가 협동학습(Cooperative Learning)이다.

---

1) 집단 지성(Collective intelligence)은 다수의 개인이 협력이나 경쟁을 통해 얻게 되는 지적 능력을 말한다. 「집단 지성」, 2010.5.20., https://blog.naver.com/ryanplee/140107168332

협동학습이란 "공동의 학습 목표를 이루기 위해 이질적인 학생들이 학습 집단을 통하여 함께 학습하는 교수 전략"(Slavin)이다. 학생 간의 활발한 상호작용으로 학습 효과를 극대화한 협동학습은 쉽게 말해 '또래 가르치기' 수업이다. 그런데 기존 조별 학습이 '비구조화된 또래 가르치기'라면, 협동학습은 '구조화된 또래 가르치기'라고 할 수 있다[2].

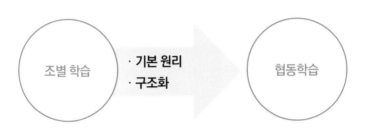

여기에서 '구조화'의 의미는 학습 과제를 수행할 때 협동이 선택이 아니라 필수로써, 협동해야만 비로소 학습 과제를 완성할 수 있도록 다양한 방식, 틀, 절차, 방법, 보상 등을 사용한다는 것이다. 자연스러운 접근이 아니라 구조화된 접근을 하는 이유는 기존 조별 학습이 지닌 문제점을 보완하기 위해 개발된 교수학습 전략이기 때문이다. 기존 조별 학습의 문제점을 열거하면 다음과 같다.

· 자기 모둠 활동에 별로 관심이 없다.
· 학습 과정에서 모둠들끼리 경쟁이 치열하다.
· 무임승차자나 일벌레, 방해꾼 학생 등이 나타난다.
· 모둠 활동 시간이 많이 소요된다.
· 학습 시간에 비해 학생들의 모둠 과제 내용 수준이 생각보다 높지 않다.
· 모둠별 학습 편차가 크다.

---

2) 김현섭 외(2012), 『협동학습1』, 한국협동학습센터

이러한 문제점들을 보완하여 개발한 것이 협동학습이라고 할 수 있다. 협동학습은 사회심리학의 성과를 교육학에 적용한 것이다[3].

협동학습의 장점은 다음과 같다.

[학생 차원]

· 학생들이 흥미 있게 학습 활동에 참여한다.

· 학업성취도가 향상된다.

· 시너지 효과를 극대화할 수 있다.

· 다른 사람을 배려하게 된다.

· 대인관계 협동 기술인 사회적 기술이 잘 이루어진다.

· 의사소통 능력이 증진된다.

· 긍정적인 자존감을 가질 수 있다.

· 신체 활동이 많다.

· 학생들에게 숨어 있는 다양한 재능을 계발하고 격려할 수 있다.

[교사 차원]

· 다양한 교수 전략을 제공한다.

· 다인수 학급에서도 쉽게 적용할 수 있다.

· 특별한 교육시설이 필요하지 않고 큰 비용이 들지 않는다.

· 경쟁학습의 대안이 된다.

· 수준별 수업의 대안이 된다.

· 수업에 대한 교사의 부담을 줄여 준다.

· 학생 만족도 증가에 따른 교사의 자신감이 생긴다.

협동학습의 단점은 다음과 같다.

---

3) 사회심리학과 행동주의에 기반한 협동학습에 대하여 구성주의에 기반한 협력학습(Collaborative learning)은 비판적 입장을 취한다. 협력학습은 학습공동체를 추구하지만, 협동학습의 세부적인 절차와 토큰 사용에 대하여 비판적이다. 그래서 협력학습은 '구조화된 또래 가르치기' 대신 '탈구조화된 또래 가르치기'를 강조한다.

· 일부 학생이 끝까지 학습 활동을 거부하면 나머지 학습하고자 하는 학생들에게도 악영향을 준다.

· 어떤 학생이 학습 내용을 잘못 이해하거나 잘 소화하지 못하면 다른 학생에게도 오개념을 가르치거나 학습 내용을 제대로 설명하지 못할 수 있다.

· 집단 학습 분위기에만 빠진 나머지 학습 내용을 소홀히 할 가능성이 있다.

· 일제 학습보다 시간적 여유와 안정적인 공간이 필요하다.

· 모든 수업을 협동학습으로 진행할 수 없고, 그것이 가능하다고 해도 그렇게 해서는 안 된다.

지금까지 개발된 협동학습 활동과 수업 모형들은 전체적으로 200개가 넘는데, 다음과 같이 분류할 수 있다[4].

분류	협동학습 모형의 종류
과제 중심 모형	과제 분담 학습 모형(Jigsaw), 집단 탐구 모형(GI), 협동을 위한 협동학습 모형(Co-op Co-op) 등
보상 중심 모형	모둠 성취 분담 모형(STAD), 모둠 게임 토너먼트 모형(TGT) 등
구조 중심 모형	플래시카드 게임, 하나 가고 셋 남기, 생각-짝-나누기 등
교과 중심 모형	언어과 읽기·쓰기 통합 모형(CIRC), 사회과 일화를 활용한 의사 결정 모형, 수학과 모둠 보조 개별 학습 모형(TAI) 등
기타 모형	찬반 논쟁 수업 모형, 함께 학습하기 모형(LT), 온라인 협동학습 등

협동학습의 기본 원리

협동학습의 기본 원리는 긍정적인 상호 의존, 개인적인 책임, 동등한 참여, 동시다발적인 상호작용이다[5].

---

4) 정문성(2002), 『협동학습의 이해와 실천』, 교육과학사
5) 스펜서 케이건, 수원기독중앙초 역(1999), 『협동학습』, 디모데

• 긍정적인 상호 의존(Positive Interdependence)

긍정적인 상호 의존이란 '다른 사람의 성과가 나에게 도움이 되고 나의 성과가 다른 사람에게도 도움이 되게 하여 각자가 서로 의지하는 관계로 만드는 것'이다. 협동학습은 공동의 학습 목표를 이루기 위해 함께 학습하도록 하는 것이다. 이를 위해서 학습자가 서로 협동하지 않으면 학습 목표나 과제 자체를 이룰 수 없도록 의도적으로 구조화한다.

긍정적인 상호 의존의 개념을 이해한다는 것은 모둠이 성공하려면 구성원 개인 모두의 노력이 반드시 필요하다는 것을 알고, 나와 다른 사람과의 관계를 유기적으로 엮어서 학습에서 나의 성공이 다른 사람의 실질적인 성공으로 이어질 수 있도록 하는 것이다. 그리고 모둠 과제를 완성하기 위해 모둠 구성원 모두에게 각각 고유의 역할, 과제, 자료 등을 정해 주는 것이다.

긍정적인 상호 의존은 학생들에게 우리는 공동의 운명을 지녔다는 자연스러운 공동체 의식을 가지게 하고, 나의 일이 남에게 도움이 되면서 남의 일이 나에게 도움이 된다는 사실에서 자신에 대한 긍정적인 책임감과 자신감을 지니게 만들어 준다.

긍정적인 상호 의존을 위해서는 학습 목표를 공유하도록 하고 공동 과제를 수행했을 때 보상하고 격려해야 한다. 그리고 같은 공동체의 일원임을 느낄 수 있도록 공유된 정체성을 바탕으로 공동 과제에 대한 개인별 과제를 분담하고, 개인에게는 혼자서는 풀 수 없는 불완전한 과제를 의도적으로 부여하는 것이다. 과제를 수행할 때도 세부 역할을 분담한다. 그리하여 '하나는 전체를 위하여, 전체는 하나를 위하여' 활동할 수 있도록 한다.

긍정적인 상호 의존의 반대 개념은 부정적인 상호 의존이다. 즉, '너의 성공이 나의 실패'인 경우이다. 부정적인 상호 의존 방식으로 학습을 수행하도록 하는 것이 바로 경쟁학습이다. 그래서 협동학습의 반대 개념은 경쟁학습이다. 긍정적인 상호 의존은 협동학습의 네 가지 기본 원리 중 으뜸이 되는 원리이다.

· 개인적인 책임(개별적인 책무성, Individual Accountability)

기존 조별 학습은 학습 활동이 주로 모둠(집단) 단위로 이루어지니까 모둠 속에 개인이 숨는 상황이 발생한다. 그리하여 '무임승차자'나 '일벌레' 또는 '방해꾼'이 나타나는 경우가 생긴다. '무임승차자'란 자신은 공동 작업을 전혀 하지 않았으면서 모둠 점수를 덩달아 받는 사람이다. 반대로 '일벌레'란 자신의 분량보다 많은 과제를 하는 사람이다. '방해꾼'은 자기가 속한 모둠이나 다른 모둠의 과제를 수행하는 데 오히려 문제를 일으키는 사람이다. 그러다 보니 학습 활동이 원활하게 이루어지지 못하고 평가에 있어서 공평성 문제가 발생한다.

이러한 단점을 극복하기 위해 협동학습에서는 구성원 간의 협동을 중시하는 동시에 구성원 개인의 책임을 분명히 해야 한다. 개인적인 책임(책무성)이란 학습 과정에서 집단 속에 자신을 감추는 일이 없도록 개인의 역할을 구체적으로 제시하고 그에 대한 책임을 묻는 것이다. 예컨대 자신의 역할을 제대로 수행하지 않으면 그다음 단계로 넘어가지 못하게 하거나 평가에서 불이익을 주는 식이다. '무임승차자'나 '방해꾼'은 모둠 전체 점수와 상관없이 감점 처리하거나 '일벌레'는 반대로 가산점을 주어 개인의 역할 기여도를 충분히 반영하는 것이다.

개인적인 책임을 강조하기 위해 평가 시 모둠이나 학급 전체 보상과 개인 보상을 동시에 한다. 칭찬 토큰을 주는 경우, 모둠 토큰과 개인 토큰을 활동 단위에 따라 부여하고 나중에 둘을 합산하여 최종적으로 평가한다. 개인의 역할에 따른 책임을 분명하게 지우는 것이다.

• 동등한 참여(Equal Participation)

동등한 참여란 학습자 모두가 적극적으로 참여하도록 유도하면서, 일부가 독점하거나 반대로 참여하지 못하는 일이 없도록 하자는 것이다. 기존 조별 학습을 살펴보면 발표력이 뛰어난 학생이나 외향적인 학생들이 모둠 내에서 발언을 독점하는 경우가 많고, 반대로 발표력이 부족하거나 내성적인 학생들은 모둠 활동에서 소외되기 쉽다. 이러한 문제점을 극복하려는 노력이 바로 동등한 참여이다. 즉, 학습 활동에 참여할 기회를 누구에게나 동등하게 부여하고 역할과 책임도 각자 동등하게 나누자는 것이다. 개인마다 특성과 능력이 다른 상황에서 동등한 기준의 행동을 요구하는 것은 아니다. 다만, 각자에게 참여 기회를 동등하게 부여함으로써 공동체 속에서 자신이 차지하고 있는 부분을 실질적으로 누릴 수 있도록 해야 한다. 다시 말해, 동등한 참여는 각자의 개성과 능력을 충분히 발휘할 수 있는 공간을 열어 주자는 것이다.

동등한 참여가 이루어지도록 구성원 모두에게 일정하게 과제를 분담시킬 수 있다. 그리고 이끔이, 기록이, 칭찬이, 지킴이 등 모둠 구성원 개인의 역할을 고정적으로 운영하기보다는 일정 기간마다 돌아가면서 역할을 바꾸어 운영할 수 있다. 또 교사가 수업하거나 평가할 때 특정 학생만을 중심으로 학습 활동을 운영하고 그에 따라 평가하는 것이 아니라 모든 학생을 동등한 위치에 놓고 각 학생이 개성과 능력을 충분히 발휘하도록 수업을 디자인하고 평가할 수 있어야 한다.

이러한 동등한 참여의 원리가 교실에서 잘 적용되면 중하위권 학생과 내성적인 학생들의 수업 참여 기회가 상대적으로 늘어나게 된다.

• 동시다발적인 상호작용(Simultaneous Interaction)

모든 학생이 수업에 적극적으로 참여하는 것이 교육적 이상이다. 그러나 현실적으로 제한된 수업 시간 안에 모든 학생이 적극적으로 참여하여 학습 목표를 이루도록 하기는 거의 불가능하다.

이러한 문제점을 극복한 것이 동시다발적인 상호작용이다. 즉, 학습 활동이 동시다발적으로 여기저기서 이루어지도록 하는 것이다. 동시다발적인 구조의 반대는 순차적인 구조이다. 순차적 구조란 순서대로 한 명씩 나와서 학습 활동에 참여하도록 하는 것이다. 한 학급에 30명이라면, 한 사람이 1분씩만 이야기해도 자리 이동하는 시간을 제외하고 30분의 시간이 필요하다. 그래서 대개 기존 수업에서는 두세 명을 교사가 선정하여 발표시킨다. 이러한 방식으로 발표를 시키면 실제로 발표 기회를 가지는 학생은 두세 명밖에 되지 않는다. 그러므로 순차적인 구조에서는 동등한 참여를 기대할 수 없다. 만약 순차적인 구조에서 동등한 참여를 이루려고 한다면, 시간상 제한이 따르고 수업 자체도 효율성이 떨어질 수밖에 없을 것이다.

동시다발적인 구조는 순차적인 구조가 갖는 이러한 한계를 극복한다. 예컨대, 한 사람당 1분씩 발표 기회를 주는 경우, 짝 토의 활동을 하면 2분이면 모든 학생이 발표하고 들을 기회가 생긴다. 모둠 안에서 돌아가며 이야기 활동을 해도 4분이면 충분하다.

동시다발적인 상호작용이 잘 이루어지기 위해서는 '동시 동작'과 '동시 멈춤'이 이루어져야 한다. 학습 시작과 마침을 교사가 동시에 관리할 수 있어야 한다는 뜻이다. 예컨대, 학습 자료를 배분할 때 교사가 전체 학생에게 나누어 주는 것이 아니라 각 모둠의 지킴이가 자기 모둠에 나누어 주는 것이다. 주제에 대해 발표할 때도 한 번에 한 명씩 발표하는 게 아니라 모든 학생이 둘씩 짝지어 나누거나 모둠 안에서 이야기하도록 함으로써 모두가 동시에 발표하는 것이다. 토의나 필기를 할 때도 동시에 시작하고 동시에 마친다. 자기가 하던 것을 다 마치지 못했어도 그 상태로 일시 정지하게 한다. 부족한 부분은 추후 별도로 시간을 주거나 숙제로 부과해서 일부 학생들 때문에 전체 수업 진행에 무리가 생기지 않도록 한다. 이러한 방식으로 수업을 지속하다 보면 자연스럽게 학생들 스스로 제한 시간에 따라 과제 수행 속도를 관리하는 힘을 어느 정도 가지게 된다.

모둠 구성의 원칙과 방법

협동학습에서 모둠 구성의 원칙은 이질적인 모둠 구성과 4인 1모둠이다. 이질적인 모둠 구성이란 성적, 성격, 기질, 성별, 민족이 다른 학생들끼리 모둠을 구성하는 것이다. 그 이유는 모둠 간의 학습 편차를 줄이고 모둠 내에서 학생 상호 간에 활발한 상호작용이 일어나도록 하기 위함이다. 또한 협동학습에서 4인 1모둠을 선호하는 이유는 협동학습은 기본적으로 짝 활동이기 때문에 모둠 구성원 인원수가 짝수여야 좋기 때문이다. 5인 이상이면 모둠 안에서 무임승차자나 일벌레 학생이 나오기 쉬우므로 그리 좋은 방법이 아니다.

모둠 구성 방법은 크게 교사 중심, 학생 중심, 무작위, 관심 중심 방법이 있다. 교사 중심 구성 방법은 교사가 성적이나 성격 등의 요소를 고려하여 모둠을 이질적으로 구성하는 방식이다. 학생 중심 방법은 교사가 이끔이 학생을 자원받거나 선발한 다음, 이끔이 학생이 자기가 원하는 학생들을 성적 수준에 따라 선택하게 하는 것이다. 무작위 방법은 랜덤 프로그램, 카드 조각 뽑기 등의 방법으로 학생들을 무작위로 섞어 뽑는 방법이다. 관심 중심 방법은 프로젝트 수업의 경우처럼 동일하거나 비슷한 관심사별로 유형화하여 모둠을 구성하는 것이다. 모둠이 구성되면 모둠 안에서 이끔이(사회, 진행), 칭찬이(칭찬과 격려), 기록이(기록, 발표), 지킴이(시간, 물건, 점수판 관리) 등으로 세부 개인별 역할을 부여한다.

모둠 세우기 활동

모둠 세우기 활동은 이질적인 학생들에게 자기가 속한 모둠에 대한 공동체 의식을 심어 주는 활동이다. 모둠 세우기 활동을 통하여 학생들은 협동하려는 마음을 가질 수 있다. 모둠 세우기 활동으로는 창문 열기를 통한 모둠 이름 만들기, 모둠 팻말이나 구호 만들기, 꼬마출석부 활동, 3단계 인터뷰를 통한 소개 활동, 질문카드를 통한 소개 활동(포토 스탠딩) 등 대화 활동과 풍선 치기, 협동 의자 게임 등의 신체적인 게임 활동 등 다양한 활동이 있다.

· **동시다발적인 상호작용(Simultaneous Interaction)**

[꼬마출석부]

① 교사가 학생들에게 작은 카드를 나누어 준다.

② 교사가 다음 사례와 같은 여러 가지 질문을 제시하면 학생들이 각자 카드에 답을 기록한다.

　질문 사례) 이름, 출석 번호, 나를 비유할 수 있는 사물이나 동물, 좋아하는 음식, 내가 잘하는 것과 못하는 것, 나를 표현할 수 있는 형용사 세 가지, 최근에 경험한 일 중에서 기억에 남는 일, 전화번호, 메일 주소, 부모님 연락처 등

③ 꼬마출석부 내용을 바탕으로 모둠이나 학급 전체에 자기를 소개한다.

※ 교사가 꼬마출석부를 수거한 뒤, 철하거나 묶어서 학생 호명 시 활용한다.

※ 교사가 꼬마출석부 내용을 말하면 다른 학생들이 꼬마출석부 내용의 주인공을 찾아보게 한다(나는 누구인가 활동).

[3단계 인터뷰]

① 각자 꼬마출석부를 작성한다.

② 모둠 안에서 두 명씩 짝을 짓고, 꼬마출석부 내용을 바탕으로 번갈아 소개한다.

③ 모둠 안에서 짝꿍에게 들은 이야기를 바탕으로, 자신이 짝꿍인 것처럼 일인칭으로 자기소개를 한다. 돌아가며 진행한다.

[하얀 거짓말 찾기]

① 교사가 하얀 거짓말 찾기 활동에 대하여 소개한다.

② 학생들은 각자 자기에 대한 진실 두 가지와 거짓말 한 가지를 기록한다.

　예) 나는 혈액형이 A형이다, 나는 남동생이 한 명 있다, 나는 수학 우수상을 받은 적이
　　　있다 등

③ 모둠 안에서 한 학생이 자기가 만든 세 가지 문장을 보여 주면서 이야기한다.

④ 나머지 모둠원들이 세 가지 문장 중 거짓말을 찾아 거짓말에 해당하는 번호를 손가락으
　로 표시한다.

⑤ 하얀 거짓말을 한 학생이 나머지 모둠원들에게 정답을 말하고 이를 통해 자기소개를 한다.

⑥ 위와 같은 방식으로 돌아가며 말한다.

[매직 넘버 게임]

① 교사가 무작위로 숫자를 외친다. "하나, 둘, (숫자)!"

② 모둠원들이 주먹을 앞으로 내어 모으고, 교사의 외침에 따라 무작위로 손가락을 편다.

③ 교사가 외친 숫자와 모둠원들이 편 손가락 개수의 합이 일치하면 해당 모둠에서 "와우"
　라고 외친다. 이 경우, 모둠 토큰 등을 통해 간단하게 보상한다.

[텔레파시 게임]

① 교사가 주제를 제시한다.

　예) 1에서 10 사이의 숫자, 나라 이름, 수도 이름, 과일, 학용품, 우리 반 학생 이름 등

② 모둠별로 상의하여 주제별 정답을 예상하고 이를 모둠 칠판에 기록하여 올린다.

③ 교사가 사전에 작성한 해당 주제의 정답을 보여 준다.

　예) 1에서 10 사이의 숫자(7), 나라 이름(우크라이나), 수도 이름(워싱턴),
　　　과일(복숭아), 학용품(노트), 우리 반 학생 이름(이민석) 등

④ 정답을 맞힌 모둠에 간단한 보상을 한다.

[풍선 치기]

① 교사가 풍선 치기의 규칙과 방법을 설명한다.

· 방법 1 : 각자가 자기 자리에 앉은 상태에서 1분 동안 풍선을 30cm 이상 연속하여 치기

· 방법 2 : 자기 자리에 앉은 상태에서 서로 풍선을 패스하면서 1분 동안 치기

· 방법 3 : 손가락 하나로 서로 풍선을 패스하면서 1분 동안 치기

· 방법 4 : 모둠원들끼리 하나의 원 형태로 서로 손잡고 풍선을 30초 이상 치기

· 풍선이 바닥에 떨어지거나 모둠원들의 엉덩이가 자기 의자에서 떨어지지 않아야 한다. 실패한 경우, 풍선을 모둠 책상 위에 올려놓는다.

② 교사가 제시한 규칙과 방법에 따라 개인별 또는 모둠별로 풍선을 친다.

③ 풍선 치기 활동에 성공한 개인이나 모둠에 토큰을 부여한다.

[협동 의자 게임]

① 교사가 교실 앞에 모둠원 숫자만큼 개별 의자를 준비한다.

② 교사의 지시에 따라 모둠별로 학생들이 나와서 의자에 앉는다.

③ 교사가 단계별로 의자를 하나씩 빼면 남은 의자 위에 모든 모둠원이 앉도록 한다.

④ 최종적으로 의자 한 개에 모둠원 전체가 다 앉도록 한다. 최종 미션에 성공하면 모둠 보상을 한다.

집단 지성을 위한 협동학습 활동

구조 중심 협동학습에서 제시한 집단 지성에 기반한 사고력 개발 활동들을 소개하면 다음과 같다[6].

[생각-짝-나누기]

① 교사가 학생들에게 생각할 주제를 제시한다.

② 주제에 대한 개인 생각을 개별적으로 조용히 노트에 기록한다.

---

6) 스펜서 케이건, 수원기독중앙초 역(1999), 위의 책
  김현섭 외(2012), 『협동학습 1』, 수업디자인연구소

③ 짝끼리 번갈아 생각을 이야기한다.

④ 모둠 안에서 돌아가며 자신의 생각을 이야기하고 새로운 아이디어로 만든다.

⑤ 학급 전체에서 모둠 의견을 이야기한다.

[모둠 문장 만들기]

① 교사가 학습 주제를 "○○이란 (   )이다. 왜냐하면 (   )이기 때문이다"

  등의 빈 문장 형태로 제시한다.

  예) 학습 주제 사례 : 사랑, 전쟁, 정의, 물, 전기 등

② 학생들이 개별적으로 빈 문장에 알맞은 단어나 문장을 채운다.

③ 각자가 완성한 문장 내용을 모둠 안에서 돌아가며 이야기한다.

④ 모둠에서 합의하여 하나의 문장을 만들고 학급 전체에서 발표한다.

[이야기 엮기]

① 하나의 이야기로 이어지는 여러 컷의 만화나 사진을 교사가 한 장 단위로 개별 카드로

  만들어 모둠별로 한 세트씩 배부한다.

② 모둠 안에서 각자 무작위로 이미지 카드를 나누어 가진다.

③ 자신이 가지고 있는 이미지 카드를 토대로 상상한 이야기를 돌아가며 나눈다.

④ 모둠에서 협력하여 이미지 카드의 순서를 맞춘다.

⑤ 모둠별로 완성한 이야기를 학급 전체에 발표한다.

⑥ 교사가 원래 그림 순서를 보여 주고 간단하게 설명한다.

[이야기 만들기]

① 교사가 모둠별로 단어(그림) 카드를 나누어 준다.

② 이끔이가 모둠원들에게 골고루 단어(그림) 카드를 나누어 준다.

③ 이끔이부터 돌아가며 단어(그림) 카드를 모둠원들에게 보여 주고, 그 단어가 들어 있는

  문장이나 짧은 이야기를 즉흥적으로 상상하여 말한다.

④ 돌아가며 이야기하는 과정에서 하나의 완성된 이야기로 만들어 낸다.

⑤ 모둠별로 완성한 이야기를 학급 전체에 발표한다.

[벤 다이어그램 비교하기]

① 교사가 벤 다이어그램 학습지를 2인당 한 장씩 배부한다.

② 벤 다이어그램 안에 학습 주제와 관련된 개념을 기록하도록 한다. 두 개념의 공통점은

　겹치는 공간에, 한쪽에만 해당하는 아이디어는 해당 공간에 기록하도록 한다.

　　예) 남자와 여자, 남한과 북한, 비행기와 선박, 북극과 남극 등

③ 완성한 내용을 발표하고 교사가 이에 대하여 피드백한다.

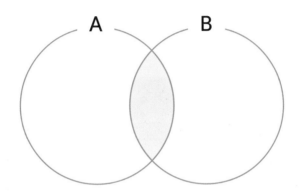

[분류하기]

① 교사는 학습 주제와 관련된 단어 카드들을 모둠별로 나누어 준다.

② 모둠원 한 명이 자기만의 기준으로 단어 카드를 두세 개 범주로 나눈다.

③ 나머지 모둠원들이 그 학생이 분류한 기준을 알아맞힌다.

　분류 기준 사례) 음절 수, 고유어와 외래어, 받침이 있는 글자와 그렇지 않은 글자, 눈에

　　　　　　　　보이는 것과 보이지 않는 것, 사물과 현상 등

④ 다음 학생은 앞 학생이 사용한 기준을 제외하고 다른 기준으로 단어 카드들을 분류한다.

⑤ 위와 같은 방법으로 모둠원들이 돌아가며 카드를 분류하고 그 기준을 이야기한다.

[모둠 마인드맵]

① 교사가 학습 주제를 제시한다.

② 교사가 도화지(전지)와 색 사인펜을 모둠별로 나누어 준다.

③ 모둠원들이 동시다발적으로 해당 주제에 대하여 브레인스토밍(자유연상)하는 방식으로 하나의 마인드맵을 작성한다. 다른 모둠원이 작성한 내용과 중첩되어도 상관없다.

④ 도화지(전지) 방향을 돌려가며 마인드맵을 완성해 나간다. 다른 모둠원이 작성한 부분부터 이어서 마인드맵을 그린다. 마음에 들지 않으면 새로운 가지를 뻗어 내릴 수 있다.

⑤ 도화지(전지)의 방향이 한 바퀴 돌아가면 모둠 마인드맵이 완성된다.

⑥ 모둠 마인드맵 활동 내용 중 핵심 키워드를 상의하여 도출한다.

[포토 스탠딩(이미지 비유)]

① 교사가 다양한 이미지 카드를 탁자 위에 흩어 놓고 학생들에게 주제를 제시한다.

② 학생들은 주제에 맞는 이미지 카드를 선택한다.

③ 다른 모둠원들에게 자기가 고른 이미지 카드를 보여 주며 해당 카드를 선택한 이유를 이야기한다.

※ 수업디자인연구소에서 개발한 질문포토카드 등을 활용하면 좋다.

깊이 있는 수업

정보를 공유하는 협동학습 활동

집단 지성을 발휘하려면 개인의 생각을 공유하여 모둠의 생각으로 만들어 가는 과정이 필요하다. 정보를 공유하는 협동학습 활동들을 제시하면 다음과 같다[7].

[짝 토의]

① 교사가 토의 주제를 제시한다.

② 각자 토의 주제에 대한 자신의 생각을 기록한다.

③ 학습 주제에 대하여 짝끼리 번갈아 이야기한다.

[짝 대신 말하기]

① 교사가 토의 주제를 제시한다.

② 각자 토의 주제에 대한 자신의 생각을 기록한다.

③ 학습 주제에 대하여 짝끼리 번갈아 이야기한다.

④ 교사가 특정 학생을 선택하면 해당 학생은 자기 이야기가 아니라 짝의 이야기를 대신하여 학급 전체에서 발표한다.

---

7) 스펜서 케이건, 수원기독중앙초 역(1999), 위의 책
   김현섭 외(2012), 『협동학습 1』, 수업디자인연구소

[파트너]

① 교사가 두 개의 학습 과제를 제시한다.

② 1번(홀수 번) 학생이 A 주제를, 2번(짝수 번) 학생이 B 주제를 담당하여 개별적으로 수행한다.

③ 짝끼리 번갈아 자기가 공부한 내용을 이야기한다.

④ 교사가 1번(홀수 번) 학생에게 B 주제에 대한 퀴즈 문제를 낸다. 2번(짝수 번) 학생에게는 A 주제에 대한 퀴즈 문제를 낸다. 정답 시 칭찬하거나 간단한 보상을 할 수 있다.

※ 동일 주제로 공부한 학생들끼리 자기가 공부한 것을 나누고 나서 퀴즈 게임을 진행할 수 있다.

[돌아가며 쓰기(말하기)]

① 교사가 학생들에게 학습 주제를 제시한다.

② 학습 주제에 대해 모둠원들이 돌아가면서 기록한다(이야기한다).

[동시다발적으로 돌아가며 쓰기]

① 교사가 개별 학생에게 서로 다른 학습 주제를 다룬 학습지를 배부한다.

　　예) 1번 : 없애야 할 것, 2번 : 줄여야 할 것, 3번 : 늘려야 할 것, 4번 : 새롭게 만들어야 할 것 등

② 모둠원들이 동시다발적으로 개별 학습지를 돌리고, 해당 개별 학습지에 자기 생각을 기록한다.

③ 교사의 지시에 따라 학생들은 한 바퀴 정도 개별 학습지를 돌려가면서 동시다발적으로 기록한다.

[하나 가고 셋 남기]

① 교사가 학습 주제를 제시한다.

② 모둠별로 학습 과제를 수행한다.

③ 모둠별로 완성한 학습 과제를 발표자가 다른 모둠으로 이동하여 설명한다.

※ 반대로 발표자가 자기 자리에 남고, 나머지 모둠원들이 다른 모둠으로 이동하여 설명을 들을 수도
   있다(셋 가고 하나 남기).

[칠판 나누기]

① 교사가 토의 주제를 제시한다.

② 학생들이 해당 주제에 대하여 모둠별로 토의한다.

③ 교사가 교실 칠판을 모둠 수만큼 구분한다.

④ 모둠별로 토의한 내용을 칠판의 자기 모둠 칸에 동시에 기록한다.

※온라인 도구인 패들렛은 칠판 나누기 활동의 온라인판에 해당한다고 볼 수 있다.

[전시장 관람(갤러리 워크)]

① 교사가 학습 주제를 제시한다.

② 모둠에서 학습 과제를 수행한다.

③ 모둠별로 완성한 학습 과제를 교실 벽면에 게시한다(대형 접착식 메모지 활용 등).

④ 발표자는 자기 모둠의 학습 과제물 앞에 서 있고 나머지 모둠원은 자기가 관심 있는 다
   른 모둠의 결과물 앞으로 이동한다.

⑤ 발표자는 이동해 온 다른 모둠원들에게 모둠 결과물에 대해 설명하고, 피드백을 받는다.

과제 분담 학습(Jigsaw) 모형

   과제 분담 학습을 지그소(Jigsaw)라고 부른 것은 지그소 조각 그림 맞추기 게임
과 원리나 형태가 비슷하기 때문이다. 과제 분담 학습 모형은 학생 개인이 불완전
한 과제를 수행한 다음, 다른 학생들과 나누도록 함으로써 긍정적인 상호 의존성
을 최대한 부각한 협동학습 모형이다.

   과제 분담 학습 모형의 단계는 다음과 같다.

단계	활동 내용
원래 모둠 활동	교사가 학습 내용에 대한 소주제를 정리하고 과제 분담 학습 자료를 준비한다. 교사는 학생들에게 전반적인 수업을 안내하고 절차를 설명한다. 그리고 모둠원들에게 각각의 과제 분담 학습 자료를 배부하고 학습하도록 지도한다.
전문가 모둠 활동	각 모둠에서 동일한 주제를 맡은 학생들끼리 전문가 모둠을 만들어 각자 학습한 내용을 나눈다. 전문가 모둠 활동 단계에서 교사가 적절하게 개입하여 학습을 도와주면 좋다.
원래 모둠의 재소집	전문가 학습 활동을 마치면 교사의 지시에 따라 원래 모둠으로 이동한다. 그리고 각자가 전문가 모둠에서 학습한 내용을 다른 학생들과 나눈다.
평가 및 보상	교사가 개인 또는 모둠 평가를 통하여 학습 내용을 어느 정도 이해했는지 점검하고, 결과에 따라 긍정적인 보상을 한다. 이때, 자기가 학습한 내용이 아니라 다른 학생들에게 배운 내용으로 퀴즈 테스트를 하는 것도 좋은 방법이다.

과제 분담 학습 모형의 가장 큰 장점은 긍정적인 상호 의존을 잘 드러낸 수업 모형으로서 학생들 간에 활발한 상호작용을 유발할 수 있다는 것이다.

반면에 과제 분담 학습의 단점은 첫째, 학습 수준이 하인 학생들이 자기에게 주어진 과제를 잘 수행하지 못해서 학습하고자 하는 다른 학생들에게 부정적인 영향을 미칠 수 있다는 것이다. 둘째, 학생이 수업에 적극 참여할 수 있는 것은 좋지만 학습 과정에서 잘못 이해하거나 시간을 비효율적으로 활용할 수 있다는 점이다. 셋째, 학생들이 무질서하게 행동할 가능성이 크다는 것이다.

그러므로 과제 분담 학습 모형을 현장에서 효과적으로 적용하기 위해서는 다음의 전제 조건을 충족해야 한다.

첫째, 학습 내용이 분절될 수 있는 병렬적인 내용이어야 한다. 만약 인과적인 관계에 있는 학습 단원을 무리하게 과제 분담하여 학습하게 되면 수업에 실패할 수밖에 없다. 예를 들어 인물 학습을 가르친다고 하자. 한 인물의 성장 배경, 업적, 사상, 교훈을 과제 분담 한다면 무리가 따를 수밖에 없다. 왜냐하면 한 인물의 성장 배경, 사상과 업적 등을 종합해서 자연스럽게 교훈이 도출되는 것이지 교훈 그 자체가 독립적인 학습 내용이라고 보기 힘들기 때문이다. 그러므로 각 학습 내용이 그 자체로서 분절될 수 있는 병렬적인 학습 단원만 과제 분담 학습으로 진행해야 한다. 예컨대, 역사 시간에 고려 문화유산을 다룬다고 할 때, 고려청자, 금속활자, 팔만대장경 등 분야별로 과제 분담 개별 학습지를 나누어 학습한다면 훨씬 효과적으로 수업을 진행할 수 있을 것이다.

둘째, 학습 내용이 적정 수준 이하여야 한다. 학습 내용이 중상위 수준 이상이면 실패하기 쉽다. 왜냐하면 과제 분담 학습 모형에서 가장 큰 문제가 하위 수준 학생들이 수업 활동에 방해될 수 있다는 점이기 때문이다. 과제 자체가 어려우면 하위 수준 학생들은 잘 이해할 수 없기 때문에 다른 학생들에게 설명하기 힘들다. 그러므로 학습 내용 자체가 상대적으로 쉬워야 하고, 하위 수준 학생들에게는 의도적으로 손쉽게 수행할 수 있는 학습 과제를 부여해야 한다.

셋째, 다른 수업 기법과 병행 활용하면 학습 효과를 극대화할 수 있다. 과제 분담 학습 모형을 그대로 실행하기보다는 과제 분담 학습 과정에 다양한 학습 활동을 삽입함으로써 학습 효과를 극대화하면 좋다.

과제 분담 학습 모형의 변형 모델로서 Jigsaw II, Jigsaw III, 다단계 과제 분담 학습, 텔레폰, 파트너 등이 있다.

찬반 논쟁 수업 모형

우리 사회에서 가장 부족한 부분 중의 하나가 갈등을 이해하고 극복하는 방안을 찾는 것이다. 텔레비전 토론회를 보면 토론이 아니라 신념과 감정에 따른 말싸움을 하는 것을 쉽게 발견한다.

존슨 형제(Johnson & Johnson)가 개발한 찬반 논쟁 수업 모형은 공동체주의에 근거하여 개발한 토론 수업 모형으로서 갈등을 긍정적으로 이해하고 극복하도록 도와주는 좋은 수업 모형이다. 찬반 논쟁 수업 모형은 어떤 주제에 대한 갈등을 단순히 이해하는 정도로 그치는 것이 아니라 서로의 입장을 이해하고 공동체 안에서 합리적인 해결 방안을 찾도록 도와준다. 찬반 논쟁 수업 모형은 어떤 주제에 대하여 찬반 토론 논쟁을 하려고 할 때 가장 적합한 수업 모형이다. 토론 훈련을 할 때 좋은 수업 모형으로서 기존 토론 수업보다 학생 상호 간에 활발한 토론을 끌어낼 수 있다.

찬반 논쟁 수업 모형의 단계는 다음과 같다.

단계	활동 내용
이질적인 모둠 구성	교사가 토론할 주제를 제시한다. 토론 주제에 대한 자신의 주장에 따라 이질적으로 모둠을 구성한다. 이때, 4인 1모둠 형태로 구성한다.
미니 모둠 토론 (생각-짝-나누기)	같은 모둠 안에서 의견이 다른 학생끼리 짝을 지어 미니 모둠을 구성한다. 각자 토론 주제에 대하여 자신의 생각을 정리하도록 한다. 그리고 미니 모둠 또는 짝꿍끼리 토론하게 한다. 이어 모둠 안에서 자유롭게 토론하도록 지도한다.
역할 교환 토의	토론이 어느 정도 진행되면 교사의 지시에 따라 서로의 역할을 바꾸어 상대방 입장에서 토론할 시간을 준다.
자유 토론 및 발표 준비	모둠 안에서 토론 내용을 정리하여 모둠 의견으로 만든다. 이때, 찬반 입장을 분명하게 결정한다. 그리고 모둠 토론 결과를 발표할 준비를 한다.
학급 전체 발표	모둠별로 정리한 결과 내용을 학급 전체에 발표한다. 이때, 다양한 방법으로 발표하도록 지도한다. 교사가 각 모둠의 입장을 정리하고 마무리를 짓는다.

깊이 있는 수업

찬반 논쟁 수업 모형 운영 시 유의 사항이 있다. 첫째, 교사가 토론 주제를 신중하게 결정하여야 한다. 찬반 논쟁 수업 모형의 성공 여부는 무엇을 토론 주제로 삼느냐에 달려 있다. 학생들의 삶과 밀접한 주제를 제시하거나 관련 학습 자료를 미리 제시하여 충분히 사전 학습이 이루어진 후에 토론 수업으로 들어가야 한다. 찬반 논쟁 수업 모형은 찬반 논점이 분명하게 드러나고 학생들의 입장에 따른 구성원의 수가 거의 1:1 정도의 비율이어야 진행하기가 좋다. 만약 찬성이 압도적으로 많고 반대가 극소수라면 찬반 논쟁 수업 모형을 진행하기 힘들다. 이러한 단점을 보완하기 위해 두 마음 토론 활동과 결합하여 학생들의 찬반 입장을 구조화해 진행하는 것도 좋은 방법이다.

두 마음 토론

두 마음 토론은 독일의 민주 시민 교육 방법론에서 제시한 토론 방법으로 천사 악마 게임이라고도 한다.

① 교사가 학생들에게 토론 주제를 제시한다.
② 교사가 1번 학생은 찬성자, 2번 학생은 중립자, 3번 학생은 반대자, 4번 학생은 관찰자로 모둠 안에서의 개인별 역할을 부여한다.
③ 찬성자(1번)와 반대자(3번)는 중립자(2번)를 자신의 입장에서 번갈아 설득한다.
④ 설득하는 시간이 끝나면 중립자(2번)가 두 명의 학생 중 더 설득력 있게 말한 학생을 선택한다.
⑤ 중립자(2번)는 자신이 어떤 의견을 선택했으며 그 이유는 무엇인지를, 관찰자(4번)는 제삼자로서 토론을 관찰한 느낌이 어땠는지를 학급 전체에 발표한다.

둘째, 역할 교환이 잘 이루어지도록 세심하게 배려해야 한다. 실제로 수업해 보면 이질적인 모둠 내에서 찬반 논쟁 토론은 활발하게 이루어지는 데 비해, 다음 단계에서 상대방 입장에서 이야기하라고 하면 학생들이 쉽게 이야기하지 못하는 모습을 볼 수 있다. 우리나라 문화에서 학생들이 상대방 관점에서 신중하게 사고하는 기회가 별로 없었기 때문이다. 그러므로 상대방 입장에서 토론할 때 바로 이야기하기보다는 미리 상대방 입장을 간단하게 적어 보는 기회를 주는 것도 좋은 방법이 될 것이다.

셋째, 모든 학생이 토론 활동에 참여하는 것도 중요하지만 교사가 찬반 논쟁 수업 모형 후 '어떻게 토론 활동을 마무리할 것인가'도 중요하다. 교사가 특정 입장에서 승자와 패자를 판정하거나 특정 입장을 지지하는 것은 그리 좋은 방안은 아니다. 주제에 따라 교사가 자기 견해를 밝힐 필요가 있을 수도 있지만, 자칫 문제가 발생할 수도 있다. 대신, 교사가 학생들에게 토론에 참여한 소감과 생각을 발표하게 하거나(메타인지 활동), 전체 토론 과정에서 발견된 논리적 구조와 발표 참여 자세 등을 구체적으로 피드백하면 좋다. 무엇보다 토론 주제에 따른 각 입장 속에 숨겨진 이해관계를 규명하여 정리하는 것이 필요하다. 찬성과 반대를 주장하는 사람들이 주로 어떠한 성향과 배경을 지니고 있는지, 각 입장을 주장하는 사람이나 단체들의 이해관계가 구체적으로 무엇인지를 따져 보는 것이 중요하다. 최종 판단은 학생들 각자가 내리도록 유도하는 것이 좋다.

5장.
융합적으로 질문하고 생각하고 표현하는
융합 독서 수업

5장.
융합적으로 질문하고 생각하고 표현하는
융합 독서 수업

단순한 책 읽기는 독서 수업이 아니다!

책만 읽는 행동은 독서 활동일 뿐, 독서 수업이라고 말할 수 없다. 독서 수업은 분명한 수업 목표에 따라 의도적으로 책을 읽고, 생각하고, 표현하고, 피드백하며 학생들의 생각이 자라나도록 해야 한다.

모든 학교가 독서교육을 강조하지만, 실제로 학교 차원에서 독서교육이 체계적으로 운영되는 경우는 많지 않다. 기존의 학교 독서교육 현실을 비판적인 관점에서 살펴보면 다음과 같은 문제점이 있다[1].

---

1) 형지영(2001), 『통합적 독서교육』, 인간과 자연사

• 독해식 독서 지도

책을 읽고, 책 내용을 이해하는 데 초점을 맞추어 독서교육을 지도한다.

• 획일적인 독후감 쓰기

학생들이 추천 도서를 읽고, 간단한 소감 정도를 써서 제출한다. 독후감에 대해 교사의 피드백이 없는 경우이다.

• 비구조화된 나열식 독서

학생 특성 및 학습 수준, 학생 관심사, 도서 수준과 다른 도서들과의 연계성 및 위계성, 삶과의 연계성 등을 고려하지 않고, 추천 도서 목록을 만들어 학생들에게 읽도록 한다.

• 소수 학생 중심의 독서토론 활동

공부를 잘하고 외향적인 학생들을 중심으로 독서토론 활동을 진행하고, 나머지 학생들은 구경꾼처럼 참관만 한다.

• 학생들이 무관심한 독서 행사

학교 차원에서 독서마라톤대회, 독서 현황 그래프, 밤샘 읽기, 독후감 발표 대회 등 다양한 독서교육 행사를 진행하기는 하지만, 소수 학생만 참여하고 대다수 학생은 별로 관심을 보이지 않는다.

• 특정 교과(국어과)에 국한된 독서 활동

국어과에서 독서 활동을 수행평가 과제로 제시하여 일부 평가에 반영하는 것이다. 다른 교과에서는 독서 활동에 관심이 적다.

이 외에도 학교 독서교육 현실의 문제점들이 있다.

• 일상 수업과 분리된 독서 활동

기존 교과 수업 시간 안에 독서가 이루어지는 것이 아니라 교과 수업 시간 외에 이벤트 행사처럼 독서교육을 하는 경우가 많다. 예컨대, 아침 독서 시간, 독후감 대회, 도서관 활동, 독서 인증제 등 행사처럼 독서교육을 하는 것이다. 교양 선택 활동으로서의 독서 활동이 아니라 교과 수업 안에 전공 필수 형태로 독서 활동이 이루어질 필요가 있다.

• 원문보다는 요약문 또는 일부분만 읽기

교과서에 실린 글들은 분량의 제한 때문에 원문보다는 요약문이나 일부 발췌 형태로 실린 경우가 많다. 추천 도서가 많으면 학생들이 부담스러워하기에 추천 도서 내용의 일부분만 발췌하거나 요약문을 중심으로 정리한 책을 읽도록 하는 것이다. 이러한 독서 활동은 당장 교실에서 실행하기는 좋지만, 학생들이 긴 호흡의 글을 잘 읽지 못하게 한다.

• '한 학기 한 권 읽기'에 대한 오해

원래 '온책 읽기' 운동은 요약문 또는 일부분만 읽는 독서문화를 비판하면서 등장한 대안적인 독서 운동이었다. 2015 교육과정에서 국어과 단원에 독서가 신설되고, '온책 읽기'가 '한 학기 한 권 읽기'라는 용어로 반영되었다. 느리게 읽더라도, 한 권이라도 제대로 깊이 있게 읽자는 것이다. 그런데 일부 교사와 학생이 한 학기에 한 권만 읽어도 된다는 식으로 오해하는 경우가 발생하였고, 이에 2022 개정 교육과정 준비 과정에서 이 용어가 논란을 빚기도 하였다. '온책 읽기'는 '온작품 읽기'로 수정 보완되었다[2].

---

2) 온책 읽기를 수정 보완한 독서교육 흐름이 '온작품 읽기'이다. 온작품 읽기는 온전한 책을 읽고, 책을 넘어 다양한 작품을 대상으로 확대하고, 작품을 자기 삶으로 연결하는 것이다. 온작품 읽기는 융합 독서교육과 비슷한 흐름이다.
　　김대권 외(2020), 『교실에서 바로 쓰는 초등 독서수업』, 푸른칠판

- **창체 시간(동아리 등), 학교 자율시간 등을 부담 없이 적당하게 보낼 수 있는 독서 활동**

비교과 영역인 창의적 재량활동 시간을 운영하는 데 있어서 독서는 의미 있는 교육활동이 될 수 있지만, 실제로는 교사 입장에서 편하게 시간을 보낼 수 있는 자습활동의 변형으로 운영되기도 한다. 최근 2022 개정 교육과정의 학교 자율시간과 진로 연계 교육활동이 도입되었지만, 이를 학교 및 교사 차원에서 부담 없이 보내기 위해 진로 독서 활동을 하려는 경향도 있다.

- **학교 차원의 체계적인 독서교육과 교사들의 독서 습관 부재**

독서 수업에 열정이 있는 국어과 교사나 사서 교사가 있으면 독서 수업이 잘 운영된다. 하지만 해당 특정 교사가 전근을 가거나 부재하면, 독서 수업도 부실하게 운영될 수 있다. 학교 차원의 독서교육 행사는 있지만, 학급 담임 교사 중심으로 개별 학생들의 독서 활동 이력 관리 및 피드백 체제가 구축된 경우는 거의 없다. 무엇보다 바쁜 업무 등으로 인하여 교사가 독서 습관을 지닌 경우가 드물다.

융합 독서교육이란?

기존 독서교육의 한계를 비판하고 그 대안으로 제시하는 독서교육이 바로 융합 독서교육이다. 통합이 물리적 결합을 의미한다면, 융합이란 화학적 결합을 말한다. 미래 교육 관점에서 독서교육은 '통합적 독서교육'에서 '융합 독서교육'으로 발전해야 한다. 융합 독서교육이란 독해식 독서 활동을 넘어서 교과 융합, 언어기능 및 매체 융합, 삶과의 연계성을 추구하는 독서교육을 말한다.

• 교과 융합 독서교육

독서는 내용적 차원에서 교과 및 학문 간 경계를 뛰어넘는 방식으로 융합하여 진행할 수 있어야 한다. 왜냐하면 삶의 문제들이 융합적 형태로 존재하고, 지식 간 융합을 통해 새로운 지식이 만들어지기 때문이다. 문학뿐 아니라 철학, 사회, 역사, 과학, 예술 등 다양한 읽기 자료를 대상으로 접근한다는 측면에서 범교과적으로 통합되고, 융합되어야 한다. 국어과뿐 아니라 모든 교과 영역에서 독서교육이 이루어져야 하고, 교과 연계 독서 수업이 진행되어야 한다.

• 언어기능 및 매체 융합 독서교육

독서는 기능적 차원에서 읽기, 쓰기, 듣기, 말하기의 융합, 언어와 다른 예술(미술, 음악 등)과의 융합, 도서뿐 아니라 영상, 온라인 매체, 각종 디지털 매체 등과의 융합이 이루어져야 한다. 현행 국어과 교육과정의 성취기준은 읽기, 쓰기, 듣기, 말하기 등이 구분되어 서술되어 있지만, 실제 생활은 읽기와 쓰기가 함께 이루어지고, 말하기와 듣기도 마찬가지이다. 따라서 실제 독서교육은 네 가지 언어기능이 융합되어 이루어져야 한다.

• 삶과의 연계성을 추구하는 융합 독서교육

교육은 '앎'과 '삶'이 일치되어야 한다. 그러므로 삶과 연계된 독서교육이 이루어져야 한다. 예컨대, 학교에서 박물관이나 미술관을 탐방하려면 박물관이나 미술관에 전시된 작품들과 작가의 인생을 이해할 수 있는 책을 미리 읽고 토론한 다음 탐방하는 것이다. 제주도 수학여행을 간다면 미리 제주도와 관련된 독서 활동을 해야 한다. 지역 연계 교육과정을 운영한다면 자기 지역에 대한 독서 활동을 해야 한다. 학교 차원에서 외부 강사 초청 강연을 한다면, 외부 강사가 쓴 책을 미리 읽고 강연회에 참여하도록 해야 한다. 하지만 우리 교육 현실은 그렇지 못하기에 앎과 삶이 분리된 형태로 독서가 이루어지는 경우가 많다. 수행평가 점수를 받기 위한 수단으로 전락하거나 학생생활기록부에 독서 이력을 기록하기 위해 마지못해 독서를 하는 경우이다.

• 질문 – 독서 – 생각 – 글쓰기 – 토의토론 과정의 융합 독서교육

단순히 책을 읽는 것을 넘어 자기 질문을 가지고 책을 읽으면 흥미 유발이 잘 이루어지고, 책에 몰입하기 좋다. 어떤 주제에 대한 문제의식을 질문 형태로 만들어 질문을 가지고 책을 읽으면 좋다. 교사가 질문을 제시할 수도 있고, 학생이 스스로 질문을 만들수도 있다.

독서를 통해 학생들이 깊이 있게 사고하고, 이를 다양한 방식으로 표현할 수 있도록 해야 한다. 글쓰기도 독후감 쓰기를 넘어 다양해질 필요가 있다. 핵심은 책을 읽고, 질문하고, 생각하고, 글을 쓰는 것이다. 책을 읽고 자기 생각을 글로 쓰면 독서논술이 된다. 주제에 따라서 질문을 품고 책을 읽을 수도 있고, 책을 읽으면서 질문을 만들어 그 질문에 답변하면서 글을 쓸 수도 있다. 연역적 접근과 귀납적 접근이 모두 가능하다.

책을 읽고 자기 생각을 말로 표현하면 독서 토의토론이 된다. 사전적인 의미를 먼저 살펴보면, 토의란 '어떤 문제에 대하여 다수의 사람이 검토하고 협의하는 것'이다. 토론은 '어떤 문제에 대하여 여러 사람이 각각 의견을 말하며 논의하는 것'이다. 그런데 교육학에서의 토의 활동은 '어떤 주제에 대하여 여러 사람이 정보와 의견을 교환하여 그 주제에 대하여 학습하거나 문제를 해결하는 말하기 및 듣기 활동'이다. 토론 활동은 '어떤 주제에 대하여 서로 다른 주장을 하는 사람들이 논증과 실증을 통해 규칙에 따라 자기 주장을 정당화하여 다른 사람을 설득하려는 말하기 및 듣기 활동'이다[3].

토의의 목적은 집단 지성에 근거한 정보와 의견 공유라면, 토론의 목적은

---

3) 정문성(2002), 『토의·토론 수업 방법 36』, 교육과학사

말싸움이 아니라 상대방에게 자기 입장을 논리적으로 설득하는 것이다. 토의와 토론은 실제 교육활동에서 구분하기 힘들다. 토의하다가 토론하고, 토론하다가 자연스럽게 토의로 넘어갈 수 있기 때문이다. 그래서 토의와 토론은 그 의미가 다르지만, 둘을 결합하여 '토의·토론'으로 지칭하는 것이 자연스럽다.

독서 후 자기 생각을 표현하는 방식은 말과 글로만 국한되지 않는다. 그림이나 음악, 신체 표현, 다양한 형태의 작품 등으로 표현할 수 있다. 그러므로 융합 독서교육은 질문+독서+논술+토의+토론+다양한 작품 만들기 등으로 진행된다.

투입(Input) (독서)	사고(Thinking) (생각)	산출(Output) (토의토론, 논술, 작품)

• 학교 차원의 체계적인 독서교육

융합 독서교육은 특정 교과 교사가 전담하거나 특정 교사의 개인적인 열정에 근거하여 운영할 수 있는 것이 아니다. 개인 지성이 아니라 집단 지성에 근거해야 지속 가능한 독서교육 활동으로 이어질 수 있고, 그 교육적 성과도 기대할 수 있다. 그러므로 융합 독서교육은 학교 차원에서 독서교육 체제가 잘 구축되어야 가능하다. 꿈의학교나 별무리학교의 경우, 학교 차원에서 체계적인 독서교육이 이루어지고 있다. 독서능력 진단평가, 독서 이력 관리 프로그

깊이 있는 수업

램(리딩 페이스 프로그램 등), 독서코칭, 매일 독서 시간 확보, 독서 문화 운동 등의 단계로 운영하고 있다.

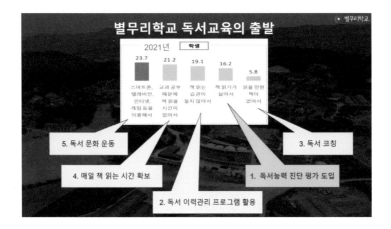

• **고차원적 사고력 개발을 위한 융합 독서교육**

융합 독서교육은 많은 지식을 나열해서 이해하는 수단이 아니라 독서를 통해 깊이 있게 사고할 수 있도록 이루어져야 한다. 지식과 이해 수준에서 책 내용을 이해하는 것을 넘어서 적용, 분석, 종합, 평가, 창조 유형의 고차원적 사고력을 개발할 수 있는 독서교육을 의미한다. 이를 통해 이질적인 지식과 정보를 융합하면서 새로운 지식과 정보를 창출할 수 있다.

독서 학습 전략과 독서 사고력 활성화

융합 독서교육이 이루어지기 위해서는 결과 중심의 독서 사후 활동만 강조하는 것이 아니라 독서 사전, 과정, 사후의 단계적 흐름에 따라 적절한 독서 학습 전략이 필요하다[4].

---

4) 형지영(2001), 위의 책

• 독서 전 사고 활성화 전략

연상하기

책 주제와 관련한 배경지식이나 경험을 떠올리는 것이다. 선행 지식을 회상하고 이를 글 내용과 연관하여 흥미를 유발함으로써 새로운 지식과 정보를 잘 수용할 수 있도록 한다. 주제에 대하여 자유롭게 아이디어를 말하는 브레인스토밍 활동을 하거나 책 소재와 관련한 경험을 말하도록 문답법 활동을 진행할 수 있다.

예측하기

책을 읽기 전에 책 제목이나 차례, 사진, 표지, 작가 인생 등을 살펴보고 책 내용을 추측하거나 책 내용의 일부만 보고 전체 내용을 예측할 수 있다. 예측하기 활동은 학생들의 흥미 유발에 도움이 된다.

미리 보기

미리 보기는 책 서문이나 차례, 서두만 가볍게 미리 읽어 보는 것이다. 영화로 비유하자면 예고편을 보는 것에 해당한다.

• 독서 과정 사고 활성화 전략

훑어보기

짧은 시간에 책을 속독 방식으로 읽으면서 전체 내용을 개괄적으로 파악한다. 전체 내용을 읽는 것이 아니라 필요한 부분만 빠르게 파악하며 읽는다.

중심 생각 찾기

훑어보기 활동을 통해 글의 중심 생각을 찾는 것이 필요하다. 특히 핵심 키워드를 찾아서 전체 글의 핵심을 파악하는 것이 중요하다.

글의 구조를 파악하며 읽기

문학 작품의 경우, 장르의 특성에 따른 글의 구조에 맞추어 분석하며 읽는다. 소설은 대개 발단 → 전개 → 위기 → 절정 → 결말 순서로 서술되는데, 각 단계에 따라 기본 내용을 파악하며 읽을 수 있다. 비평 도서나 비문학 작품의 경우, 주장과 논거를 구분하여 읽는다. 훑어보기, 중심 생각 찾기, 글의 구조를 파악하며 읽기를 할 수 있는 대표적인 수업 활동은 마인드맵이다. 책 내용을 마인드맵으로 정리하면 도움이 된다.

질문하기

책을 읽으면서 자기 생각을 메모하고, 저자의 생각에 대한 질문을 기록하면 좋다. 질문을 품고 책을 읽는 것과 그렇지 않은 것은 큰 차이가 있다. 자기 질문을 품고 책을 읽으면 책 내용을 깊이 있게 읽을 수 있다. 처음부터 질문을 품고 책을 읽을 수도 있고, 반대로 책을 읽으면서 질문을 만들 수도 있다. 질문 기반 독서법으로 하브루타 독서법이나 독서 질문카드 활동이 좋다.

추론하기

글을 잘 이해하려면 행간의 의미를 파악할 수 있어야 한다. 글 속에 숨겨진 저자의 의도와 가치관 등을 추론할 수 있어야 하고, 추론의 근거도 있어야 한다.

연상하기

글을 읽으면서 글 내용과 관련한 지식, 경험, 생각을 연상하여 정리하면 풍부한 독서를 즐길 수 있다.

협의하기

글을 읽으면서 이해되지 않는 내용을 협의하면 글의 내용을 잘 파악할 수 있다. 친구들과의 생각 나눔을 통해 책 내용을 좀 더 잘 이해할 수 있다.

메모하기(기록)

글을 읽으면서 중요한 부분에 밑줄을 치거나 견출지(접착식 메모지)를 붙이면서 책 내용 관련 질문이나 자기 생각을 간단하게 메모하면 좋다.

• 독서 후 사고 활성화 전략

요약하기

요약하기란 중요하지 않은 내용은 삭제하고 긴 내용은 줄이며, 상위 항목과 하위 항목을 구분하여 위계적으로 정리하면서 글의 전체 구조를 파악하는 것이다. 코넬 노트법은 요약하기에 유용한 노트 필기 기술이다.

비판적으로 읽기

저자의 생각을 평가하고 비판적 시각에서 자기 생각을 기술하는 것이다. 독서는 저자의 생각을 단순하게 수용하는 것을 넘어서 주도성을 가지고 자기 생각을 새롭게 하거나 풍부하게 만드는 과정이다. 비판적인 읽기는 논술 활동의 기초가 된다.

창조적 읽기

글 내용을 토대로 새로운 산출물을 만들거나 다른 차원의 사고를 펼치도록 하는 것이다. 창조적 읽기가 독서의 궁극적인 도달점이 되어야 한다. 예컨대, 작가와 다른 결말을 만들어 보거나 삼인칭 소설을 일인칭 소설로 바꾸어 서술하거나 내가 주인공이라면 어떻게 풀어갈 것인가를 글로 표현할 수 있을 것이다.

독서 질문 유형과 사례들

독서 질문 유형에는 사실 질문, 해석 질문, 감상 및 적용 질문, 상상 질문 등이 있다. 독서 활동의 단계에 따라 독서 질문 유형을 구조화하여 운영하면 좋다.

| 사실 질문 | 해석 질문 | 감상 및 적용 질문 | 평가 질문 | 상상 질문 |

독서 질문 유형에 따른 질문 사례들을 제시하면 다음과 같다.

• 사실 질문

- 이 책의 작가는 누구인가요?
- 이 책의 내용을 한 단어나 문장으로 요약해 본다면?
- 이 책의 시간적, 공간적 배경은 무엇인가요?
- 이 책의 줄거리를 시간대별로 정리하여 다시 이야기한다면?
- 주인공(작가)의 성격이나 의견을 잘 드러내는 말이나 행동은?
- 주인공(작가)은 문제 상황을 어떻게 해결하나요?
- 주인공(작가)이 어떠한 갈등을 겪고 있나요?
- 주인공(작가)의 감정 흐름을 말해 본다면?
- 이 책의 내용 중 잘 이해되지 않았던 어휘나 표현은?
- 책 속에 등장하는 주요 인물은 누구인가요?

• 해석 질문

- 작가가 이 책을 통해 말하고 싶은 주제나 메시지는 무엇인가요?

- 주인공(작가)의 말과 행동 중 이해하기 힘들었던 부분은?

- 주인공과 다른 등장인물과의 갈등이 있었던 부분에 대하여 어떻게 생각하나요?

- 이 책의 주인공(작가)을 색깔로 표현한다면?

- 이 책의 주제를 하나의 이미지로 표현한다면?

- 주인공(작가)의 속마음을 추측해 본다면?

- 주인공(작가)의 특징을 찾아본다면?

- 이 책의 내용 중 좀 더 추가하여 서술하면 좋겠다고 생각한 부분은?

- 이 책의 내용 중 과감하게 빼도 좋은 부분은?

• 평가 질문

- 이 책의 내용 중 내 생각과 달랐던 부분과 그 이유는?

- 이 책에 대해 간단한 서평을 쓴다면?

- 주인공(작가)에게 질문하고 싶은 것은?

- 이 책의 표지를 보고 나서 들었던 생각은?

- 이 책을 다른 사람에게 추천한다면 누구에게 추천하고 싶나요?

- 이 책을 다른 사람에게 추천한다면 어떻게 말할 것인가요?

- 이 책에 평점을 매긴다면? 그 이유는? (10점 만점)

- 이 책의 가치를 가격(원)으로 환산한다면?

- 이 책에 상을 수여한다면 어떤 상을 줄 것인가요?

- 나의 만족도를 중심으로 이 책의 가치를 돈으로 환산한다면?

• 감상 및 적용 질문

- 이 책의 내용 중 가장 기억에 남는 장면은 무엇인가요?

깊이 있는 수업

- 이 책의 내용 중 가장 마음에 들었거나 감동적인 부분이 있었다면?
- 이 책에서 인상적인 문구나 표현은 무엇인가요?
- 책 내용 중 내가 실생활 속에서 실천하고 싶은 것이 있다면?
- 이 책을 읽고 가장 먼저 떠올랐던 생각이나 감정은 무엇인가요?
- 나와 비슷한 생각이나 캐릭터를 가진 등장인물이 있다면 누구이며 그 이유는?
- 이 책의 내용 중 더 알고 싶은 내용은?
- 이 책의 작가(주인공)에게 하고 싶은 말은?
- 이 책의 내용 중 불편하게 느꼈던 부분이나 마음에 들지 않았던 등장인물이 있다면 누구이고, 그 이유는?

• **상상 질문**
- 만약 내가 작가로서 이 책의 결말을 다르게 전개한다면 어떻게 할까요?
- 만약 내가 주인공(작가)이라면, 어떻게 행동했을까요?
- 책 속 장면 중 딱 한 장면만을 바꿀 수 있다면?
- 시대가 바뀐다면 이 책 내용이 어떻게 수정되면 좋을까요?
- 주요 등장인물이나 작가의 생각을 사물(동물)로 표현한다면?
- 이 책에 나온 인물이나 작가를 인터뷰한다고 할 때 제일 먼저 던지고 싶은 질문은?
- 책 속 등장인물이나 작가의 성별이 바뀐다면?
- 이 책의 제목을 다르게 바꾸어 본다면?
- 이 책을 어디에 비치하면 좋을까요?
- 내가 표지 그림을 다시 그린다면 어떻게 그릴까요?

수업디자인연구소에서는 이러한 독서 질문을 토대로 독서질문카드를 제작하였다.

독서 전 활동

- **책 속의 보물을 찾아라**
  - **"기상천외한 질문에 맞는 적절한 대답을 내 책에서 찾아봐."**
  - **핵심 아이디어** : 이상한 질문카드를 활용하여 자기 책에서 적절한 대답을 찾아 이야기 해 볼 수 있다.
  - **진행 단계**

    ① 모든 학생은 자기가 원하는 책을 한 권씩 선택한다.

    ② 한 학생이 '책 속의 보물을 찾아라' 카드를 무작위로 한 장 고른다. 해당 카드에는 기상천외한 질문 세 가지가 기록되어 있다.

    (질문 예) 드라마 엔딩 장면, 내가 부르고 싶은 노래 가사, 온라인 쇼핑몰 사용 후기 댓글 등

깊이 있는 수업

③ 세 가지 질문 중 마음에 드는 질문 한 가지를 선택하여 전체 학생에게 이야기한다.

④ 나머지 학생들은 자기가 가지고 있는 책 내용을 살펴서 그 질문에 적합하다고 생각하는 단어나 문구를 찾는다.

⑤ 질문에 맞는 답변을 찾은 학생이 '찾았다'라고 외치면 나머지 학생들은 외친 시간을 기준으로 1분 동안 답변을 찾도록 한다.

⑥ 각자가 찾은 답변을 돌아가며 말한다.

⑦ 다양한 답변 중 질문을 제시한 학생이 가장 마음에 드는 답변을 말하고 그 카드를 해당 학생에게 선물로 준다.

⑧ 위와 같은 방식으로 돌아가며 활동을 한다.

⑨ 활동 이후 가장 많은 카드를 모은 학생이 승리한다.

· **유의 사항**

  – 책이 많이 있는 도서실이나 도서관 교실에서 활동하면 좋다.

  – 책 선택 시 가급적 문학 관련 책을 고르도록 한다. 왜냐하면 문학 관련 책을 선택해야 다양한 대답을 찾을 수 있기 때문이다.

  – 1분이라는 시간을 정확하게 지킬 수 있도록 타이머를 활용하면 좋다. 만약 답변을 말하지 못하면 그냥 통과하면 된다.

  – 승리한 학생에게 간단한 선물이나 보상을 줄 수도 있다.

· **TIP**

  – 적절한 답변을 찾은 학생이 '찾았다'라고 외치면 나머지 학생들이 1분 안에 자기가 찾은 답변을 말할 수도 있다.

  – 책이 없는 경우, 해당 질문에 적절한 답변을 자유롭게 말할 수도 있다.

  – '책 속의 보물을 찾아라'에 나온 질문을 자유 글쓰기 소재로 활용할 수 있다.

· **개발자 / 참고 문헌**

  – 「Bring Your Own Book」(당신의 책을 가져오세요, 2015)

  – 보드게임교육연구회 보이다

- **책 표지를 보고 책 내용 상상하기**
  - "책 표지만 보고 책 내용을 자유롭게 상상해."
  - 핵심 아이디어 : 책 표지를 보고 책 내용을 미리 유추해 볼 수 있다.
  - 진행 단계
    ① 교사가 함께 읽을 책 이름과 책 표지 디자인을 보여 준다.
    ② 학생들이 책 표지 디자인을 보고 대충 내용을 상상해 기록해 본다.
    ③ 상상한 내용을 모둠 안에서 돌아가며 말한다.
    ④ 모둠 대표 학생이 모둠에서 나왔던 이야기를 학급 전체에서 발표한다.

독서 과정 활동

- **마인드맵 활동**
  - "책 내용을 훑어 읽고 핵심 키워드를 뽑아 마인드맵으로 정리해."
  - 핵심 아이디어 : 책 내용을 훑어 읽으면서 주요 내용을 파악하고 핵심 키워드를 찾아서 마인드맵 형태로 시각화할 수 있다.
  - 진행 단계
    ① 교사가 읽어야 할 책 부분을 제시한다.
    ② 학생들이 정해진 시간 안에 책 내용을 훑어 읽는다.
    ③ 학생들이 훑어 읽으면서 중요하다고 생각하는 부분에 밑줄을 치거나 동그라미로 표시한다.
    ④ 밑줄 친 내용이나 표시한 키워드를 중심으로 마인드맵 형태로 정리한다.
  - 유의 사항
    - 훑어 읽기는 정독하는 것이 아니라 속독하면서 전체 내용의 흐름만 간단하게 파악하는 것이다. 그래서 긴 시간을 주기보다 짧은 시간 안에 전체 내용을 파악할 수 있도록 운영하는 것이 좋다.
    - 훑어 읽기 후 교사가 책 내용의 배경 정보나 주제를 설명해 주면 좋다.
    - 마인드맵은 훑어 읽기분 아니라 정독 후 책 내용을 개괄적으로 파악하는 방법으로 활용할 수도 있다.

독서 마인드맵 사례(한신영, 2024)

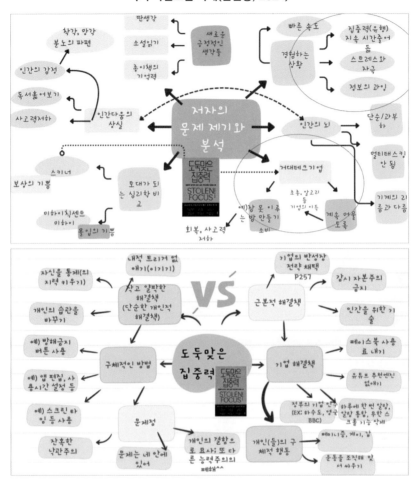

- **밑줄 치기 및 메모 활동**
  - "책 내용을 읽으면서 펜으로 주요 부분을 밑줄 치고 자기 생각을 메모로 정리해."
  - **핵심 아이디어** : 책 내용을 읽으면서 중요하다고 생각하는 부분에 밑줄을 긋고 자기 생각을 직접 또는 접착식 메모에 기록하여 해당 부분에 붙여 볼 수 있다.
  - **진행 단계**
    ① 교사가 읽어야 할 책 부분을 제시한다.

깊이 있는 수업

② 학생들이 개별적으로 책을 읽으면서 주요 부분에 밑줄을 긋도록 한다.

③ 책 내용에 대한 자기 생각을 책에 직접 메모하거나 접착식 메모에 기록한다.

• 질문 게시판 활동

· **"책 내용을 읽으면서 궁금한 점을 질문으로 만들어 질문 게시판에 게시해."**

· **핵심 아이디어** : 책 내용을 읽으면서 궁금한 점이나 자기 생각을 질문 형태로 만들어 질문 게시판에 붙이고, 이러한 질문들을 통해 책 내용을 파악할 수 있다.

· **진행 단계**

① 교사가 읽어야 할 책 부분을 제시한다.

② 학생들이 책 내용과 관련하여 궁금한 부분이나 자기 생각을 질문 형태로 만들어 접착식 메모지에 기록한다.

③ 질문 게시판에 학생들이 작성한 질문지들을 붙인다.

④ 질문 게시판의 질문들을 중심으로 교사가 책 내용을 이야기하거나 학생들의 생각을 끌어낸다.

[개발자 / 참고 문헌] 수업디자인연구소

- 코넬 노트 정리 활동
  - "책 내용을 읽으면서 코넬 노트로 정리해."
  - **핵심 아이디어 :** 책 내용을 읽으면서 중요하다고 생각하는 핵심어를 찾고 핵심어에 대한 설명을 기록하고, 궁금한 점을 질문하거나 전체 내용을 요약하여 코넬 노트 양식에 맞추어 기록해 볼 수 있다.
  - **진행 단계**
    ① 교사가 읽어야 할 책 부분을 제시한다.
    ② 학생들이 개별적으로 책을 읽으면서 코넬 노트 양식에 맞추어 기록한다. 날짜, 주제, 핵심어, 핵심어에 대한 설명, 질문 등을 종합적으로 기록한다.
    ③ 코넬 노트로 정리한 내용을 중심으로 암기하고 퀴즈 활동이나 플래시카드 활동으로 확인한다.
  - **유의 사항**
    – 훑어 읽기는 마인드맵 활동으로 연결하면 좋고, 코넬 노트 정리 활동은 정독할 때 좋다.
    – 코넬 노트법의 핵심은 자기 인지 구조와 스타일에 맞추어 정리하고 이를 암기하도록 하는 것이다.
    – 플래시카드는 앞면에 핵심어, 뒷면에 핵심어에 대한 설명을 기록한 것이다. 플래시카드 게임 활동은 두 명씩 짝을 지어서, 제한 시간 안에 핵심어 설명문을 읽고 핵심어를 알아맞히도록 하는 퀴즈 게임이다.

  [개발자 / 참고 문헌] 코넬대학교

독서 후 활동

- **질문 중심 하브루타 활동**
  - "책 내용에 대한 자유질문을 만들고 질문에 대한 자기 생각을 이야기해."
  - **핵심 아이디어 :** 책 내용에 대한 자기 생각을 질문으로 표현하고 자기 질문에 대한 생각을 짝, 모둠, 전체 학생들 앞에서 토의하고 발표할 수 있다.

깊이 있는 수업

· 진행 단계

① 교사가 읽어야 할 책 부분을 제시한다.

② 학생들이 개별적으로 책을 읽으면서 자유질문 세 가지를 기록한다.

③ 자유질문 세 가지 중 대표 질문 한 가지를 선택하고 그 질문에 대한 자기 생각을 노트에 기록한다.

④ 짝꿍과 함께 자기가 선택한 대표 질문과 그 질문에 대한 자기 생각을 번갈아 이야기한다.

⑤ 모둠 안에서 대표 질문을 선택하고 자유 토의를 한다.

⑥ 학급 전체에서 모둠별로 대표 질문과 의견을 정리하여 발표한다.

⑦ 교사가 학생 발표 내용에 대하여 피드백한다(쉬우르).

· 유의 사항

– 교사가 책 주제나 내용의 배경지식을 설명한 다음에 질문 중심 하브루타 활동을 진행하면 좋다. 책 주제에 흥미가 없고, 책 내용 관련 기초 지식이 없는 상태에서 질문 중심 하브루타 활동을 진행하면 실패할 가능성이 크다.

[개발자 / 참고 문헌] 하브루타수업연구회(정희란 외)

· **독서질문카드 활동**

· **"독서질문카드를 이용해서 자기 생각을 자유롭게 말해 봐."**

· **핵심 아이디어** : 독서질문카드를 활용하여 자기의 생각을 자유롭게 이야기할 수 있다.

· **진행 단계**

① 모든 학생이 책을 읽는다.

② 모둠별로 독서질문카드를 카드 더미 형태로 책상 위에 쌓아 놓는다.

(독서 질문 예) "이 책의 제목을 보고 처음 들었던 생각은?", "이 책을 읽고 관심을 가지게 된 분야가 있다면?", "내가 만약 주인공이라면?", "주인공에게 주고 싶은 선물과 그 이유는?" 등

③ 한 학생이 독서질문카드 중 무작위로 한 카드를 선택하여 해당 질문을 읽고 그 질문
에 대한 자기의 생각을 말한다.

④ 위와 같은 방식으로 돌아가며 이야기한다.

· **유의 사항**

– 우선 독서 활동이 잘 이루어져야 사후 활동으로서 독서질문카드 활동이 원활하게 진
행될 수 있다. 그러므로 독서 활동이 잘 이루어지도록 운영해야 한다. 해당 책을 참고
하면서 이야기할 수도 있다.

– 만약 무작위로 선택한 카드가 책 내용과 적절하게 연결되지 않는 경우, 다른 독서질
문카드를 선택하여 이야기하도록 한다.

깊이 있는 수업

· TIP

– 독서질문카드 활동을 다음과 같은 게임 방식으로도 진행할 수 있다. 한 학생이 독서
질문카드를 선택하여 그 질문을 읽으면 나머지 학생들이 그 질문에 대한 답변을 자유
롭게 말한다. 그중 독서질문카드를 선택한 학생이 가장 마음에 드는 답변을 한 학생
에게 독서질문카드를 준다. 돌아가며 활동한 후, 나중에 가장 많은 독서질문카드를
가진 사람에게 간단한 보상을 할 수 있다.

[개발자 / 참고 문헌] 수업디자인연구소, 「독서질문카드 1, 2」

• 모둠 게임 토너먼트(TGT) 수업 모형

· **"책 내용을 중심으로 퀴즈를 출제하고 수준별 리그 방식으로 퀴즈 게임을 진행해 봐."**

· **핵심 아이디어** : 각자 책 내용을 중심으로 퀴즈 문제를 내고 이를 토대로 수준별 리그 퀴
즈 게임을 해서 얻은 개별 점수를 모둠 단위의 총합 점수로 환산하여 보
상할 수 있다.

· **진행 단계**

① 학생들이 책 내용을 읽고 개인별 퀴즈 문제를 출제한다.

② 모둠별로 책 내용을 나눈다.

③ 학습 수준별(번호별)로 모둠 대표를 정한다.

④ 수준별(번호별) 모둠으로 재구성하고, 모둠 대표 방식으로 개인별 퀴즈 활동을 동시
다발적으로 진행한다.

⑤ 원래 모둠으로 돌아와 개인별 퀴즈 점수를 모둠 단위로 합산한다.

⑥ 가장 점수가 높은 모둠에 보상한다.

[개발자 / 참고 문헌] · 정문성(2002), 『협동학습의 이해와 실천』, 교육과학사
· 김현섭(2012), 『협동학습 2』, 한국협동학습센터

• 다중지능 작품 만들기 활동

· **"자기 책 내용과 소감을 바탕으로 자신(모둠)의 생각을 다중지능 작품으로 표현해."**

· **핵심 아이디어** : 자기 책 내용과 소감을 바탕으로 자신(모둠)의 생각을 언어적 지능, 논

리수학적 지능, 시공간적 지능, 신체운동감각적 지능, 음악적 지능, 자성 지능, 대인지능, 자연이해 지능의 여덟 가지 방식 중 하나를 선택하여 작품으로 만들어 발표할 수 있다.

· **진행 단계**

① 학생들이 책을 읽고 자기 생각을 정리하거나 모둠 의견을 토의하여 정리한다.

② 교사가 여덟 가지 다중지능 방식에 따라 선택 과제를 제시한다.

③ 학생 개인이나 모둠에서 여덟 가지 선택 과제 중 한 가지를 선택하여 작품 과제를 수행한다.

④ 학생 개인이나 모둠에서 선택 과제를 발표한다.

⑤ 교사가 개인 과제나 모둠 과제에 대하여 피드백한다.

· **유의 사항**

– 여덟 가지 다중지능별 과제 사례

#언어적 지능 : 장르를 바꾸어 쓰기(소설을 읽고 시로 자기 감상을 표현하기, 삼인칭 관찰자 시점 글을 일인칭 주인공 시점으로 요약하여 서술하기 등), 독후감 쓰기 등

#논리수학적 지능 : 책 주제나 내용에 대한 분석 보고서 쓰기, 책 내용에 대하여 토의 토론하기 등

#시공간적 지능 : 책 내용을 기반으로 만화 그리기, 포스터 그리기, 주요 장면 협동화 그리기, 그림책 만들기, 인공지능 도구를 활용하여 웹툰 만들기 등

#신체운동감각적 지능 : 책 내용을 무용(댄스)이나 역할극으로 표현하기 등

#음악적 지능 : 책 내용을 소재로 노래 가사 바꾸어 부르기, 인공지능 도구(수노)를 활용하여 책 내용을 소재로 배경음악 작곡하기, 뮤지컬 작곡하기 등

#자성 지능 : 책 주인공에게 편지 쓰기, 독후감(독서일지) 쓰기 등

#대인지능 : 책 내용에 대하여 토의토론하기, 책 내용의 주요 장면을 역할극으로 표현하기, 팀 프로젝트 수업 활동(책 주제에 대한 실천) 등

#자연이해 지능 : 생태 전환과 관련한 내용의 경우, 생태 보호 활동이나 동식물 키우기 활동 등

– 여덟 가지 과제를 평가하는 것은 교사 입장에서 쉽지 않고, 특정 과제가 여러 가지 다중지능과 관련된 경우가 많기 때문에 이 중에서 서너 가지를 선택하여 학생들에게 과제를 제시하면 좋다. 이 경우, 선택 과제별 수행평가 루브릭을 제시할 수 있어야 한다.

[개발자 / 참고 문헌] 하워드 가드너(2007), 『다중지능』, 웅진지식하우스

6장.

학생 주도성을 세우는 코칭 기반 수업

6장.
학생 주도성을 세우는 코칭 기반 수업

코칭 기반 수업이란?

학생 주도성을 발휘할 수 있는 대표적인 수업 방식은 코칭 기반 수업이다. 그래서 미래 교육의 길은 티칭(Teaching)이 아니라 코칭(Coaching)이라고 볼 수 있다[1]. 티칭이 지식을 전달하는 것에 초점을 둔다면, 코칭은 학생 스스로 문제를 해결하는 것에 초점을 둔다. 티칭이 학생이 묻기 전에 교사가 정답을 알려 주는 것이라면, 코칭이란 교사가 질문을 하고 학생 스스로 해답을 찾아갈 수 있도록 유도하는 것이다. 티칭은 교사의 가르치는 행위나 지식 자체에 초점을 둔다면, 코칭은 학생의 배움과 성장에 초점을 둔다. 티칭은 학력 신

---

1) 폴 김. 함돈균(2020), 『교육의 미래, 티칭이 아니라 코칭이다』, 세종서적

깊이 있는 수업

장에 도움이 되지만 코칭은 역량 향상에 도움이 된다.

코칭이란 코치와 피코칭자가 파트너로서 피코칭자의 문제 해결을 위해 피코칭자 스스로 목표를 설정하고 효과적으로 달성할 수 있도록 지원하는 과정을 말한다. 원래 코칭이라는 용어는 스포츠에서 사용하는 용어인 '코치(Coach)'에서 유래하였다. 스포츠 코칭은 운동 경기의 정신이나 기술을 선수들에게 지도하고 훈련시키는 것이었다. 최근 코칭 이론이 체육 분야를 넘어 경영학, 교육학, 자기관리 등 다양한 영역으로 확대되어 사용되면서 코칭 대상에 따라 경영코칭, 연애코칭, 인생코칭, 진로코칭, 진학코칭, 수업코칭, 학습코칭 등 다양한 파생 용어로 발전하였다.

기존 전통 수업은 티칭 기반 수업이라고 할 수 있다. 그래서 교사의 역할이 중요하고, 학생들은 가르침의 대상으로 여기는 경향이 있다. 하지만 코칭 기반 수업은 교사가 직접 가르치는 행위는 최소화하고, 학생의 배움에 맞추어 학생 스스로 공부할 수 있도록 도와주는 데 초점을 맞추어 수업을 진행할 것을 강조한다.

코칭은 '누구나 성장하기를 원하고, 발전 가능성이 내재한다'라는 전제에서 출발한다[2]. 이러한 기본 전제가 성립되지 않은 상태에서의 코칭은 별 효과를 기대하기 힘들다. 피코칭자가 내면 상처가 깊고, 성장 의지가 없으며, 현재 상태에 만족하여 새로운 변화의 필요성을 느끼지 못하면 아무리 유능한 코치라도 코칭의 효과를 충분히 거두기 힘들다. 코칭 기반 수업 역시 학생들에게 어느 정도의 성장 의지와 학습 흥미가 있다는 전제 위에서 진행된다. 해당 전제가 충분히 존재하지 않는다면 코칭 기반 수업을 잘 진행할 수 없다.

코칭 기반 수업의 구체적인 사례로서 학습코칭 활용 수업, 거꾸로 수업, 인공지능 활용 수업, 소담협력학습 등이 있다.

---

2) 박유찬(2012), 『코칭, 마음을 열다』, 별다섯

학습코칭

학습코칭이란 '학생들의 학습을 촉진하도록 도와주는 전략과 방법'을 말한다. 즉, 학습코치가 학생 스스로 학습 목표를 설정하고 효과적으로 학습을 할 수 있도록 지원하는 모든 행위이다. 학습코칭에서는 '공부를 왜 해야 하는가?', '무엇을 공부해야 하는가?', '어떻게 공부해야 하는가?' 등의 질문에 대하여 여러 가지 학습 대안들을 제시한다.

그러므로 학습코칭의 영역은 다음과 같이 다양하다[3].

학습코칭에 있어서 기본 철학은 다음과 같다[4].

- 학생은 독특하고 개별적인 방식으로 학습한다.
- 학생은 학습을 통해 스스로 의미를 구성해야 한다.
- 학생은 공감과 존중의 관계 속에서 잠재력을 개발할 수 있다.
- 학생은 자신이 필요한 모든 학습자원을 지니고 있다.
- 학습코치와 학생과의 관계는 수평적 동반자 관계이다.

---

3) 김선자 외(2020), 『별별학습코칭』, 함께교육
4) 제키 턴불, 이영만 역(2014), 『교사를 위한 학습코칭』, 학지사

깊이 있는 수업

학습코칭? 전통적인 학습 지도 방법?

  학습코칭은 기존 전통적인 학습 지도 방법과 구별되는 차이점이 있다. 먼저 공부하는 목적이 다르다. 전통적인 학습 지도 방법에서는 공부를 '입신양명(立身揚名)'의 관점에서 사회적 성공 도구로 이해한다. 그에 비해 학습코칭에서는 공부를 사회적 기여 및 자아실현의 도구로서 이해한다. 전통적인 학습 지도 방법에서는 미래의 성공을 위해 현실에서 어느 정도 희생을 감수하는 것을 강조한다. 그래서 학생들의 특성과 의지에 상관없이 타율적인 훈육 방식으로 지도한다. 하지만 학습코칭에서는 자기 주도성에 기반을 두고 스스로 공부하는 태도와 습관을 기르는 데 초점을 둔다. 그래서 보상과 처벌이라는 외재적 동기 유발보다는 격려와 자기 선택권을 강조하는 내재적 동기 유발에 치중한다. 기존 전통적 학습 지도 방법에서는 일부 우등생의 학습 성공 경험을 바탕으로 개발된 표준화된 학습 방법을 강조한다면, 학습코칭에서는 학습심리학에 기반하여 다양한 학습유형을 고려한 개인 맞춤형 학습 방법을 강조한다.

기존 전통적 학습 지도 방법	학습코칭
공부를 사회적 성공 도구로 이해함	공부를 사회적 기여와 자아실현의 도구로 이해함
타율적 훈육 강조	자기 주도적 학습 강조
외적 동기 유발 강조	내적 동기 유발 강조
보상과 처벌	격려와 자기 선택권 부여
획일적인 학습 방법 강조	학습유형에 따른 학습 방법 강조
우등생의 학습 경험 바탕	학습심리학 바탕

개인 맞춤형 학습 전략

　전통적인 학습 지도 방법과 달리 학습코칭에서 강조하는 전략 중 하나는 학생 개인별 특성과 성향에 맞게 접근하자는 것이다. 학생들의 학습유형을 분석하는 심리 도구가 여러 가지 있지만, 여기에서는 욕구코칭을 기반으로 욕구유형별 학습 전략을 살펴보고자 한다.

　욕구는 행동의 근본 원인이다. 행동 너머에 감정이 있고, 감정 너머에 욕구가 있다. 따라서 행동의 원인을 파악하고 그에 맞게 행동을 수정하려면 욕구를 잘 이해해야 한다. 학습 행동도 마찬가지이다. 욕구의 사전적인 의미는 '인간이 선천적으로 가지고 있거나 혹은 후천적인 사회생활의 결과로 만들어진 감정이나 심리 상태 중 하나로 자신에게 부족한 물질적이거나 정신적인 어떤 것을 추구하는 상태'를 말한다. 즉, 욕구란 마음속의 근원적인 원함이다. 욕구는 내가 원하고, 바라고, 추구하고, 충족시키려 하는 것이다. 욕구는 기본적으로 타고나기 때문에 좋고 나쁨을 가리기 힘들다. 다만, 욕구가 지나쳐서 욕망으로 변질될 수 있기에 욕구를 조절할 필요가 있을 뿐이다.

　욕구가 행동의 근본 원인이라는 것을 과학적으로 증명한 사람은 현대 심리학의 아버지라고 할 수 있는 프로이트(Freud)이다. 프로이트는 성적인 욕구로 모든 행동을 설명하려 했기에 모든 행동을 설명하는 데 한계가 있었다. 이러한 문제점을 극복한 사람이 미국의 정신과 의사였던 윌리엄 글래서(William Glasser)이다. 윌리엄 글래서는 다섯 가지 기본 욕구로 생존, 사랑, 힘, 자유, 즐거움의 욕구를 제시하였다. 윌리엄 글래서의 욕구이론을 기반으로 욕구코칭이 발전하였다[5]. 욕구코칭 관점에서 학생들의 학습 특징을 다음과 같이 이해할 수 있다[6].

---

5) 김현섭·김성경(2018), 『욕구코칭』, 수업디자인연구소
6) 김현섭 외(2024), 『에듀코칭』, 수업디자인연구소

· 생존의 욕구가 높은 학생 유형

일반적인 행동 특징

– 수업이 원래 계획대로 진행되어야 안정감을 느낌

– 불확실한 미래에 대한 불안감이 상대적으로 큼

– 자기 자리가 깔끔하고 정리정돈이 잘되어 있음

– 다른 친구들이 자기 물건을 함부로 쓰는 것을 싫어함

– 주어진 용돈 안에서 지출하고, 용돈이 적어도 저축함

– 규칙적인 생활 패턴을 유지하고 건강에 관심이 높음

– 숙제는 미리 하는 편이고 실수가 거의 없음

학습 행동의 특징

– 학습 습관과 태도가 좋고, 시간 관리를 잘함

– 노트 필기를 꼼꼼하게 체계적으로 잘함

– 완벽을 지향하고 열심히 노력하여 실제로 잘해 내지만, 다른 사람에 비해 학업 스트레스
를 많이 받음

– 융통성이 떨어지고 도전적인 과제를 싫어함

– 자신이 못하는 부분에 치중함

– 모범생들이 많고 성적도 좋은 편임

– 전반적으로 수행평가를 잘함

학습코칭 방법

– 교사가 학습 과제 부여 시 세부 지침을 제공하면 좋음

– 교사가 내실 있게 수업해야 학생들이 좋아함

– 수업 시간에 교사가 딴 이야기를 하지 않기

– 시간을 체계적이고 세부적으로 관리하는 표준 시간 관리 방법(기존 학습 플래너)을
사용하기

- 수업 시간에 체계적으로 노트 필기(개조식 필기, 코넬 노트, 오답 노트 등)를 하도록 지도하면 좋음

- 조금만 실수해도 스트레스를 많이 받으므로 교사가 학생들에게 스트레스를 주지 않도록 함

• 사랑의 욕구가 높은 학생 유형

일반적인 행동 특징

- 친구들과 함께 놀거나 수다 떨기를 좋아함

- 친구나 선생님을 잘 배려함

- 친구나 선생님의 감정과 욕구를 잘 알아차리고 배려함

- 친구들끼리 갈등 상황에 놓이는 것을 매우 불편해함

- 수업 시간에 발표 시 다양한 표정과 억양으로 이야기함

- 낯선 사람들과는 어색하지만 일단 친해지면 격의 없이 대하고 잘 챙김

- 친구들과 관계가 틀어지면 잘 삐지고, 감정적으로 대립할 수 있음

- 문제가 생기면 쉽게 자책함

- 교사나 친구들의 말에 쉽게 상처를 받을 수 있음

학습 행동의 특징

- 수업 시간에 함께 하는 협동학습 활동에 적극적으로 참여함

- 공부에 대한 자신감이 부족하고 학습 전략에서 목표와 계획 능력이 낮은 편임

- 공부를 하나의 의무로 생각함

- 관계에 관심이 많아 상대적으로 공부에 대한 열정이나 학습 의지가 약하며 외부 환경에 휘둘리는 경우가 많음

- 시각형, 운동감각형이 많음

- 환경 탓을 잘함

- 감정 조절이 어려워 공부 시간 관리가 잘 안될 수 있음

학습코칭 방법

– 교사의 학습코칭이 가장 많이 필요한 학생 유형임

– 먼저 자기 자신을 현실적으로 이해하고 문제를 해결하도록 해야 함

– 공부에 대한 자신감을 불어넣어 주기

– 교사와 학생이 일대일로 만나 관계를 중심으로 문제를 풀어 가면 좋음

– 플래닝 교육을 통해 학습 목표를 세우고 추진하고 피드백하도록 해야 함

– 노트 필기 시 지나치게 꾸미는 데 초점을 두지 않도록 지도해야 함

– 외부 유혹에 빠지지 않게, 유혹받은 환경에서 스스로 분리할 수 있도록 지도하면 좋음.
  학교나 독서실 등에서 공부하기

– 시험 기간에는 친구들과 함께 공부하면 학습 효율성이 떨어질 수 있으므로 혼자서 시험
  공부를 할 수 있도록 지도하기

– 교사가 수업 시간에 시각형 자료를 활용하면 좋음. 비주얼 씽킹, 마인드맵 등 이미지 활
  용 수업 방법을 활용하면 좋음

– 시간 관리를 잘할 수 있도록 플래닝 훈련을 하는 것이 필요함(과업 중심의 이동 시간 관
  리법 활용)

• **힘의 욕구가 높은 학생 유형**

일반적인 행동 특징

– 수업 시간에 토의토론 시 자기 의견을 적극적으로 개진함

– 많은 친구들 앞에서도 긴장하지 않고 당당하게 말함

– 교사에게 인정받지 못하면 친구 등 다른 사람에게 인정받기 위해 노력함

– 자신감이 넘치고, 역동적으로 행동함

– 컴퓨터 게임이나 각종 체육 대회 등에서 승리하기 위해 노력함

– 자기보다 강한 사람에게는 잘 따르는 편이지만 그렇지 않은 사람은 상대적으로 무시하
  는 편임

– 친구들 안에서도 자기 의견대로 이루어지길 바람

– 또래 친구 그룹에서 자기가 영향력을 발휘할 수 없다고 생각하면 아예 빠지려고 함

학습 행동의 특징

– 공부 욕심은 많으나 세부적인 계획 능력이 부족함

– 흥미와 보상이 없으면 쉽게 성적이 떨어질 수 있음

– 교사와 의견이 다르면 다른 의견을 제시하거나 거부할 수 있음

– 토론 수업을 선호함

– 장소보다 학습 동기 유발이 더 중요함

– 이해력은 뛰어나지만 노트 정리를 싫어하는 편임

– 학습에 흥미를 잃으면 핑계를 대고 거짓말을 할 수 있음

– 관심을 한곳에 집중하면 자신이 세운 목표까지 바뀔 수 있음

– 노력했는데 성적이 오르지 않으면 아예 포기할 수 있음

– 자신의 목적은 분명하나 세부적인 것을 잘 챙기지 못함

– 목표가 정해지면 목표를 이루려고 열심히 노력함

– 인정받는 상황이면 더 열심히 공부함

학습코칭 방법

– 교사가 먼저 분명한 목적을 제시하는 것이 좋음

– 플래닝 지도 시 세부적인 계획을 짤 수 있도록 지도하는 것이 좋음

– 학생이 교사와 다른 의견을 제시하는 데 주저함이 없는데, 교사가 이를 오해하고 기분
  나쁘게 반응할 필요는 없음

– 노트 정리를 잘하지 않는 편이므로 노트 정리하는 방법을 가르쳐 주고 노트 필기를 잘할
  수 있도록 훈련할 필요 있음

– 학업성취도 향상 시 칭찬과 격려를 해주면 좋음

– 수업 시 약간의 경쟁 요소를 활용하면 열심히 참여함

– 성적 하락 시 슬럼프에 빠져서 포기하지 않도록 세심한 관심과 피드백이 필요함

– 성적이 잘 나오지 않는 과목은 포기할 가능성이 높으므로 이러한 과목도 놓치지 않도록
  지도하는 것이 필요함

– 근거 없는 자신감에 빠지지 않도록 지도해야 함

• 자유의 욕구가 높은 학생 유형

일반적인 행동 특징

– 혼자 있는 것을 즐김

– 다른 친구들에게 부담을 주지 않으려고 함

– 기존 교실 규칙이나 교사의 지시를 무시하는 경향이 있음

– 약속을 잘 기억하지 못함

– 다른 사람에게 부담을 주지 않기 위해 혼자 일함

– 사람에 매이는 것을 싫어함

– 창의적으로 문제를 풀 수 있음

학습 행동의 특징

– 교사가 학습 및 생활 지도하기가 제일 어려운 유형임

– 공부에 잘 집중하지 못하고 산만한 편임

– 학습 계획 및 실천력이 부족함

– 어려운 문제를 풀 때 쉽게 포기하고 시험 볼 때 실수가 잦음

– 학교 및 교실 규칙에 따르기를 싫어하거나 어려워하고 자유로운 분위기를 원함

– 공부할 때 산만하고 학습 준비물 준비를 소홀히 함

– 자기가 좋아하는 과목이나 주제에만 관심을 기울임

– 노트 정리를 힘들어함

– 기존 수업이나 암기식 수업에서는 매우 힘들어할 수 있음

– 프로젝트 수업이나 문제 해결 수업은 상대적으로 잘 수행할 수 있음. 하지만 기초 지식
  이 부족하면 이러한 학습 활동에 참여하기 힘들 수 있음

학습코칭 방법

– 왜 공부해야 하는지 동기 부여가 필요함

– 자기가 원하는 것이 구체적으로 무엇인지 파악하도록 해야 함

– 자기가 원하는 학습 방법이나 생활 규칙을 선택할 수 있도록 해야 함

– 진로 지도 시 문화예술 방면이나 창업 쪽으로 지도하는 것이 좋음

– 오늘 해야 할 일에 우선순위를 매기고 실천하도록 하는 이동 시간 관리 방법을 활용하면 좋음

• 즐거움의 욕구가 높은 학생 유형

일반적인 행동 특징

– 놀이나 게임을 좋아함

– 어떤 일을 해도 잘할 것으로 생각함

– 표정이 밝고 잘 웃음

– 농담이나 장난으로 다른 친구를 웃기기를 좋아함

– 주변에 자기를 좋아하는 친구들이 많은 편임

– 새로운 것에 호기심이 많고 쉽게 싫증을 내기도 하지만 관심사에 대한 몰입도가 높음 (덕후)

– 영화나 만화 등을 좋아하고 취미 생활을 중요시함

– 너무 진지하거나 어두운 분위기가 되면 어색함을 느끼고 장난이나 유머로 분위기 전환을 시도함

학습 행동의 특징

– 새로운 지식에 호기심이 있고, 다방면에 관심을 보임

– 배우고 가르치는 것 자체를 좋아함

– 관심 있는 주제에 대하여 몰입도가 높음

– 수업 시간에 산만하게 움직이고, 재미없는 수업은 잘 참여하지 않음

– 강의식 설명 수업은 힘들어하지만, 활동 중심 수업에는 적극적으로 참여함

깊이 있는 수업

학습코칭 방법

– 강제로 시키기보다 스스로 선택하여 공부하도록 함

– 공부 과정 자체가 늘 즐거운 과정이 아니라는 것을 인식시킴

– 공부에 몰입할 기회와 환경을 마련함

– 단순 반복보다는 창의적으로 문제를 해결할 기회를 부여함

– 작은 목표와 단계를 만들고 작은 목표를 달성했을 때 일종의 자기 보상을 함(먹기, 놀기, 게임, 콘서트 참여 등)

코칭의 기술

코칭의 기술은 알아차림, 칭찬하기, 질문하기, 경청하기, 도전과제 제시하기, 피드백 등이다.

코칭의 기술

알아차림	칭찬하기	질문하기
경청과 공감	해결책 모색	피드백

개별 코칭 대화를 진행할 때 중요한 코칭 기술은 이 중에서도 칭찬하기, 질문하기, 피드백하기이다.

칭찬하기

칭찬하기는 단순히 학생을 기분 좋게 만들기 위한 피드백이 아니라 학생의 장점을 극대화하는 방법이자 교사와 학생 사이에 긍정적인 신뢰 관계(라포

르, rapport)를 형성하는 방법이다. 단, 피해야 할 칭찬 방법이 있다.

1. 선천적인 특성에 근거하여 칭찬하기
"넌 머리가 좋아서 공부도 잘하는 것 같아."
"얼굴도 예쁘고 싹싹한 성격이라서 사회 나가면 주변 사람들에게 사랑을 많이 받을 거야."

2. 단순하게 칭찬하기
"멋있어."
"참 잘하네."

3. 결과에만 초점을 맞추어 칭찬하기
"성적이 많이 올랐다니, 참 대단해."

4. 과도한 칭찬
"넌 얼굴도 잘생겼고, 공부도 잘하고, 무엇이든 다 잘하니 부모님이 얼마나 행복하시겠어."

5. 형식적인 칭찬
"애썼네."
"젊어서 좋겠다."

코칭 대화 시 좋은 칭찬 방법은 다음과 같다.

1. 구체적인 사실에 근거하여 칭찬하기
"지난 수업 시간에 쓴 글과 비교해 보니까 논리적일 뿐 아니라 네 생각과 주장도 논리정연하게 잘 정리되어 있어서 좋았어. 특히 마지막 문단에 유명한 작가의 말을 인용해서 마무리한 것이 여운을 줘서 더 인상적이었어."
"요즘 늦게까지 자율학습을 하고 수업 시간에도 열심히 공부하더니 수학 성적도 많이 올랐네. 이번 수학 시험이 다른 시험보다 다소 어려웠는데도 불구하고 성적이 오른 것은 평상시 꾸준히 노력한 것이 쌓여서 실력으로 드러난 것 같아.”

2. 결과만이 아니라 과정도 의미 있게 칭찬하기(역지사지易地思之)

“네가 지난 수업 시간에 발표한 내용이 인상적이었어. 특히 직접 촬영한 영상이 좋았는데, 기존 영상을 보여 준 것이 아니라 주제에 맞추어 인터뷰한 영상을 넣어서 좋았어. 영상을 기획하고 촬영하고 편집하려면 하루 이상 시간이 걸렸을 텐데, 그 노력이 대단해.”

3. 학생의 학습유형에 맞게 칭찬하기

- 생존의 욕구가 높은 학생 : 구체적인 사실에 근거하여 담백하게 칭찬하기
- 사랑의 욕구가 높은 학생 : 공부 노력에 대해 공감하고 격려하기, 표정과 행동으로도 칭찬하기, 관계 중심으로 칭찬하기
- 힘의 욕구가 높은 학생 : 성과를 중심으로 약간 과하게 칭찬하기, 중요한 존재라는 것을 부각하여 칭찬하기
- 자유의 욕구가 높은 학생 : 있는 그대로의 모습을 인정하고 칭찬하기, 과도한 칭찬을 피하기
- 즐거움의 욕구가 높은 학생 : 감동과 감탄이 담긴 칭찬하기, 약간 과하게 칭찬하기

4. 학생 존재 자체를 인정하고 칭찬하기

“네가 우리 학교(반) 학생이라는 것만으로도 든든해.”

“이번 체육 대회에서 우리 반 대표로 달리기 시합에 출전한 사실 자체가 참 좋았어. 중간에 넘어져서 시상 순위에 들 수 있는 상황이 아니었는데도 포기하지 않고 끝까지 완주한 것만으로도 참 좋았어.”

질문하기

코칭 시 교사가 학생의 문제점을 비판하면 학생이 마음의 문을 닫을 수 있다. 이 경우, 코칭 대화가 잘 이루어지지 않는다. 학생 스스로 자기 문제점을 극복하게 하는 좋은 방법은 질문하기이다. 질문을 통해 자기 문제점을 깨닫

고, 스스로 문제점을 해결할 수 있도록 하는 것이다. 코칭 질문 시 피해야 질문 방법은 다음과 같다.

1. 가치 판단을 전제로 하고 질문하기

"나도 그러한 방법으로 공부해 봐서 아는데, 별로 소용이 없을걸. 그런데도 그 방법을 쓰는 이유는 무엇일까?"

2. 공격적으로 질문하기

"네가 공부할 시간이 부족했다는 것은 일종의 핑계가 아닌가?"

3. 추상적이고 모호하게 질문하기

"오늘 공부는 어땠어?"

4. 닫힌 질문 위주로 사용하기

"너는 수업 시간에 재미없으면 잠자니?"

5. 학생(피코칭자) 입장에서 대답하기 힘든 질문을 하기

"네가 열심히 공부해도 성적이 오르지 않았다면, 어떻게 공부하는 것이 가장 효율적이고 바람직하다고 생각하니?"

코칭 대화 시 좋은 질문 방법은 다음과 같다.

1. 관찰한 객관적인 사실에 기초하여 질문하기

"오늘 수업 시간에 공부한 학습지의 내용을 살펴보니까 충분히 다 나가지 못한 것 같은데, 그 이유가 무엇이라고 생각하니?"

2. 학생(피코칭자)이 말한 핵심 단어를 실마리로 삼아 질문하기

"이 과목을 공부해야 할 이유를 잘 모르겠다고 말했는데, 그 말의 의미는 무엇일까? 해당 과목이 어렵게 느껴져서 그렇게 생각한 것인지, 노력한 만큼 성적이 오르지 않아서 그

렇게 생각한 것인지, 아니면 네 진로와 적성이 맞지 않는 과목이라고 생각하는 것인지 궁금해."

3. 가급적 열린 질문을 사용하기

"네가 일주일 동안 성실하게 학습 플래너를 작성하지 않은 이유는 무엇일까?"

"기존 학습 플래너 방식이 마음에 들지 않는다면 어떠한 방법으로 시간 관리를 하면 좋을까?"

4. 두서없이 질문하지 말고 전략적으로 질문하기. 해당 학생의 여러 가지 문제점을 동시 다발적으로 이야기하는 것보다 학생(피코칭자)의 핵심 고민에 초점을 맞추어 대화하기

"이번 수학 시험 성적이 생각보다 많이 떨어졌네. 성적이 떨어진 이유가 무엇이라고 생각하니?"

"네가 예상하지 못한 평가문항이 많이 나와서 당황했고 시간이 부족했구나. 시험공부 시 주로 어떠한 평가 유형 문항을 풀었니? 그리고 시간 관리가 잘되지 않았던 이유는 무엇이라고 생각하니?"

5. 소극적이거나 논점을 흐리는 답변을 끊어 내고 논점에 집중하여 깊이 있게 파고들기

• 소극적인 답변(질문에 단답형으로 짧게 대답하는 경우)

"그냥 그랬어요.", "잘 모르겠어요."

• 논점을 흐리는 답변(논점과 상관없는 이유로 흐르는 경우)

"선생님도 학생 시절에 저처럼 행동하지 않았나요?"

• 논점을 되돌리는 질문(반영하기)

"네가 말한 것을 선생님은 이렇게 이해했어, 그것이 맞다면 다시 원래 질문에 대한 답변을 할 수 있을까?"

6. '왜' 대신에 '어떻게'라고 질문하기

• 왜 질문 : "넌 그 상황에서 왜 그렇게 행동했어?"

• 어떻게 질문 : "네가 그 상황에서 어떻게 행동하는 것이 좋았을까?"

7. 문제점을 지적할 때는 너 전달법보다 나 전달법으로 질문하기

  • 너 전달법 : "요즘 수업 시간마다 산만하게 행동하고, 숙제도 잘하지 않는다면서? 그
    렇게 공부해서 네가 원하는 대학이나 갈 수 있겠니?"

  • 나 전달법 : "지난 내 수업 시간에 수행평가 제출도 제대로 하지 못하고 수업 시간에 별
    로 집중을 못 하는 것 같아 보이더라. 선생님은 네가 학습 흥미분 아니라
    인생 목표도 잃어버린 것처럼 보이던데.... 사실 네가 원하는 목표 대학에
    가지 못할까 봐 선생님은 많이 걱정돼."

8. 감정에 대한 질문도 하기

  "요즘 조급해 보이고, 표정도 어두워 보이던데.... 요즘 공부할 때 어떤 감정이 많이 드
  니?"

학습코칭의 쓰기 전략과 노트 필기

쓰기 전략은 기본적인 학습코칭 전략이라고 할 수 있다. 노트 필기는 교과
서 내용이나 교사의 설명을 그대로 기록하는 것이 아니다. 만약 교과서 내용
이나 교사의 설명을 기록한다면 요약지를 만들어 배부하거나 문제집, 참고서
를 활용하는 것이 더 효율적이다. 노트 필기를 하는 이유는 책에서 읽은 내용
이나 교사의 설명을 자기 인지 구조에 맞게 정리하여 암기하거나 숙달하기 위
해서이다. 읽기를 기반으로 핵심 내용을 자기 스타일로 이해하여 정리하는 노
트 필기가 필요하다.

노트 필기의 중요성을 정리하면 다음과 같다[7].

• 내용 이해에 도움이 된다.
• 배운 내용을 좀 더 쉽게 기억할 수 있다.

---

7) 최귀길(2012), 『공부생 노트필기』, 마리북스

깊이 있는 수업

- 노트 필기는 수업 시간에 집중하는 데 도움이 된다.
- 시험공부할 때 효과적으로 활용할 수 있다.
- 노트 필기를 잘 활용하면 성적을 올리는 데 큰 도움이 된다.
- 손으로 직접 필기하는 것이 학생들의 두뇌에 직접적인 자극 효과가 있다.

노트 필기의 4M 전략은 다음과 같다.

• 질문 만들기(Question Making)

학습 내용 중 핵심 질문을 만들어 질문 방향에 맞게 교사의 설명 및 교과서 내용을 요약한다.

• 개념 만들기(Concept Making)

교사의 설명과 교과서 내용의 핵심어를 중심으로 개념을 정리한다. 기본 개념을 이해해야 이를 토대로 개념 확장이 가능하다.

• 마인드맵 만들기(Mind map Drawing)

지식을 기억하기 쉽게 구조화한다. 발산적 사고 전략으로 활용하면 사고력과 창의력을 기를 수 있다. 수렴적 사고 전략으로 활용하면 지식의 구조화와 암기에 도움이 된다.

• 문제 만들기(Problem Making)

정리한 지식을 응용해 다양한 문제를 만들고 그 예상 답변을 만든다. 교사의 입장에서 지식을 바라보게 되어 시험 준비에 도움이 된다.

노트 필기의 다양한 방법

• 코넬 노트법

코넬대학에서 개발한 코넬 노트법은 핵심어를 자기 말로 정리하고 스스로 암기하는 데 최적화된 노트 필기법이다. 학습 주제, 핵심어, 핵심어 설명, 질문, 요약 이미지 등으로 구성된다.

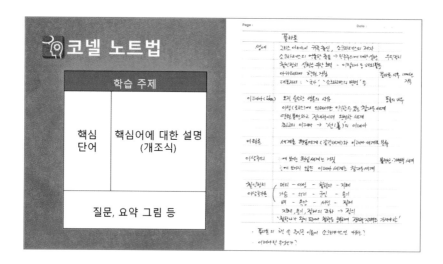

• 하브루타 노트 정리법

하브루타는 학생들이 짝을 지어 질문하고, 토론하고, 논쟁하는 수업 방법이다. 교사 중심 발문법과 달리 교사가 학생들에게 주제와 배경 지식을 제공하고 학생 스스로 자기 질문으로 생각하고 토의할 수 있도록 한다. 하브루타 방식을 노트 필기에 적용하면 자기 질문으로 생각을 펼쳐 나갈 수 있다. 주제에 대하여 학생들이 자유 질문을 만들고 그중에 대표 질문을 정해 그 질문에 대한 자신의 생각을 정리하는 것이다.

7장, 무조건 명령에 따라야 하나요 2 (질문하는 순간, 대답하는 인문학)

홉스	⇨ 영국사람 / 1588년 출생 ~ 1679년 사망. - 그가 평생을 바쳤던 질문 ⇨ `인간은 어떤 존재인가`, `국가란 무엇인가`. 홉스 `인간의 본성이 선한가, 악한가와 상관없이 인간이란 살아남기 위해 사회를 만들어야 한다.` ⇨ 모든 인간은 고통을 줄이고 쾌락을 늘리려는 욕망을 가지고 있기 때문에, 　서로간의 충돌은 피할 수 없다. (`만인에 대한 만인의 투쟁` ⇨ ex. 오디션 프로그램) ✷ 홉스의 자연상태에서는 누구라도 재산과 목숨을 위협받을 수 ○.
자연상태	
	자연상태 < 정부 ➡ 생명을 지키는 데 유리함 ↳ `정부의 통제를 받는 곳에서의 자유가 진정한 자유` : 사회를 무너뜨리지 ✕, 법이 금지하지 않는 범위 내에서의 자유 ⇨ 모든 사람에게 이로움 `리바이어던` ➡ 홉스의 주권자 - 법, 진리 반드시 연관될 필요✕ ⇨ 때로는 선·정의를 거스르는 결정 내릴수도 ○. - 착한·정의로운 정부 < 이해관계 밝은 합리적인 정부 / 이상적 국가 < 불편하지✕ 국가
탈퇴의 자유	정부가 나의 생명과 이익을 지켜주지 못한다면, 개인이 국가를 탈퇴할 수도 ○.
사회계약	: 사회에 함께 살고 있는 개인개인이 서로에게 지켜야 할 약속. ✷ 전제 3가지 ➡ 1. 계약맺는 당사자 ➡ 합리적이고 자유롭게 생각할 수 있는 주체. / 2. 당사자 들의 평등 / 3. 내용이 모두가 알고 있을 때만 유효, 계약 당사자의 궁극적 목적 방해 ✕.

코넬 노트법

2014.10.06	**〈스키너의 심리상자〉**
〈9장〉	칸델의 해삼실험.
실험내용	칸델은 해삼이 새로운 임무를 학습했을 때 해삼의 뉴런에 실제로 어떤 일이 일어나는지를 관찰했다. 그는 자신이 건드릴 때마다 해삼이 아가미를 움츠리도록 조건화시켰고, 현미경과 기록장치를 가지고 해삼의 움직임에 따른 뉴런의 변화를 관찰했다. 그는 시냅스라는 뉴런과 뉴런사이의 연결망이 그 관계를 강화시키는 전기 화학적 신호가 지날 때마다 강해진다는 것을 발견했고, 행동이 새겨질 때 두개의 뉴런이 서로 더 강한 자극을 주고받는다는 사실을 발견했다.
실험질문	1. 기억을 망각시키는 약은 어떠한 효능을 줄 수 있을까?
	2. 이 약이 시중에서 팔린다면 어떠한 의도로 구매할까?
	3. 학습을 하지않으면 뉴런사이의 관계망이 느슨해질까?
선택답변	1' → 정말 슬프거나, 끔찍한 일이 있을 때 그 약을 먹으면, 이전에 가지고 있던 기억이 사라질 것이기 때문에 고통에서 벗어날 수 있을 것이다. 하지만 이 약이 꼭 좋은 의도로만 사용되지 않을 것이다. 분명 이 약을 악용하는 사람들이 생겨날 것이다. 예를 들어 범죄자가 피해자에게 이 약을 먹여 범죄를 당한 사실을 잊게 만든다면, 그리고 한 학생이 경쟁에서 이기기 위해 경쟁관계에 있는 다른 친구에게 이 약을 먹인다면, 아마 이 세상은 진실이라고는 찾아볼 수 없는 끔찍한 세상이 되어버리고 말 것이다. 다이너마이트도 전쟁에서 사람을 죽일 목적으로 만들어지기는 않았지만, 악용하는 사람들이 생겨나 전쟁을 더욱 끔찍하게 만드는 결과를 초래했다. 이 또한 마찬가지이다. 비록 이 약이 좋지 않은 목적으로 만들어진 것도 아니고, 좋게 사용되지 못하는 것도 아니지만, 분명 악한 목적으로 이 약을 사용하는 사람들이 생겨날 것이다. 인간은 누구나 자신의 이익만을 생각하고 타인의 아픔에 공감하지 못하는 약한 본성을 가지고 있기 때문이다.

하브루타 노트 정리법

깊이 있는 수업

• 마인드맵

전체 내용을 그래픽화하여 파악할 수 있는 노트 필기법이다. 발산적 사고 전략과 수렴적 사고 전략에 따라 필기 방향이 달라질 수 있다.

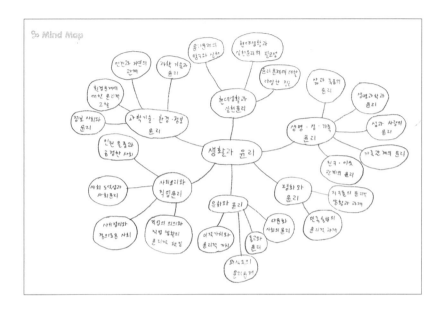

• 수학과 T-노트 및 복습일기

T-노트는 전체 모양이 T자 모양이라 붙여진 이름으로 세로형 필기법이다. 수학 문제 풀이 경우는 T-노트법이 좋다. 복습일기(배움일기)는 학생이 수업을 통해 무엇을 배웠고, 이해가 가지 않는 것이 무엇인지, 수업 소감과 앞으로 배우고 싶은 것이 무엇인지 등을 자유롭게 기록하는 것이다. 학생의 메타인지 능력을 기르는 가장 좋은 노트 필기 방법이다.

(가) $(0.1) - (+0.2) + (-0.6)$

$= (+0.1) + (-0.2) + (-0.6)$

$= -0.8 + 0.1$ ∴ -0.7

$= -0.7$

(나) $\left(-\frac{1}{4}\right) - \left(-\frac{1}{3}\right) + \left(-\frac{1}{6}\right)$

$= \left(-\frac{4}{12}\right) + \left(+\frac{4}{12}\right) + \left(-\frac{2}{12}\right)$

$= -\frac{2}{12} + \frac{6}{12} = -\frac{1}{12}$ ∴ $-\frac{1}{12}$

복습일기) 오늘도 지난 시간에 이어서 유리수의 뺄셈을 배웠다. 유리수의

뺄셈을 덧셈으로 바꾸어서 풀어야 한다. 0.8과 b가 음수일 때,

$(+a) - (-b) = (+a) + (+b) =$ 이렇게 라고 나타낼 수 있고,

$(-a) - (+b) = -a - b$ 라고 나타내어 진다.

뺄셈을 배운 후에도, 덧셈과 뺄셈의 혼합 계산을 배웠는데,

분의 계산이 포함된다!! 그래서, 어렵지는 않았다.

그리고, 유리수의 뺄셈을 할 때는 꼭 부호를 바꾸는 과정을

생각해야 함을 기억하자 ~ (X 교환법칙, 결합법칙 성립 X 에 빨셈)

2015. 4. 8(수)

☆ 유리수의 곱셈과 나눗셈.

p. 52 문제 4. 유리수의 곱셈

(1) $(-5) \times (-4) \times (-3) \times (-1)$

$= (+20) \times (+3)$ $+60$

$= +60$

(2) $(+16) \times \left(-\frac{1}{5}\right) \times \left(-\frac{2}{3}\right) \times (-2)$

$= (-3.2) \times \left(\frac{1}{3}\right)$ -4

$= -4$

p. 52 문제 5. 거듭제곱을 이용하기

(1) $(-3)^3 \times (-2)$

$= (-3) \times (-3) \times (-2)$ -18

$= (+9) \times (-2)$

$= -18$

(2) $-7 \times \left(+\frac{2}{3}\right)^2$

$= -7 \times \left(+\frac{2}{3}\right) \times \left(+\frac{2}{3}\right)$

$= -3\frac{1}{9} = -\frac{4}{9}$ $-\frac{4}{9}$

(3) $-2^3 \times (-10)^3$

$= (8000) \times -8$ $+4000$

$= 4000$

(4) $-4^3 \times (+7)^2$

$= +49 \times -16$ -784

$= -784$

복습일기) 유리수의 곱셈은 자연수의 곱셈과 비슷했다. 초등학교 2,3 학년 때

외운 구구단을 사용해서 부호만 결정하면 되었다. 그런데, 분수의 곱셈은

조금 계산하기 복잡했다. 그래서, 약분이 잘 되면서 풀면은

안하면 될 것 같다. 그리고 거듭제곱을 $a^2 = a \times a$, $a^3 = a \times a \times a$ 로

나타낼 수 있고, 음수를 2번이나 짝수번 곱하면 짝수, 음수를 홀수 번

곱하면 음수가 된다.

학습유형별 노트 필기 방법

학습유형별 노트 필기 방법의 특징을 정리하면 다음과 같다[8].

- 생존의 욕구 유형
  - 꼼꼼하게 필기함, 일목요연함
  - 줄이 있는 노트를 선호함
  - 자기가 생각하는 수준이 있고, 교사가 과제로 지시하면 힘들어도 끝까지 노트 필기를 하려고 노력함
  - 시각형 학생들은 노트 필기를 잘하는 편이지만 청각형 학생들은 필기를 선호하지 않기 때문에 수업 중에 노트를 작성하도록 할 필요가 있음
  - 오답 노트 정리는 잘하지만, 노트 필기와 문제 풀이를 따로 하는 경우가 많음

- 사랑의 욕구 유형
  - 노트를 화려하게 꾸미는 것을 좋아함
  - 다른 사람의 시선을 의식함
  - 노트 필기 속도가 느림
  - 핵심을 잘 파악하지 못하는 경향이 있음
  - 꾸미는 시간을 줄이고 내용 정리에 집중해야 함
  - 노트 필기만 하고 잘 활용하지 않을 가능성이 높기 때문에 노트 필기한 것을 반복적으로 보면서 암기하려고 노력해야 함

- 힘의 욕구 유형
  - 노트 필기에 대한 동기 부여가 잘되어 있어야 비로소 노트 필기를 시작함
  - 올바른 방법을 가르쳐 줘도 자기가 원하는 스타일로 노트 필기하려는 경향이 있음

8) 최귀길(2012), 위의 책
최귀길(2012)은 수잔 델린저(Susan Dellinger)의 도형심리학을 한국 상황에 맞게 재구조화하였다. 네모형은 생존의 욕구와 관련이 깊고, 동그라미형은 사랑의 욕구, 세모형은 힘의 욕구, 별형은 자유와 즐거움의 욕구와 관련이 있다. 하지만 도형심리학과 욕구코칭과의 차이점이 있다. 도형심리학이 네 가지 유형 중 하나로 설명한다면, 욕구코칭은 다섯 가지 욕구로 설명하고, 다섯 가지 유형 중 하나의 유형에 속하는 것이 아니라 다섯 가지 욕구 모두가 높거나 낮을 수도 있고, 욕구 간 역동과 딜레마가 있음을 강조한다는 것이다.

- 융통성은 있지만 성적 향상으로 연결되지 않으면 노트 필기 자체를 포기할 수 있음

- 세부적인 내용보다 전체 흐름을 중심으로 필기함

- 벼락치기 스타일로 노트 필기하는 경향이 있음

- 올바른 노트 필기를 위해서는 현명한 멘토가 필요함

- 자기 스타일대로 노드 필기를 하다 보면 시간이 지나고 나서 필기한 내용들이 논리적으로 잘 연결되지 않을 수 있음

• 자유 및 즐거움의 욕구

- 마인드맵 필기 방식을 좋아함

- 창의적으로 정리하기를 좋아하긴 하지만 세부 내용이 빠지기 쉬움

- 노트 필기가 꾸준히 이루어지지 않아 내용이 들쭉날쭉하여 나중에 활용하기 쉽지 않음

- 좋아하는 과목과 싫어하는 과목의 편차가 상대적으로 큰 편임

- 주기적으로 노트 필기할 시간을 가지는 것이 좋음

- 세심하게 노트 필기할 수 있도록 지도하고, 싫어하는 과목도 끈기를 가지고 노트 필기를 할 수 있어야 함

코칭 기반 독서 수업 실천 사례

인문학 독서 수업에서 활용한 코칭 기반 독서 수업 디자인 사례는 다음과 같다.

거꾸로 수업 모델

거꾸로 학습이란 '거꾸로 교실', '반전학습', '역전학습' 등과 같이 플립러닝 (Flipped Learning)을 번역한 다양한 용어 중 하나로 가장 널리 사용되는 개념이다. 거꾸로 수업은 고등학교 화학 교사인 버그만과 샘즈(Bergmann & Sams, 2012)에 의해 미국 전역은 물론 전 세계로 확산되었다. 그들은 학생들이 사전에 녹화된 교사의 강의를 보게 하고, 교실 수업에서는 협업을 통한 토론이나 고차원적인 사고력과 협업을 요구하는 과제들을 수행하도록 하였다. 이러한 실천은 학생들이 교사의 강의를 듣는 순간이 아니라 응용 및 심화 과제를 수행하는 순간에 교사의 도움이 필요하다는 생각에서 비롯되었다. 기존에 교실 수업의 주를 이루던 강의 듣기는 교실 밖 수업(out-class lecture)으로 대체되고, 집에서 학습자 스스로 과제로 수행하던 응용 및 심화학습은 교실 안 활동(in-class activity)으로 전환되었다. 디딤 영상은 내용 전달 위주의 짧은 강의로 사전에 제공하고 본격적인 교실 수업에서는 학습자 간 활발한 협력 활동, 고차원적인 심화학습에 주력한다[9]. 한국에서는 2013년에 부산 동평중학교에서 시범적으로 도입하였으며, 이는 2014년에 방영한 KBS 다큐멘터리 「거꾸로 교실」 3부작을 통해 알려졌다. 이후 미래교실네트워크를 중심으로 한 거꾸로 수업 운동이 전국으로 퍼졌다. 거꾸로 학습에서 티칭은 보조 역할이며, 교실 안에서 코칭 기반 수업 접근을 강조한다. 사전에 제공되는 디딤영상이 부실하거나 학생들이 디딤영상을 미리 수강하지 못하면 거꾸로 수업을 잘 운영하기 힘들고, 교사가 일반 수업보다 준비를 많이 해야 가능한 수업이다.

대안학교인 소명학교 고등과정에서는 학점제 수업 중에서 일부 소인수 과목 수업을 블렌디드(온오프연계) 코칭 기반 수업으로 진행하였다. 작은 학교 특성

---

9) 차희영 외(2021), 「거꾸로 하는 문제 중심 학습(FPBL) 모형 개발 및 적용 결과 분석」, 『교육문화연구』 제27권 제2호

상 많은 과목을 개설하기 힘든 상황이라 사회탐구와 과학탐구 과목 가운데 학교에서 직접 개설하지 못한 과목 중 학생이 희망하는 과목의 수업을 코칭 기반 수업 방식으로 진행하였다. 학교 개설 과목 시간에 별도로 지정된 교실에서 수강 신청한 과목의 수업을 인터넷 강의로 수강하고, 담당 교사가 진도 및 시간 관리를 하였다. 학생이 인터넷 강의를 들으면서 이해되지 않은 부분은 담당 교사가 질의응답 형태로 피드백하고, 평가도 일반 과목 수업처럼 진행하였다. 이 경우, 일부 학생들이 성실하게 참여하지 않을 수 있었기에 제한 기준을 두었다. 평균 성적(학점)이 일정 수준 이상이어야 했고, 교사의 관리와 피드백에 순응하지 않으면 학점 인정을 하지 않았다.

소담초등학교의 소담협력수업 모델

소담초등학교의 학교 철학은 '홀로서기와 함께하기로 삶을 가꾸는 교육'이다. 역량 중심 교육과정 차원에서 학교 철학을 분석하면 홀로서기란 '자율적인 행동 역량'을 말하고, 함께하기는 '공동체 역량'을 말한다. 삶을 가꾸는 교육은 생활 중심 교육과정을 말한다. 학교 철학은 단순히 학교 교육과정 문서의 표어 수준을 넘어 학교 교육활동의 선택 기준이자 나아가야 할 방향, 곧 교육 목표라고 볼 수 있다. 학생의 자기 주도성과 자율적인 행동 역량을 수업에 반영하려면 프로젝트 수업이나 문제 해결 수업, 개별화 수업 등이 강조되어야 하고, 협력과 서로 돕는 교육적 관계 맺기, 공동체 역량을 위해서는 협동학습이나 팀 프로젝트 수업 등이 강조되어야 한다. 그런데 소담초등학교에서는 기존의 프로젝트 수업이나 협동학습을 적용하는 것을 넘어 소담초 특유의 문제의식과 실천 경험을 담아 소담협력수업 모델을 개발했다. 이는 대단한 성과라고 볼 수 있다. 개별화 수업과 협력학습의 수업 모델을 고학년 수학과 수업에 맞게 개발하여 운영하되, 전문적 학습공동체와 집단 지성에 기초한 접근은 매우 의미 있는 시도라고

깊이 있는 수업

생각한다.

소담협력수업(수학과 수업)의 단계를 살펴보면 다음과 같다.

- 스토리텔링 등을 통한 학습 동기 유발 – 문제 해결(PBL) 수업
- 학습 목표 제시
- 교사의 기본 개념 설명
- 기본 문제 풀이
- 단계별 학습 과제 제시 및 학생 참여(1단계 학습지 / 2단계 교과서 / 3단계 익힘풀이책 / 4단계 알파–심화문제)
- 학습 수준별 모둠 구성 및 모둠 과제 활동, 교사의 개별 피드백 활동(팀티칭)
- 단계별 상황판 제시 및 학습 진도별 과제 수행 정도 게시
- 교사의 최종 마무리 및 차시 예고

· 주제 : 비의 성질과 가장 간단한 자연수의 비
· 담당 교사 : 정해정 교사
· 대상 및 일시 : 6학년 라온반 (2021.11.11. 5~6교시)
· 과목 : 수학과 6학년 2학기 비례식과 비례배분

[수업 진행]

· 자리 배치 : 일렬 대형(한 줄로 자리 배치)

· 스토리텔링과 그림 그리기로 동기 유발 – 떡볶이 공장장의 소스 비율 고민(스토리텔링)을 제시함 (1/3:1/4)

· 활동1 : 간단한 수식 풀이(학습지 문제 풀이, 발문법)

· 교사가 학습 목표를 제시하고 학생들이 따라 읽도록 함

· 학생들이 적극적으로 손을 들거나 질문을 던짐

· 학습지 문제를 풀고 문답법으로 교사가 확인함, 좋은 발문과 학생들의 적극적인 참여가 이루어짐

· 물감과 물을 섞어서 자연비의 개념을 익힐 수 있도록 활동함

· 자리를 변경하여 2~3인으로 소그룹을 만들어 학습지 문제들을 풀도록 함

· 이때 협력 교사(옆 반 담임교사 2인)들이 소그룹 활동을 지원함. 교사가 돌아다니며 학생들의 학습 상황을 파악하고 그에 맞는 피드백 활동을 함

· 4단계로 나누어 아이들이 직접 자기 학습 활동 단계에 따라 허니컴(자기 이름표)의 위치를 조정하게 하여 전체 학생의 학습 수준을 구조화하여 풀어감

· 교실 환경은 최소한으로 구성했으나 기능적으로 구축함. 보여 주는 것보다 실제 교육활동에 초점을 맞추어 교실 환경이 구성되어 있음

· 단계별 상황판을 만듦 – 1단계 학습지 / 2단계 교과서 / 3단계 익힘풀이책 / 4단계 알파-심화문제

· 블록타임제로 운영함, 수업 70분경 1단계는 3명, 2단계는 4명, 3단계는 5명, 4단계는 7명이 도달함

· 최종 단계에서 2단계 5명, 3단계 5명, 4단계에 나머지 학생이 도달함

· 교사의 정리 및 마무리 활동

이러한 소담협력수업을 수업 모형 차원에서 분석하자면 기존 문제 해결 수업(PBL), 개별화 수업, 협동학습, 프로젝트 수업 모형, 팀티칭 등을 소담초 상황에 맞추어 새롭게 모델화하여 운영하고 있다. 구태여 기존 수업 모형과 비교한다면 개별화 수업과 협동학습을 접목한 모둠 보조 개별 학습(Team-Assisted Individualization, TAI) 모형과 유사하다. 소담초의 접근은 자율적 수업 디자인 모델 사례라고 할 수 있다.

소담협력수업의 특징은 첫째, 개별화 수업과 협동학습의 장점을 결합하였다는 것이다. 둘째, 교사들의 팀티칭을 통해 공동 수업 디자인을 실천하고 팀티칭 형태로 수업을 운영하였다는 것이다. 셋째, 학생들의 배움을 세심하게 관찰하고 학생들의 배움 상태에 맞추어 리듬 있게 수업을 진행했다는 것이다. 넷째, 단계별 진행과 학생의 주도성을 부각했다는 것이다. 다섯째, 블록타임제 운영으로 역량 중심 활동을 할 수 있는 시간적 여유를 확보하였다는 것이다. 소담협력수업 모델은 코칭 기반 수업의 좋은 실천 사례라고 할 수 있다.

7장.
창의적 사고 역량을 기르는
교과 융합 프로젝트 수업

7장.
창의적 사고 역량을 기르는
교과 융합 프로젝트 수업

창의적 사고 역량

2022 개정 교육과정에서 강조하는 핵심 역량 중 하나가 '창의적 사고 역량'이다. 창의적 사고 역량이란 다양한 영역에 걸친 폭넓은 기초 지식과 자신의 전문 영역에 대한 깊이 있는 지식을 바탕으로 새롭고 독창적인 아이디어를 산출해 내고, 다양한 분야의 지식 · 기술 · 경험을 융합적으로 활용할 수 있는 능력을 의미한다.

창의성(創意性)이 새로운 것을 생각하는 특성이라면, 창의력(創意力)은 주어진 문제를 새롭게 해결하는 능력을 말한다. 창의적 사고 역량은 새로운 사고를 통해 문제를 다르게 해결하는 것이다.

창의적 사고를 하려면 발산적 사고와 수렴적 사고의 조화가 필요하다. 발산적인 사고는 사고가 확산하는 방향으로 진행되어, 많은 아이디어와 가능성을 찾아내고 독특한 아이디어를 추출하는 데 관여한다. 수렴적 사고는 사고가 특정 방향(개념)으로 모이는 것으로 지식과 정보를 제공하여 아이디어를 분석하는 데 활용된다. 창의성이 발산적 사고와 좀 더 관련이 있다면, 창의력은 발산적 사고에 기초하여 수렴적 사고로 나아가야 한다고 볼 수 있다. 창의력의 일반적인 특징들은 다음과 같다[1].

인지적 영역
- 유창성 : 가능한 한 많은 양의 아이디어를 산출해 내는 특성
- 융통성 : 고정적인 사고방식이나 시각 자체를 변화시켜 다양한 해결책을 찾아내는 특성
- 독창성 : 기존의 것에서 탈피하여 참신하고 독특한 아이디어를 산출해 내는 특성
- 정교성 : 다듬어지지 않은 아이디어를 보다 긴밀하게 조직하는 특성

정의적 영역
- 민감성 : 일상적인 상황이나 사물을 자세히 관찰하며 작은 변화에도 호기심을 갖고 적극적으로 탐색하고 반응하는 특성
- 개방성 : 자신의 경험에 제한받지 않고 모든 가능성을 수용하려는 특성
- 인내심 : 불확실함을 견디며 끝까지 포기하지 않고 수행하려는 특성
- 모험심 : 새로운 상황에서 실수나 실패를 두려워하지 않고 극복하려는 특성

과거의 지식과 경험만으로는 미래 사회가 직면할 다양한 문제를 해결하기 힘들다. 치열한 경쟁 사회에서 살아남기 위해 남들과 다른 관점으로 사물과 현상을 바라보고, 주어진 문제를 해결할 수 있어야 한다. 삶 자체가 복합적이라서 특정 분야의 지식과 경험만으로는 해결하기 쉽지 않다. 따라서 창의적

---

1) 나무위키

사고 역량은 미래 핵심 역량이라고 볼 수 있다.

2022 개정 교육과정이 추구하는 인간상과 융합 교육

창의적 사고 역량을 기르는 교육방안은 융합 교육과정, 주제 중심 융합 수업, 프로젝트, 토의토론 수업 등이다. 기존 강의식 설명법과 객관식 선다형 평가 문항에 대한 문제 풀이식 수업만으로는 창의적 사고 역량을 기르기 힘들다.

2022 개정 교육과정의 비전은 '포용성과 창의성을 갖춘 주도적인 사람'이다. 2015 교육과정에서도 '창의융합형 인재 양성'을 강조했다. 2022 개정 교육과정 총론에서는 깊이 있는 학습을 위한 방안으로 교과 간 연계와 통합을 강조하고 있다. 2022 개정 교육과정의 고등학교 교육과정에서는 학점 기반 선택 교육과정을 명시하였고, 비판적 질문, 실생활 문제 해결, 주요 문제 탐구 등을 위한 글쓰기, 주제 융합 수업 등을 구현하기 위해 다양한 진로선택과목과 융합선택과목을 신설하고 재구조화했다. 2015 교육과정에 이어 2022 개정 교육과정에서도 통합 교육과 융합 교육을 공통으로 강조하고 있음을 알 수 있다. 미래 사회에 필요한 핵심 역량을 기르기 위해서는 다양한 지식을 융합하여 새로운 가치와 지식을 창출할 수 있는 능력이 필요하다는 것이다.

그런데 융합 교육을 해야 하는 교사들은 대개 기존 학문적 체계의 기틀 위에서 훈련받았다. 따라서 융합 교육을 교실에서 실현한다는 것은 그리 쉬운 일이 아니다. 교사의 개인 지성보다는 집단 지성에 근거한 새로운 교육적 접근이 필요하다.

융합 수업

융합과 통합의 공통점은 '이질적인 성격을 가진 것들을 하나로 합한 것'이다. 그런데 통합이 원래의 특성을 가진 상태에서 새로운 정체성을 가지는 것이라면, 융합은 원래 특성이 사라지고 전혀 다른 새로운 것이 창조된 상태이다[2]. 통합은 물리적 결합이고, 융합은 화학적 결합이라고 할 수 있다. 통합보다 한 단계 높은 수준이 융합이다. 융합을 위한 방법론이 통섭이라고 할 수 있다. 대부분의 삶의 문제들은 학문의 경계를 뛰어넘는다. 학문의 각 분야는 어떤 문제를 풀기 위해 여러 지식과 방법을 모아 놓았던 것에서 시작했다. 그런데 이런 다양한 분야들은 앞에 놓인 문제에 따라 각 분야끼리 '헤쳐 모여'를 반복해야 한다[3]. 그러므로 융합은 일상과 가장 가까운 형태라고 할 수 있다.

융합 수업이란 교과 및 학문 간 경계를 넘어 주제 자체에 융합적으로 접근하는 수업이다. 융합 수업은 교과 교육과정에서 벗어난 주제를 다양하게 다룬다. 지식 습득보다는 문제 해결력과 융합적 사고력을 키우는 것이 궁극적 목표이기 때문이다. 융합 수업의 키워드는 연결, 소통, 전체와 본질에 대한 직관이다. 융합 수업의 주제는 일상생활과 밀접한 주제, 여러 가지 영역을 아우를 수 있는 주제로 정하면 좋다. 예컨대, 생태, 마을, 질병, 적정기술 등이 좋다.

융합 수업을 잘 운영하기 위해 다음의 몇 가지 사항을 잘 고려하면 좋다[4].

• 융합 수업 주제 선정을 위한 교육과정 상상력과 창의성 키우기

교사 입장에서 융합 수업의 주제를 선정하기가 쉽지 않다. 대개 융합 수업의 주제로 생태, 마을, 발명, 물 등을 선정하는 경우가 많다. 하지만 창의성을 발휘하여 교육과정 상상력을 펼치면 차별성 있는 주제로 접근할 수 있다. 대구 영남공고에서는 '김광석'을 주제로 융합 수업을 진행했다. 특산물이 고추장인 순창의 경우, '발효식품'을 주제로 접근할 수 있다. 이질적인 주제를 연

---

2) 이영만(2001), 『통합교육과정』, 학지사
3) 최재천(2007), 『지식의 통섭』, 이음
4) 김현섭(2023), 『학교, 미래교육을 디자인하다』, 수업디자인연구소

결하여 주제를 설정할 수도 있다. 제주 금악초의 경우, 향토문화, 제주어, 환경과 생태를 결합하여 '보물섬'이라는 교과 융합 프로젝트 수업 방식으로 학교자율과목을 개설했다.

• 일상적인 삶과 관련하여 흥미로운 주제를 선정하기

학생들이 흥미를 느낄 수 있고, 교과 차원이나 사회적인 요구 차원에서 의미 있는 주제를 선택하면 좋다. 예컨대, 분자의 구조를 알려 주는 인공지능 프로그램을 만들거나 가상공간(구글 어스) 체험을 통한 문학과 지리 융합 수업을 진행할 수 있을 것이다[5].

• 적절한 난도로 접근하기

심도 있는 전문적인 주제를 선정하면 교과 융합 수업이 실패하기 쉽다. 융합 과목의 대표적인 사례는 초등학교 1~2학년 교과의 즐거운 생활, 슬기로운 생활 등과 고등학교 과학과 진로 선택과목으로 개설된 융합과학 등이 있다. 그중 초등 1~2학년 교과는 난도가 높지 않아서 지속적으로 잘 운영되고 있지만, 고교 융합과학과는 내용이 어렵다 보니 나중에 통합과학과로 바뀌었다. 융합 수업에서 전문성이 높은 주제를 선택하면 여러 교과를 심도 있게 다루어야 한다. 그러나 여러 교과의 교사들이 동시에 수업에 참여하기가 쉽지 않으므로, 융합 수업은 다소 광범위한 주제로 접근하는 것이 좋다.

• 융합 수업을 위한 융합 수업은 피하기

융합 수업 자체가 목적이 될 수는 없다. 융합 수업이 부실하게 진행되면 학생의 배움과 성장에 전혀 도움이 되지 않는다. 연구와 고민 없이 대충 짜깁기

---

5) 융합교육연구소(2023), 『융합교육으로 미래교육의 길을 찾다』, 맘에드림

깊이 있는 수업

방식으로 융합 수업을 시도하면 오히려 역효과가 나타날 수 있다. 의미 있는 융합 수업이 진행되기 위해서는 집단 지성 안에서 교사 간 상호 피드백이 잘 이루어져야 한다.

• 처음에는 동일 학년을 담당하는 친한 교사들끼리 함께 준비하기

학년 차원에서 해당 교사들이 모두 함께 융합 수업을 준비하여 진행하는 것이 가장 좋겠지만, 처음부터 그렇게 하기가 쉽지 않다면 두세 명의 친한 교사들끼리 융합 수업을 시도해 보는 것이 좋다. 주제에 맞추어 해당 교과 담당 교사끼리 융합 수업을 시도하는 것이 가장 좋겠지만, 그렇지 않더라도 소수의 교사라도 융합 수업을 시도하는 것 자체가 의미 있을 수 있다.

• 중점 교과를 정하여 융합 수업을 준비하기

예컨대, 뮤지컬 수업을 진행하는 경우, 음악과가 중점 교과 역할을 담당하여 음악과 교사가 전반적인 융합 수업을 진행하면 좋을 것이다. 주제가 유행병이라면 보건이나 과학과가 중점 교과가 될 수 있을 것이다. 융합 수업을 진행할 때 디렉터(학년부장이나 중점 교과 교사 등)가 없으면 융합 수업의 효율성이 떨어질 수 있고, 교사마다 각기 다르게 주제에 접근하므로 통일된 메시지가 나오지 않아 학생들에게 혼란을 줄 수 있다.

• 교사 학습공동체나 동일 학년 모임 차원에서 공동 수업 디자인하기

정교한 융합 수업을 하려면 해당 주제에 대한 집단 연구와 토의 과정이 필요하다. 각자 수업 지도안을 작성하되, 상호 피드백을 통해 서로 아이디어를 공유하는 과정을 가지면 좋다. 전주 덕일중의 경우, 해당 학년 교사들이 자발적으로 모여 함께 책을 읽고 토론하고, 공동으로 연수과정에 참여하고, 이를 바탕으로 공동 수업 디자인을 하여 실천하였다.

• 성취기준 재구조화와 그에 맞는 평가 방안 개발하기

기존 성취기준은 교과 교육과정의 학습 목표에 맞추어 개발되었다. 그래서 융합 수업을 시도할 때 기존 성취기준과 맞지 않을 수 있다. 이 경우, 해당 주제와 관련한 성취기준들을 찾고, 이를 재구조화하여 접근하는 노력이 필요하다. 교과 융합 프로젝트 수업으로 진행되었다면 교과 융합 프로젝트 수업에 맞는 수행평가 채점기준표(루브릭)를 제작하여 활용할 수 있어야 한다.

• 교과 내 재구성 ⇒ 통합수업 ⇒ 융합 수업 순서로 단계적으로 진행하기

현실적으로 처음부터 수업을 융합 수업으로 디자인하기는 쉽지 않다. 기존 교과 안에서 교과 내 재구성으로 시작하여 물리적 결합 형태인 통합수업으로 발전시켜 가면 좋다. 처음 시도할 때는 짜깁기 형태라도 좋겠지만 그다음에 시도할 때는 상호 피드백 활동을 통하여 융합 수업으로 디자인할 필요가 있다. 융합 수업이 시행착오 과정을 통해 점진적으로 정교해지도록 노력해야 한다.

프로젝트 수업

프로젝트(Project) 수업이란 학생이 자기 주도적으로 학습 주제를 탐구하고 표현하는 활동을 말한다. 교사가 중심이 되어 주제를 선정하고 과제를 부여하며 발표를 시키고 평가하는 기존의 발표 수업과 달리, 프로젝트 학습은 그 모든 과정을 학생이 자기 주도적으로 추진한다. 과제(Task) 발표 수업이 결과 중심, 전통적 지식 중심 수업이라면 프로젝트 수업은 과정 중심, 학생 중심, 생활 중심 수업이라고 할 수 있다.

깊이 있는 수업

과제 발표 수업 vs 프로젝트 수업

과제 발표 수업	프로젝트 수업
결과 중심 수업	과정 중심 수업
교사 중심 수업	학생 중심 수업
동일한 결과물 산출	학생이나 팀마다 다른 결과물 산출
혼자서도 수행할 수 있음	과제 수행 시 협업 강조
실제 삶과의 연관성이 낮음	(협력 프로젝트 수업)
	실제 삶과의 연관성이 높음

　프로젝트 수업은 구체적이고 실제적인 삶의 문제를 다룬다. 프로젝트 수업에서 학생들은 자율적인 학습자, 자기 주도적 존재로 인식되며, 교사는 학생들이 과제를 잘 수행하도록 돕는 안내자와 촉진자 역할을 한다. 프로젝트 과제를 성공적으로 수행하기 위해서는 교사와 학생 간에 사회적 상호작용이 활발해야 하며, 구체적인 교육활동이 제시되어야 한다.

　프로젝트 수업은 교실에서 다양하게 변형되어 적용되고 있다. 프로젝트 수업의 핵심 요소는 어려운 문제나 질문, 지속적인 탐구, 실제성, 학생 선택권, 결과물, 성찰, 피드백이다[6].

과제 발표 수업 vs 프로젝트 수업

---

6) 존 라머 외, 최선경 외 역(2017), 『프로젝트 수업 어떻게 할 것인가?』, 지식프레임

프로젝트 수업은 연구 주제 자체가 어려운 문제나 질문으로 구성되어야 한다. 너무 쉬운 주제나 질문을 정하면 비교적 장기간 프로젝트 수업을 진행하기에 적합하지 않다. 지속적인 탐구 활동을 통해 깊이 있는 깨달음과 실천을 유도할 수 있도록 구성할 필요가 있다. 주제 선정 시 일상생활과 밀접한 주제로 접근해야 이론과 실천의 분리를 극복할 수 있다. 과제 선택부터 발표 및 평가에 이르기까지 프로젝트 활동 전 과정에서 학생들에게 선택권을 부여해야 자기 주도성을 경험할 수 있고, 내적 동기 유발을 유지하는 데 도움이 된다. 또 프로젝트 수업의 결과물이 구체적인 산출물로 도출되어야 한다. 교과나 주제의 특성에 따라 연구 보고서 및 프레젠테이션, 신문 만들기, 영상 작품 및 예술 작품 만들기, 실험 등 다양한 형태의 산출물이 나올 수 있다. 교사와 학생들 간에 활발한 피드백이 이루어져야 산출물의 수준이 높고, 성찰 활동을 해야 프로젝트 수업이 내실 있게 진행될 수 있다.

프로젝트 수업의 유형은 참여자 단위에 따라 개인이 수행하는 개별 프로젝트 수업과 모둠, 학급, 학교 등 단체 단위로 수행하는 협동 프로젝트 수업이 있다.

프로젝트 수업의 진행

개별 프로젝트 수업은 대개 다음의 절차로 진행된다.

깊이 있는 수업

협동(팀) 프로젝트 수업은 대개 다음의 절차로 진행된다.

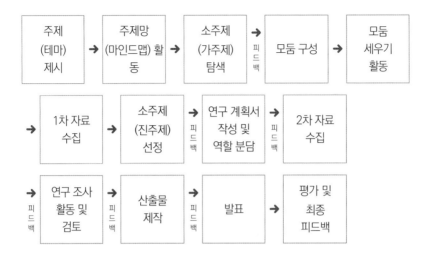

프로젝트 수업 주제에는 추상적인 개념에 해당하는 대주제인 테마(Thema)와 학생이 탐구하고자 하는 구체적인 소주제인 토픽(Topic)이 있다. 모둠을 중심으로 진행하는 협동 프로젝트 수업의 절차를 정리하면 다음과 같다.

1. 수업 준비

① 대주제(Thema) 선정

　– 프로젝트 수업에 적합한 단원과 주제를 찾는다.

② 교사의 예비 주제망(마인드맵)

　– 대주제가 결정되면 교사가 마인드맵을 통해 관련 지식, 개념, 정보, 아이디어 등을 정리해 본다.

③ 수업 목표 진술

　– 하위 주제에 대한 학습 목표를 구체적으로 설정한다.

④ 교육과정 재구성 및 융합

　– 국가 수준 교육과정에 근거하여 교육과정을 재구성하고 융합하여 운영한다.

⑤ 학습 활동 계획 세우기

   – 대주제에 따른 차시별 프로젝트 세부 수업 계획을 수립한다.

2. 수업 진행

① 대주제 발현

   – 교사가 대주제를 제시하고, 그에 대한 학생들의 사전 지식과 경험을 표현하게 함으로써 흥미를 유발하고 동기를 부여한다.

② 브레인스토밍

   – 대주제에 대해 브레인스토밍하며 다양한 생각을 표현하도록 한다.

③ 유목화

   – 브레인스토밍한 아이디어들을 범주에 따라 분류한다.

④ 주제망(마인드맵) 작성

   – 마인드맵으로 주제를 개괄한다.

⑤ 소주제(Topic) 선정

   – 학생들이 관심 있는 소주제를 선정한다.

⑥ 모둠 구성 및 모둠 세우기 활동

   – 모둠 구성은 소주제에 관심 있는 학생들로 구성할 수도 있고, 이질적인 학생들로 구성한 뒤에 소주제를 선정할 수도 있다. 실제 수업에서는 후자의 방식이 효과적이다. 단, 후자의 경우 협동 의지나 공동체 의식이 부족할 수 있으므로 다양한 모둠 세우기 활동이 필요하다.

⑦ 모둠 프로젝트 과제 수행을 위한 세부 역할 분담

   – 모둠에서 프로젝트 과제를 수행하기 위한 로드맵을 작성하고 개인별 역할을 논의하여 결정한다.

⑧ 자료 수집 및 검토

   – 각자 수집한 다양한 자료를 모둠에서 검토한다.

⑨ 프로젝트 보고서 작성

   – 학생들이 협력하여 프로젝트 보고서를 작성하고 교사에게 피드백을 받는다.

⑩ 발표 준비

    – 발표 전략을 세우고 구체적으로 준비한다. 발표 형태는 프레젠테이션, 동영상, 역할극, 퀴즈쇼, 토크쇼 등 다양한 것이 좋다.

⑪ 발표

    – 전체 학생을 대상으로 모둠별 프로젝트 결과물을 발표한다.

3. 마무리

① 발표 평가

    – 발표에 대해 다면평가를 시행한다. 교사가 보고서를 평가한다면 발표 태도 및 반응은 학생들이 평가하면 좋다.

② 최종 성과물 게시

    – 최종 성과물을 전시하거나 사이트에 게시한다. 이렇게 하면 나중에 피드백할 수도 있고 타 학급 학생이나 후배들이 참고 자료로 활용할 수도 있다.

③ 수업 활동 평가 및 피드백

    – 프로젝트 수업 활동 전반을 평가하고, 지속적이고 의미 있는 발전을 위한 피드백을 한다.

프로젝트 수업의 전제는 학생들이 학습 의지가 어느 정도 있고, 해당 주제에 대한 기초 지식이 있으며 연구 방법을 알고 있다는 것이다. 이러한 전제가 충분히 조성되지 않은 상태에서 프로젝트 수업을 진행하면 프로젝트 수업 자체가 잘 진행되지 않을 수 있다. 그러므로 이러한 전제를 충족시킨 상태에서 프로젝트 수업을 진행해야 한다.

교실에서 프로젝트 수업을 성공적으로 하기 위해서는 다음의 몇 가지를 고려해야 한다.

• 교사와 학생 사이의 의사소통이 원활해야 한다.

• 교육과정 재구성이 전제되어야 한다.

- 학생들의 자기 주도적 학습을 유도할 수 있어야 한다.
- 프로젝트 수업 모형에 맞는 평가를 시행해야 한다.
- 교사가 학생을 기다리며 인내하고, 적절한 피드백을 해야 한다.

프로젝트 수업이 지닌 한계점도 있다. 기초적인 지식이나 이해를 익히는 데 한계가 있고, 학문적인 지식 체계를 이해하는 데 부족하다. 교육과정 재구성을 전제하지 않으면 수업 진도를 맞추기 힘들고, 학습자 수준이 낮거나 학습 의지가 낮으면 학습 효율성이 떨어진다. 그러므로 프로젝트 수업은 기존 교과 수업의 대체재라기보다는 보완재 성격이라고 볼 수 있다.

프로젝트 수업의 평가 및 성찰

프로젝트 수업을 성공적으로 운영하기 위해서는 그에 맞는 평가가 매우 중요하다. 프로젝트 수업으로 진행하고 지필평가로 마무리할 경우, 학생이 교육과정-수업-평가의 불일치로 인한 혼란을 경험할 수 있기 때문이다. 프로젝트 수업을 평가할 때 객관성의 문제가 대두될 수 있기에 프로젝트 수업에 맞는 수행평가 채점기준표(루브릭)가 필요하다.

깊이 있는 수업

팀 프로젝트 수업 수행평가 채점기준표 사례

요소	내용의 충실도	형식 및 보고서 분량	발표 태도 및 자세	개인 역할 기여도
상(2)	연구 주제가 적절하고 보고서 내용이 논리적이며 잘 정리되어 있다.	서론, 본론, 결론, 참고 자료 순으로 형식이 잘 갖추어져 있고 보고서 분량이 10쪽 이상이다.	다른 팀의 동료 평가 점수 평점이 4.0 이상 이다(5점 만점).	자기에게 맡겨진 역할을 성실하게 수행했을 뿐 아니라 과제 수행에 적극적으로 참여하고 리더 역할을 수행하였다.
중(1)	연구 주제가 적절하고 전반적인 내용은 좋은 편이나 일부 내용이 부실하다.	서론, 본론, 결론, 참고 자료 구분은 되어 있으나 내용이 부실하거나 한 부분이 빠져 있다. 보고서 분량이 7~9쪽 정도이다.	다른 팀의 동료 평가 점수 평점이 2.6~3.9 이다(5점 만점).	자기에게 맡겨진 역할에 성실한 편이다.
하(0)	연구 주제가 적절하지 못하거나 내용이 전반적으로 부실하고 말하고자 하는 의도가 분명하지 않다.	형식이 제대로 갖추어지지 않고 두 가지 부분 이상이 없거나 분량도 6쪽 이내이다.	다른 팀의 동료 평가 점수 평점이 2.5 이하 이다(5점 만점).	자기에게 맡겨진 역할을 제대로 수행하지 못했거나 과제 활동에 소극적이었다.

수행평가 채점기준표(루브릭) 작성 시 형용사적 표현보다 행동 관찰이 가능한 언어로 표현하는 것이 필요하다. 정량 평가의 객관성을 올리기 위해 명료한 표현으로 진술하면 좋다.

프로젝트 수업 도입 단계에서 프로젝트 수업 안내 활동을 할 때 학생용 루브릭을 미리 배부하여 설명해 주는 것이 좋다. 그래야 학생들이 프로젝트 수업 평가 기준에 맞게 프로젝트 활동을 진행할 수 있고, 피드백의 근거 자료로 활용할 수 있기 때문이다.

수행평가 채점기준표(학생용 루브릭) 사례

___학년 ___반 모둠 이름: _____

모둠원: _____

1. 채점기준표

요소	내용의 충실도	형식 및 보고서 분량	발표 태도 및 자세	개인 역할 기여도
상(2)	연구 주제가 적절하고 보고서 내용이 논리적이며 잘 정리되어 있다.	서론, 본론, 결론, 참고 자료 순으로 형식이 잘 갖추어져 있고 보고서 분량이 10쪽 이상이다.	다른 팀의 동료 평가 점수 평점이 4.0 이상이다(5점 만점).	자기에게 맡겨진 역할을 성실하게 수행했을 뿐 아니라 과제 수행에 적극적으로 참여하고 리더 역할을 수행하였다.
중(1)	연구 주제가 적절하고 전반적인 내용은 좋은 편이나 일부 내용이 부실하다.	서론, 본론, 결론, 참고 자료 구분은 되어 있으나 내용이 부실하거나 한 부분이 빠져 있다. 보고서 분량이 7~9쪽 정도이다.	다른 팀의 동료 평가 점수 평점이 2.6~3.9이다 (5점 만점).	자기에게 맡겨진 역할에 성실한 편이다.
하(0)	연구 주제가 적절하지 못하거나 내용이 전반적으로 부실하고 말하고자 하는 의도가 분명하지 않다.	형식이 제대로 갖추어지지 않고 두 가지 부분 이상이 없거나 분량도 6쪽 이내이다.	다른 팀의 동료 평가 점수 평점이 2.5 이하 이다(5점 만점).	자기에게 맡겨진 역할을 제대로 수행하지 못했거나 과제 활동에 소극적이었다.

2. 모둠원 채점표

모둠원 이름	출석 번호	개인 역할	특기 사항	가감	최종 점수	학생 확인
		이끔이				
		칭찬이				
		기록이				
		지킴이				

※ 산출방식 : 총 배점을 기준으로 6점은 A등급, 4~5점은 B등급, 3점은 C등급, 1~2점은 D등급, 0점은 E등급, 미제출은 F등급임(0점 처리). 개인 역할 기여도에 따라 한 등급씩 가감이 됨.

깊이 있는 수업

발표 태도 및 자세에 대한 평가는 교사 평가보다 동료 평가를 활용하면 좋다. 왜냐하면 교사 평가의 경우, 발표 학생이 평가자인 교사를 향해 발표하고 동료 학생들에게 관심을 가지지 못할 수 있기 때문이다. 다만, 점수 부풀리기 현상이나 의도적인 깎아내리기 현상이 나타날 수 있으므로 교사가 평가 전에 이에 대해 안내하고, 이러한 현상이 나타나는 경우, 교사가 개입하여 재평가하면 좋다. 특히 첫 번째 팀 평가가 잘 이루어지도록 유의해야 한다. 첫 번째 팀 평가 결과에 맞추어 다음번 팀 평가가 이루어지기 때문이다.

팀 프로젝트 수업의 평가 시 개인 역할 기여도에 따라 평가해야 한다. 팀 프로젝트 수업을 운영할 때 가장 힘든 점이 팀원 간 갈등이 발생하거나 무임승차자 학생이나 일벌레 학생이 나타나는 경우이다. 개인 역할 기여도에 따라 일벌레 학생은 한 등급 높은 점수를 부여하고, 무임승차자 학생 중 소극적인 학생은 한 등급 낮은 점수를 부여하고, 미참여 학생은 기본 점수가 아닌 0점을 부여하되 재도전의 기회를 주도록 한 것이다. 팀 프로젝트 활동에 참여하지 않고 대체 과제로 개인 프로젝트 보고서를 제출하는 경우, 한 등급 낮은 점수를 부여하는 페널티를 주어서 특정 학생이 팀 프로젝트 활동을 의도적으로 개별 프로젝트 활동으로 전환하여 점수를 쉽게 받고자 하는 일을 예방하면 좋다. 팀 프로젝트 수업은 협동학습의 기본 원리 중 개별적인 책무성 원리에 따라 개인적인 책임과 역할을 분명하게 하고, 개인 역할 기여도를 차등하여 점수를 부여하는 것이 필요하다.

프로젝트 수업은 평가 후에 학생들이 프로젝트 수업 활동에 대한 성찰일지를 기록하면 더욱 도움이 된다. 이를 평가에 반영하거나 생활기록부에 반영하면 좋다.

- 이번 프로젝트 수업에서 새롭게 알게 되거나 배운 것은 무엇인가?
- 이번 프로젝트 수업 활동 시 아쉬웠던 점은 무엇인가?
- 이번 프로젝트 수업을 통해 내 생활에 적용, 실천할 수 있었던 것은?
- 우리 모둠 프로젝트 과제 수행 시 구체적으로 내가 참여한 부분은 무엇인가?
- 우리 모둠 프로젝트 과제 수행 시 모둠원 중 가장 크게 기여한 친구와 그 이유는 무엇인가?

프로젝트 수업과 프로젝트 기반 수업

프로젝트 기반 수업(Project-based Learning)은 프로젝트 수업 모형을 전제로 전체 과목을 운영하는 것을 말한다. 즉, 기존 교과 수업에서 프로젝트 수업을 하나의 수업 모형 정도로 삽입하는 것이 아니라 과목 개설 자체를 프로젝트 수업으로 진행하는 것을 전제로 구성하는 것이다. 프로젝트 기반 수업은 교육과정 재구성 수준을 넘어 교육과정 개발로 접근할 수 있다. 별무리학교(고등과정)가 전교생 120명 정도의 작은 학교임에도 불구하고, 고교 학점제 차원에서 학기당 300개가 넘는 과목을 개설하여 운영할 수 있었던 이유는 프로젝트 기반 수업 형태로 진행했기 때문이다. 드리미학교(중고등과정)의 경우, 3P 교육철학에 따라 모든 과목을 프로젝트 기반 수업으로 운영하고 있다[7].

• 융합 수업=프로젝트 수업?, 융합 수업+프로젝트 수업=교과 융합 수업?

교육 현장에서는 융합 수업과 프로젝트 수업을 혼동하거나 동일한 수업 형

---

7) 드리미학교(https://www.dreamyedu.net/)
 – Play : 탐색, 도전, 질문, 대화 등 자유로운 놀이를 통해 배움 활동을 선택하고 계획하는 관계 형성 활동
 – Performance : 학습의 구조화, 지식 습득, 문제 해결, 결과물 제작 등 배움을 주도적으로 수행하는
  입체적 교육활동
 – Practice : 학교 너머로 배움을 확장하여 세상을 섬기는 실천 활동

태로 이해하는 경우가 많다. 융합 수업은 특정 주제를 중심으로 교과를 넘나들며 교육과정을 디자인하여 접근하는 교수학습 전략이다. 프로젝트 수업은 학생의 탐구 주제를 중심으로 자기 주도적으로 접근하는 교수학습 전략이다.

프로젝트 수업을 융합 수업으로 운영할 수 있다. 하지만 모든 프로젝트 수업이 융합 수업은 아니다. 교과 내 프로젝트 수업은 융합 수업이 아니기 때문이다. 예컨대, 사회과 수업에서 국제 분쟁 사례를 대륙별로 나누어 팀 프로젝트 수업을 진행했다면 교과 내 프로젝트 수업이라고 할 수 있지만 융합 수업은 아니다.

반대로 어떤 주제를 중심으로 융합 수업 활동을 진행했는데 낮은 수준의 산출물이 나왔다면 이는 융합 수업이라고 볼 수 있지만, 프로젝트 수업이라고 말할 수는 없다. 왜냐하면 어려운 문제, 지속 가능한 탐구, 높은 수준의 산출물이 나와야 프로젝트 수업이라고 할 수 있기 때문이다. 예컨대, 고등학교에서 지역 문제 해결 프로젝트 수업을 한다고 하면서 최종 산출물이 마을신문 한 장 정도라면 이를 프로젝트 수업이라고 볼 수 없다.

융합 수업과 프로젝트 수업, 교과 융합 프로젝트 비교

융합
수업

프로젝트
수업

산출물이 없는
주제 중심 융합 수업

교과 융합 프로젝트 수업

교과 내 프로젝트 수업

교과 융합 프로젝트 수업은 특정 교과를 넘어 주제 중심으로 접근하면서도 동시에 학생들의 자기 주도성을 극대화하여 주제를 탐구하며 높은 수준의 산출물을 생산할 수 있도록 도와주는 교수학습 전략이다. 교과 융합 프로젝트 수업은 교수학습 방법(수업 기술)뿐 아니라 교육과정도 함께 융합된 수업 접근이라고 볼 수 있다.

제주 금악초 '보물섬' – 학교자율과목과 교과 융합 프로젝트 수업 사례

아름다운 제주, 금악오름 근처에 작은 초등학교가 있다. 금악초등학교는 제주형 자율학교로서 교사들이 연구, 실행하면서 최근 학교특색과목으로 '보물섬' 과목을 개발하였다. 일단 과목명이 '보물섬'인 이유는 '(보)전하자, 자연과 환경', '(물)려주자, 소중한 제주어', '(섬)기자, 향토문화'의 앞글자를 따서 만들었기 때문이다. 보물섬은 환경, 제주어, 향토문화 등 세 가지 주제로 구성된 융합 과목이다. 제주가 보물섬이라는 의미를 중의적으로 표현하여 이름을 지었다.

주제	대상	시기	활동 내용
(보)전하자, 자연과 환경	1~6학년, 학부모, 지역 주민	3~12월	아름다운 우리 고장 자연환경의 중요성 인식 기회 제공 · 학년별 교육과정 연계 환경교육 실시 · 보 · 물 · 섬 체험학습(학년별 교육과정 재구성 운영)
(물)려주자, 소중한 제주어	1~6학년	3~12월	우리 고장의 소중한 문화유산인 제주어를 보전하고 계승할 기회 제공 · 학년 수준과 흥미를 고려한 제주어 교육 · 일상생활에서 제주어를 활용한 교육환경 조성

ⓢ기자, 향토문화	1~6학년	3~12월	우리 고장 향토문화를 직접 체험하고 느낄 기회 제공 · 지역(마을)의 향토문화에 대한 탐구로 조상들의 생활 속 지혜 배우기 · 우리 고장의 역사 및 생활문화 살펴보기

'보물섬'은 교과 융합 프로젝트 수업을 통해 학생들이 주도성을 가지고 참여할 수 있도록 기획하였다. 또한 제주의 역사와 문화를 바탕으로 세계를 이해하는 세계시민교육을 추구하였다. 보물섬 과목은 제주 이해 교육과정 목표 및 내용 체계표를 참고하여 개념 기반 교육과정 원리에 따라 프로젝트 주제별 핵심 개념, 일반화, 탐구 질문을 도출하고 프로젝트 계획-실행-마무리 단계까지 체계적으로 계획하여 교과 융합 프로젝트가 내실 있게 진행되도록 구성하였다.

주제 학년군	ⓑ전하자, 자연과 환경	ⓜ려주자, 소중한 제주어	ⓢ기자, 향토문화
1학년	우리 마을의 자연과 환경	제주어 인사말과 가족 호칭	김만덕의 나눔 정신
2학년	마을의 주요 시설과 마을 사람들이 하는 일	제주어 감정 표현과 신체 표현	제주의 삼무문화
3학년	제주도의 자연환경과 인문환경	제주어 속담과 이야기	제주의 의식주 문화와 조냥정신
4학년	화산섬 제주	제주어 동시와 이야기	제주의 문화유산
5학년	자랑스러운 제주의 자연환경	제주어 활용하기	제주의 수눌음문화
6학년	제주 환경 문제와 해결 방안	제주어 언어 예절과 제주어 보전	해녀들의 삶과 문화

보물섬 과목에서 운영한 4학년 교과 융합 프로젝트 수업 실천 사례는 다음과 같다.

프로젝트 흐름

프로젝트 준비하기	프로젝트 실행하기	프로젝트 마무리하기
1~9 / 38차시	10~30 / 38차시	31~38 / 38차시
· 프로젝트 문제 파악하기 · 프로젝트 안내 질문 만들기 · 프로젝트 탐구 질문 확인하기 · 탐구과제 계획하기	· 우리 지역 문화유산 알아보기 · 문화유산 자료 찾아보기 · 문화유산 답사하기 · 작가와의 만남 · 역사적 인물 알아보기 · 『우리의 섬』 그림책 만들기	· 문화유산 소개자료 『우리의 섬』 그림책 만들기 · 프로젝트 돌아보기

수업 속으로　프로젝트 준비하기

탐구 활동 (차시)	학습 내용
바로 알자 우리 지역의 문화유산 (1~9)	· '제주도' 하면 떠오르는 것 이야기 나누기 　– 자연, 문화, 역사, 인물 등 · '문화유산' 하면 떠오르는 것 생각해 보기 　– 제주의 '문화유산' 하면 떠오르는 것들을 나누어 보기 [안내 질문] 문화유산이란 무엇인가? Tip 　학생들과 함께 제주의 '문화유산' 하면 떠오르는 것들을 나누어 보고, 문화유산의 뜻(조상들이 남긴 여러 문화 중에서 후손들에게 물려줄 만한 가치가 있는 것)과 문화유산을 '유형문화유산'과 '무형문화유산'으로 나눈다는 것을 알아본다.

바로 알자
우리
지역의
문화유산
(1~9)
	• 프로젝트 문제 파악하기
	  – 『엄마의 섬』책 함께 읽기
	  – 『엄마의 섬』작가가 아들에게 전해 주고 싶은 섬의 모습이 무엇인지
	    이야기 나누기
	• '제주인의 옛 삶을 찾아 떠나는 여행' 프로젝트 알아보기
	  – 우리 지역 문화유산 사진 자료 살펴보기
	  – 문화유산 소개자료 『우리의 섬』그림책 만들기 프로젝트 설명하기
	  – 프로젝트를 위한 안내 질문 함께 만들어 보기
	
	[안내 질문 예시]
	  · 문화유산이란 무엇인가?
	  · 우리 지역 문화유산의 종류와 특징은 무엇일까?
	  · 문화유산을 통해 알 수 있는 옛 제주 사람들의 삶의 모습은
	    어떠한가?
	  · 알리고 싶은 제주의 역사적 인물은 누구인가?
	  · 그림책은 어떤 과정을 거쳐 만들어지는가?
	
	• 탐구과제 계획하기
	  – '문화유산 소개자료'를 만들기 위한 탐구 계획 세우기
	
	[안내 질문에 따른 탐구과제]
	  · 문화유산의 종류와 특징 알아보기
	  · 문화유산을 통해 옛 제주인의 생활 모습 알아보기
	  · 문화유산 답사하기
	  · 문화유산 소개자료 『우리의 섬』그림책 만들기
	
	[안내 질문] 문화유산이란 무엇인가?
	• 문화유산의 의미와 종류 알아보기 학생활동자료 1
	  – 문화유산의 의미 찾아보기
	  – 안내 질문을 통해 이번 프로젝트에서 최종 탐구해야 할 탐구 질문
	    확인하기
	
	[탐구 질문]
	우리는 후손들에게 어떤 문화유산을 물려줄 것인가?
	
	  – 문화유산의 종류를 알아보고 다양한 문화유산 사진을 보며 분류하기

[안내 질문] 우리 지역 문화유산의 종류와 특징은 무엇인가?

- 인터넷 백과사전, 누리집에서 문화유산 자료 찾아보기
- 문화유산과 관련된 자료(사진, 동영상) 살펴보기

학생활동자료 2

- 문화유산을 형태에 따라 유형과 무형으로 분류하기
- 문화유산을 주제에 따라 의식주, 재료(돌이나 나무), 공동체 문화, 해녀 관련 등으로 분류하기
- 각 문화유산의 모습과 특징 이해하기

수업 속으로 　프로젝트 실행하기

탐구 활동 (차시)	학습 내용
제주인의 옛 삶을 찾아 Ⅰ 유형 문화유산 (10~16)	[안내 질문] 유형문화유산을 통해 알 수 있는 옛 제주 사람들의 삶의 모습은 어떠한가? • 문화유산 답사 계획 세우기 　- 답사 목적 정하기 　- 답사 장소 선정하기 　- 조사할 내용 정하기 　- 조사 방법 및 역할 나누기 　- 답사하기 　- 답사 보고서 정리하기 　- 답사할 때 지켜야 할 점 알아보기 [과정 중심 평가 1] 절차와 규칙을 지키며 회의 참여하기 (문화유산 답사 계획 세우기)

제주인의
옛 삶을
찾아 I
유형
문화유산
(10~16)
	• 제주도의 문화유산 답사하기 학생활동자료 3
	  – 삼성혈, 제주민속자연사박물관, 관덕정, 제주목 관아지 답사하기
	  – 문화유산의 유래, 형태와 구조, 쓰임 이해하기
	  – 답사를 통해 옛 제주인들의 삶의 모습 이해하기
	  – 답사하면서 알게 된 점, 느낀 점 이야기 나누기
	• 문화유산 답사 보고서 작성하기
	  – 문화유산의 유래, 형태, 쓰임 등을 넣어 표현하기
	  – 문화유산 답사를 통해 배우고 느낀 점을 넣어 표현하기
	
	[과정 중심 평가 2]
	             문화유산 답사 보고서 작성하기

제주인의
옛 삶을
찾아 II
무형
문화유산
(17~23)
	[안내 질문] 무형문화유산을 통해 알 수 있는 옛 제주 사람들의 삶의
	                모습은 어떠한가?
	• 『제주에는 소원나무가 있습니다』책 함께 읽기
	  – 책에서 찾을 수 있는 제주 사람들의 생활 모습에 관하여 이야기 나
	    누기
	  – 작가에게 묻고 싶은 질문지 쓰기
	• 『제주에는 소원나무가 있습니다』작가와의 만남
	  – 책을 쓰게 된 동기 알아보기
	  – 책 내용 자세히 들여다보기, 숨어 있는 이야기 찾아보기
	  – 그림책 원화 살펴보기
	  – 그림책이 만들어지는 과정 알아보기
	• 제주의 무형문화유산과 관련된 자료(사진, 동영상) 살펴보기
	  – 칠머리당 영등굿, 해녀 문화, 본향당, 탕건장, 제주 민요 등 무형문
	    화유산의 가치 알아보기
	  – 무형문화유산에 담긴 옛 제주인들의 삶의 모습 이해하기
	• 우리 학교 소원나무 만들기
	  – 우리 학교 소원나무 정하기
	  – 연필로 세밀화 그리기
	  – 우리 학교 소원나무(퐁낭)에 소원지 만들어 걸기

탐구 활동 (차시)	학습 내용
제주인의 옛 삶을 찾아 Ⅲ 역사적 인물 (24~30)	[안내 질문] 알리고 싶은 제주의 역사적 인물은 누구인가? • 제주의 역사적 인물 알아보기 　– 알고 있는 제주의 역사적 인물 발표하기 　– 역사적 인물 조사를 위한 주제망 그리기 　– 인터넷 누리집에서 제주의 역사적 인물 찾아보기 　– 김만덕에 대하여 영상으로 살펴보기 • 제주의 역사적 인물 소개하기 　– 제주의 역사적 인물 소개 광고 만들기 　– 동요를 개사하여 제주의 역사적 인물을 소개하는 노래 부르기 　– 역사적 인물의 특징이 드러나게 찰흙으로 표현하기 • 역사적 인물 소개하기 활동 후 드는 생각이나 느낀 점 이야기 나누기

수업 속으로   프로젝트 마무리하기

탐구 활동 (차시)	학습 내용
문화유산 소개자료 『우리의 섬』 그림책 만들기 (31~37)	[안내 질문] 그림책은 어떤 과정으로 만들어지는가? • 그림책이 만들어지는 과정 정리하기 　– 소재 선정하기, 사전 조사, 삽화 그리기, 글쓰기, 표지 디자인, 　　인쇄하기 등 • 후손들에게 남기고 싶은 제주의 문화유산 선정하고 조사하기 　– 후손들에게 남기고 싶은 제주의 문화유산에 관하여 이야기 나누기 　– 자신이 선정한 문화유산 조사하기 `학생활동자료 4` • 문화유산 그리기 　– 자신이 선정한 문화유산을 수채화로 그리기 **[과정 중심 평가 3]** 　　　　　수채화를 사용하여 문화유산 그리기 • 그림책 내용 쓰기 `학생활동자료 5` 　– 후손들에게 들려주는 문화유산 소개 글쓰기 　– 각자가 쓴 글 발표하기 및 글 다듬기 • 그림책 인쇄하기

프로젝트 돌아보기 (38)	• 프로젝트 마무리하기 – 『우리의 섬』 그림책 함께 읽기 – 프로젝트 수행 과정 반성 및 성찰하기 – 프로젝트 수행 후 잘된 점, 아쉬웠던 점 이야기 나누기

활동 모습 및 결과물

보물섬 체험학습

문화유산 그리기

연필로 세밀화(풍낭) 그리기

작가와의 만남

그림책 만들기 교과 융합 프로젝트 최종 산출물

완주 지역 중학교 학교자율과목 개발 사례와 교과 융합 프로젝트 수업 사례

수업디자인연구소가 전북완주교육지원청과 함께 개발한 중학교 자율과목인 '완주에서 세계로'에서 제시한 교과 융합 프로젝트 수업 사례를 소개하면 다음과 같다[8].

14. 우리는 완주 지킴이

■ **질문 및 단계**

질문	질문 내용
핵심 질문	우리 지역 문제의 평화적 해결을 위해 어떤 노력을 해야 할까?
출발 질문	학교나 마을에서 겪었던 갈등과 문제점을 이야기해 본다면?
전개 질문	1. 고압 송전탑 문제는 왜 발생했을까? 2. 학교나 마을에서 갈등과 문제점이 생긴 이유는 무엇일까?
도착 질문	더 좋은 학교와 마을을 만들기 위해 어떤 제안서를 작성할 수 있을까?

■ **학습 목표** · 우리 학교나 마을의 문제점이나 갈등이 생긴 이유를 분석할 수 있다.
· 학교와 마을의 문제점을 해결하기 위한 제안서를 작성할 수 있다.

■ **교육과정 연계**

교과목	영역(단원)	성취기준
사회과	인간과 사회생활	[9사(일사)01-03] 우리 사회에서 나타나는 다양한 갈등과 차별의 사례를 조사하고, 이에 대처하는 시민의 자질에 대해 토의한다.

---

8) 김현섭 외(2025), 중학교 자율과목 수업자료집 『완주에서 세계로』, 전북완주교육지원청

깊이 있는 수업

도덕과	타인과의 관계	[9도02-05] 다양한 갈등 상황을 평화적으로 해결할 수 있는 방안을 모색하고, 폭력의 유형과 원인, 결과에 대한 분석을 바탕으로 일상의 폭력 상황에 대한 대처 능력을 기른다.
	사회 공동체와의 관계	[9도03-04] 정의로운 사회를 상상해 보고, 이를 실현할 수 있는 정의의 원칙과 제도에 대한 다양한 의견들을 민주적인 방식으로 종합할 수 있다.
환경과	환경 문제와 쟁점	[9환03-01] 지구 생태계의 구성 요소와 관련된 환경 문제를 조사하여 그 문제의 특성을 파악하고, 환경 문제의 발생 원인과 영향을 사회, 문화, 경제 등 여러 측면을 고려하여 분석하고 추론한다. [9환03-04] 지역 환경 문제가 지구 환경 문제와 어떻게 연결되어 있으며, 지구 생태계의 구성 요소 중 어떤 것과 관련이 있는지 파악하고, 지속 가능성과 형평성을 고려하여 해결 방안을 제시한다.
과학과	재해, 재난과 안전	[9과22-01] 재해, 재난 사례와 관련된 자료를 조사하고, 그 발생 원인과 피해에 대해 과학적으로 분석할 수 있다. [9과22-02] 과학적 원리를 이용하여 재해, 재난에 대한 대비 및 대처 방안을 세울 수 있다.
	과학과 인류의 지속 가능한 삶	[9과01-01] 과학적 탐구 방법을 이해하고, 일상생활의 문제에 대한 과학적 해결 방안을 제안할 수 있다. [9과01-03] 인류의 지속 가능한 삶을 위한 과학기술의 중요성과 역할에 대해 토의하고, 개인과 사회 차원의 활동 방안을 찾아 실천할 수 있다.

- **개념**   사회적 정의, 갈등, 분쟁, 환경, 평화적 문제 해결

- **수업의 주안점**   이전 단원에서 세계의 여러 갈등, 문제에 대해 알아보고 세계시민으로 갖춰야 할 역량을 배웠다면 이번 단원은 우리 주변의 문제를 평화적으로 해결하는 것을 경험하는 단원이다. 먼저 우리 학교나 마을에서 어떤 갈등이나 문제 상황이 있는지 조사해보도록 한다. 영역을 나누어서 영역별로 어떤 문제점이 있는지 찾은 후 해결하고 싶은 주제를 모둠별로 선정하도록 한다. 선정한 주제에 대해서 심

층 조사를 하기 전에 현재 우리 주변 지역에서 겪고 있는 갈등을 알아본다. 주변 지역에서 겪고 있는 고압 송전탑 문제를 분석해 본 후 지역 현안에 대한 각자의 의견을 정리하고 평화적 해결 방법을 모색한다. 앞서 모둠별로 선정한 학교 내 문제점이나 마을의 갈등이 생긴 원인을 찾기 위해 관련자들의 입장을 취재해 본다. 취재한 내용을 바탕으로 설문조사 문항을 만들고 설문조사 결과를 분석하여 갈등을 느끼는 주체들의 입장을 정리해 본다. 우리 모둠이 찾은 문제를 해결할 수 있는 방법을 찾아 제안서를 작성하도록 한다.

■ **핵심 질문**　　우리 주변의 평화적 문제 해결을 위해 어떤 노력을 해야 할까?

■ **수업 전개도**

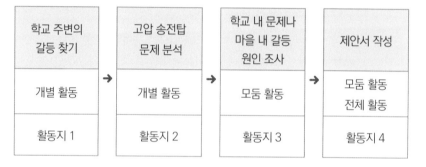

학교 주변의 갈등 찾기	고압 송전탑 문제 분석	학교 내 문제나 마을 내 갈등 원인 조사	제안서 작성
개별 활동	개별 활동	모둠 활동	모둠 활동 전체 활동
활동지 1	활동지 2	활동지 3	활동지 4

■ **학습 준비물**　　활동지, 필기구, 태블릿 또는 노트북

출발 질문 우리 학교나 마을에서 겪었던 갈등과 문제점을 이야기해 본다면?

1. 학교 안 갈등

· 학교 안의 갈등이 일어나는 영역을 네 가지로 나누어 갈등을 구체적으로 생각해 보고 [활동지 1]에 적을 수 있도록 한다. 같은 모둠 안에서도 생각이 다를 수 있으므로 개인별로 모두 작성해 보도록 한다.

· 모두 작성한 후에 모둠 안에서 돌아가면서 말한다.

2. 마을(완주 지역)의 갈등, 문제점 찾기

· 완주 지역의 신문기사나 지역 카페, 밴드를 검색하여 내가 사는 마을 혹은 완주 지역의 갈등이나 문제점을 찾아 적도록 한다. 학교 주변에 현수막이 붙어 있거나 문제점을 호소하는 홍보 게시물이 있는 경우 직접 찾아가서 사진을 촬영할 수 있도록 한다. 현재 논쟁이 되고 있는 지역 현안이 있는 경우 주민들의 의견을 조사하는 시간을 제공할 수 있도록 한다.

· 문제 주제를 선정하기 전 자료를 조사하는 시간이므로 최대한 방대한 범위의 자료를 조사해 볼 수 있도록 안내한다.

[활동지 1 예시 답안] 우리 주변에는 어떤 갈등이나 문제점이 있을까?

1. 학교 내 갈등은 어떤 것이 있을까?

- 학급 내 또는 학급 사이 급우들 간의 문제, 학급 내 남학생, 여학생 문제, 청소 구역을 사이에 둔 갈등, 같은 학년 다른 학급 사이의 분쟁 등 현재 학교에서 일어나는 모든 갈등을 적을 수 있도록 한다.

- 학년 사이 선배와 후배와의 갈등, 급식소 식사 순번에 관한 문제, 학년별 혜택에 관한 불만 등 여러 가지 문제를 적을 수 있도록 한다.

- 학생-교사, 학생-학교 제도, 교내 휴대전화 사용에 관한 학생과 교사의 분쟁, 노트북 사용 규칙에 대한 갈등 등 학교 내 학생들이 불만을 가지

는 여러 가지 제도에 관한 분쟁을 생각하여 적도록 한다.

- 학교 시설 혹은 주변 학교 내 화장실 시설에 대한 불만, 학교 운동장, 학교 강당 등 학교 시설에 대한 불만과 갈등을 생각해 보도록 한다.

2. 완주 지역의 갈등이나 문제점은 어떤 것이 있을까?

- 완주 지역 축산 악취에 관한 갈등, 완주-전주 통합에 관한 갈등, 완주 문화원 이전을 둘러싼 갈등

전개 질문 1. 고압 송전탑 문제는 왜 발생했을까?

· [활동지 2]를 배부한다.

· 많은 지역 주민들이 반대하고 있는 고압 송전탑 문제에 주목하도록 한다. 먼저 송전의 기본 원리를 파악하여 왜 고압 송전이 필요한지, 송전탑의 역할은 무엇인지 이해할 수 있도록 한다.

· 2008년에 발생한 밀양 송전탑 사태를 분석해 보면서 갈등을 겪고 있는 주체들의 주장과 논점이 무엇인지 알아본다. 제시된 영상을 차례로 보면서 질문에 대한 답을 학생들이 직접 찾을 수 있도록 한다. 영상을 반복해서 보거나 스크립트를 분석해 볼 수 있도록 한다. 송전탑 건설을 두고 갈등이 생기는 것은 한국 전력과 해당 지역 주민들간의 의견 차이 때문이다. (교사용 읽기자료2-밀양 송전탑 사건 참고) 내가 송전탑이 건설되는 지역에 사는 주민일 때와, 송전탑 건설을 맡은 공공 기관의 직원일 때 나의 반응을 예상하여 적어 볼 수 있도록 한다.

· 만일 내가 사는 지역에 송전탑이 건설된다면 나는 어떤 반응을 보일지 생각해 보고 전라북도 지역 내 송전선로 건설 문제를 다루어 보도록 한다. 정부와 한국 전력이 전라북도 내에 송전선로를 건설하고자 하는 근거는 무엇인지, 전라북도가 송전선로 건설과 관련하여 제시한 대안은 무엇인지 알아본다.

2. 갈등이나 문제점이 생긴 이유는 무엇일까?

· [활동지 3]을 배부한다.

· [활동지 1]에서 조사한 문제점 중에서 각 모둠에서 해결하고 싶은 주제를 선정하도록 한다. 모둠별로 서로 다른 주제를 선정해서 하도록 하되 학생들이 원하는 경우 같은 주제를 서로 다른 모둠이 선정하는 것도 허용한다.

· 갈등을 느끼는 대상을 생각해 보고 각자의 입장 및 주장을 알아보기 위해 인터뷰와 설문조사를 실시한다. 각 입장의 생각을 잘 나타낼 수 있는 인터뷰 문항을 생각하여 작성할 수 있도록 한다. 인터뷰는 소수의 의견을 자세히 조사할 수 있지만 다수의 입장을 대변하기는 어려우므로 설문조사를 실시하여 다수의 의견이 어떠한지 조사할 수 있도록 한다.

도착 질문 더 좋은 학교(완주 혹은 마을명)를 만들기 위해 어떤 제안서를 작성할 수 있을까?

· [활동지 4]를 나누어준다.

· [활동지 3]에서 조사한 갈등의 대상, 양측의 입장을 바탕으로 하여 문제 제기, 문제 발생의 원인, 해결 방안을 제안서에 작성하도록 한다.

· 활동지 2에서 다루었던 고압 송전탑 문제를 제외하고 주제를 선정하여 제안서를 작성하도록 한다.

· 해결 방안에서 자원 및 예산 계획은 선택사항으로 작성할 수 있는 모둠만 작성할 수 있도록 한다.

· 제안서를 받았을 때 갈등을 느끼는 대상들의 예상되는 반응을 적어 보고 제안서에 수정 사항이 있으면 수정하도록 한다.

· 모둠별로 발표한다.

· 제안서를 제출할 기관이 있으면 제출할 수 있도록 한다. 학교 문제에 관한 제안서이면 학교에, 마을 문제에 관한 제안서이면 면사무소 혹은 완주 군청에 전달할 방법을 알아보도록 한다.

문제 해결 제안서 작성하기

모둠원 : _____

1. 제안서 작성하기

제 안 서	
작성자	
제목	
문제 제기	
문제 발생의 원인 및 문제가 미치는 영향	

해결 방안	단계별 해결책	
	자원 및 예산 계획(선택)	
기대 효과		

2. 제안서를 받았을 때 갈등을 느끼는 대상들의 반응을 예상해 보고 이를 반영하여 제안서를 수정해 봅시다.

갈등을 느끼는 대상		
예상되는 반응		

[활동지 5 예시 답안] 문제 해결 제안서 작성하기

1. 제안서 작성하기

제 안 서	
작성자	OOO
제목	학생 화장실 악취 해결
문제 제기	층마다 화장실이 있는데 학생들이 2층 화장실을 사용하지 않는다.
문제 발생의 원인 및 문제가 미치는 영향	2층 화장실 악취가 매우 심하여 2층을 사용하는 학생들이 2층이 아닌 다른 층으로 화장실을 사용하러 가서 매우 불편함.

해결방안	단계별 해결책	1. 화장실 청소 점검
		  화장실 청소 담당 학생을 대상으로 화장실 청소 횟수, 화장실 청소 방법 등을 점검한다.
		2. 화장실 시설 점검
		  화장실 배수로, 화장실 휴지통, 환기구 등 악취를 유발할 수 있는 화장실 시설을 점검하고 학교 예산으로 수리할 수 있는 것은 보수, 점검하도록 한다.
		3. 화장실 사용 실태 조사
		  학생들이 화장실을 사용할 때 청결하게 사용하는지, 청소하기 어렵게 사용하지는 않는지 조사해 보도록 한다.

	자원 및 예산 계획(선택)	
기대 효과		학생들의 화장실 사용 편의성 증가

2. 제안서를 받았을 때 갈등을 느끼는 대상들의 반응을 예상해 보고 이를 반영하여 제안서를 수정해 봅시다.

갈등을 느끼는 대상	2층 화장실 사용 학생	학교 행정실 화장실 청소 담당
예상되는 반응	청소도 중요하지만 사용자가 먼저 청결하게 사용하는 것도 중요한 문제임을 깨달을 수 있음.	배정된 예산이 없어 수리가 어렵다고 할 수 있음. 화장실에 악취가 나지 않게 청소를 깨끗이 하려면 청소 인원 배정을 늘려 줄 것을 요청할 수 있음.

8장.
디지털 소양을 기르는 인공지능 활용 수업

8장.
디지털 소양을 기르는 인공지능 활용 수업

디지털 소양과 디지털 리터러시

제4차 산업혁명(Fourth Industrial Revolution, 4IR)은 경제와 사회 모든 영역에 정보통신 기술(ICT)이 융합되어 이루어지는 차세대 산업혁명이라고 말할 수 있다. 2016 세계경제포럼에서 3차 디지털 혁명에 이어 4차 산업혁명이 도래하고 있다고 제시하면서 4차 산업혁명에 대한 국제적 관심이 높아졌다. 4차 산업혁명의 특징은 디지털 기술을 바탕으로 한 '초연결성', '초지능화'이다. 4차 산업혁명 시대에는 물리적, 생물학적, 디지털적 세계를 빅 데이터에 근거해서 통합시키고 경제와 산업 등 모든 분야에 영향을 미치는 다양한 신기술이 두각을 드러낸다[1].

---

1) 위키백과

인공지능(AI, Artificial Intelligence)은 인간의 학습 능력, 추론 능력, 지각 능력과 같은 인지적 능력을 인공적으로 구현한 컴퓨터 시스템이다. 즉, 기계가 인간처럼 생각하고 학습하여 판단할 수 있는 능력을 갖춘 것을 의미한다. 2022년 오픈AI의 챗GPT 3.5 등장 이후 MS의 뉴 빙(www.bing.com), 구글의 제미나이(gemini.google.com) 등 다양한 생성형 인공지능 서비스가 본격화되면서 인공지능 기술이 사회 전반에 큰 영향을 미치고 있다. 특히 인공지능 기술이 디지털의 기반 기술로 이어지면서 일상생활 속에서 다양하게 작동하고 있다. 이처럼 생성형 인공지능 서비스가 발달하면서 디지털 기반 교육, 인공지능 활용 수업 등에 대한 사회적 관심이 높아지고 있다. 일부 사람들은 진정한 4차 산업혁명은 코로나와 생성형 인공지능 등장을 기점으로 시작되었다고 말하기도 한다.

2022 개정 교육과정에서는 디지털 및 인공지능 소양 교육을 강조한다. 인공지능 소프트웨어 등 신(新)산업 기술 혁신에 따른 미래 세대 핵심 역량으로 디지털 소양을 함양하도록 하고, 교실 수업 개선 및 평가 혁신과 연계를 추구한다. 디지털 소양이란 '디지털 지식과 기술에 대한 이해와 윤리의식을 바탕으로 정보를 수집·분석하고, 비판적으로 이해·평가하여 새로운 정보와 지식을 생산·활용하는 능력'을 말한다. 2022 개정 교육과정에서는 학교자율시간을 통한 학교 교과목 개발이나 기존 교과 교육과정을 기반으로 교과목 재구조화를 통해 디지털 소양 교육을 강화할 것을 제시하고 있다.

디지털 소양 교육은 디지털 리터러시를 기반으로 진행되면 좋다. 리터러시(literacy)란 텍스트를 읽고 쓰는 능력을 의미하는 문해력, 독해력, 이해력 등을 뜻한다. 또한, 특정 분야에 대한 역량이나 지식을 의미하기도 한다. 디지털 리터러시란 '디지털 기술, 데이터, 정보, 콘텐츠, 미디어에 접근하고, 이를 통해 관리, 통합, 분석, 평가, 해결, 소통하며, 지혜롭게 문제를 해결하는 능력과 소양'을 말한다[2].

교육부(2022)와 경기도교육청(2023)에서 제시한 디지털 소양 내용 요소는
다음과 같다.

영역	세부 요소	설명
디지털 기기와 소프트웨어 활용	디지털 기기 활용	디지털 기기를 조작하는 데 필요한 기본 원리와 기능을 이해 및 활용한다.
	소프트웨어 활용	소프트웨어의 기본 원리와 기능을 이해하고 다양한 작업에서 소프트웨어를 활용한다.
	인공지능 활용	다양한 문제 해결 과정에 인공지능 기술이 탑재된 도구를 활용한다.
디지털 정보의 활용과 생성	자료 수집과 저장	사용 목적을 고려해 자료를 수집하고, 비판적 시각으로 정확성을 평가하여 효율적으로 저장, 관리한다.
	정보 분석과 표현	정보를 효과적으로 전달하기 위해 데이터를 분석, 종합, 시각화한다.
	디지털 콘텐츠 생성	디지털 미디어를 통해 제공될 수 있는 다양한 유형의 콘텐츠를 생성한다.
디지털 의사소통과 문제 해결	디지털 의사소통	디지털 환경에서 정보를 비판적으로 분석하고, 정보 공유, 의사 결정 참여, 협업 소양을 기른다.
	디지털 문제 해결	문제 해결 방안을 구안하고, 디지털 도구를 활용하여 실행한다.
디지털 윤리와 정보 보호	디지털 윤리	디지털 사회의 성숙한 시민으로서 타인을 배려하고, 예절과 윤리를 실천한다.
	디지털 정보 보호	자신과 타인의 정보를 보호하는 방법을 실천한다.

---

2) 박일준·김묘은(2020), 『디지털 리터러시 교실』, 북스토리

깊이 있는 수업

디지털 리터러시의 영역은 디지털 기술의 이해, 디지털 미디어 리터러시, 디지털 시민성 및 윤리, 디지털 기술 활용 능력 등으로 구분할 수 있다. 디지털 기술의 이해는 주요 디지털 기술의 특징과 장단점을 파악하는 것이다. 디지털 미디어 리터러시는 뉴스(정보), 유튜브 및 숏폼(영상) 등 디지털 미디어 콘텐츠를 비판적으로 이해하고 만들 수 있도록 하는 것이다. 디지털 시민성 및 윤리는 디지털 세계에서 필요한 시민성을 함양하고 디지털 성범죄 예방, 저작권 문제, 개인 정보 보호 등 디지털 문제들을 해결할 수 있도록 하는 것이다. 디지털 기술 활용 능력은 디지털 기기, 소프트웨어, 인공지능 도구를 잘 활용하여 콘텐츠를 산출할 수 있는 것을 말한다.

디지털 소양 교육을 위한 학교자율과목 교육과정 개발 사례

디지털 리터러시 내용을 교육과정으로 담는다면 교과 융합 수업 형태로 학교자율시간 과목을 개설하여 운영하면 좋다. 수업디자인연구소가 전북완주교육지원청과 함께 개발한 중학교 학교자율과목 '디지털 완주' 교육과정을 소개하면 다음과 같다[3].

단원	단원명	핵심 질문	세부 질문	내용 요소
1	이미 시작된 디지털 기술의 미래	지금의 디지털 기술은 앞으로 어떤 모습으로 변화될까?	· 디지털 기술의 과거와 현재는 무엇이 다른가요? · 지금 우리는 어떤 디지털 기술과 함께하고 있을까요? · 디지털 기술이 앞으로 어떻게 발전하게 될까요?	· 과거, 현재, 미래의 디지털 기술 변화 이해 · 메타버스, 로보틱스, 인공지능 기술의 이해 · 다양한 미래 디지털 기술 상상하기

---

3) 교육디자인네트워크(2024), 『디지털 완주(학교자율과목 개발 연구)』, 전북완주교육지원청

2	이미 시작된 미래 사회	디지털 기술로 인해 달라질 미래의 삶은 어떤 모습일까?	· 디지털 기술이 만든 우리 사회의 특징은 무엇일까요? · 디지털 기술이 고도화된 미래는 어떤 사회일까요? · 미래 사회의 유익과 문제점은 무엇일까요?	· 인공지능, 클라우드, IoT, 로보틱스, 메타버스 · 디지털 기술이 발달한 미래 사회의 특징과 문제
3	슬기롭게 즐기는 영상	슬기롭고 현명하게 영상을 이용하려면?	· 영상을 얼마나 이용하고 어떤 영상을 보고 있나요? · 영상은 어떤 특징을 가지고 있고, 왜 자주 이용하게 되나요? · 영상을 조절하는 방법과 평가하는 방법은?	· 유튜브 이용 현황 · 숏폼 중독 및 조절 · 유튜브의 특성과 알고리즘 · 유튜브 자기 조절 및 성찰 · 비판적인 유튜브 평가
4	뉴스에 대한 생각 근육 키우기	뉴스를 비판적으로 바라보려면?	· 평소에 즐겨 보는 뉴스에는 어떤 것이 있나요? · 뉴스를 어떻게 비판적으로 보고 판단해야 하나요? · 학업, 진로에 도움이 되는 뉴스 사이트에는 어떤 것이 있나요?	· 연성 뉴스, 경성 뉴스의 개념 · 뉴스의 긍정적 기능 · 낚시성 뉴스, 어뷰징, 허위 조작 정보의 개념과 발생 원인 · 질문 중심의 뉴스 평가 · 팩트 체크 방법
5	생성형 인공지능 첫걸음	생성형 인공지능을 잘 활용하려면?	· 시리(빅스비)는 왜 '잘 모르겠어요'라는 대답을 할까? · 인공지능은 어떻게 사람처럼 대답할 수 있을까? · 왜 같은 질문이라도 다르게 표현하면 인공지능의 답이 달라질까? · 인공지능의 한계는 어떤 것이 있을까? · 인공지능과 의사소통을 잘해 본다면?	· 챗GPT와 프롬프트 중심으로 활용법, 확장 사용법 안내 및 실습 · 챗GPT 활용: 답변 만들기, 영상 내용 요약하기, 음성 인식, 창작해 보기 등 · 프롬프트: 답변 수준 정하기, 질문 추가하기, 영어 질문, 회피하는 질문에 답하게 하기

6	인공지능 비서가 생겼어요	나는 인공지능을 어디까지 활용해 볼 수 있을까?	· 인공지능이 사람의 창의성을 대체할 수 있을까? · 인공지능이 예술 작품을 만들어 낼 수 있을까? · 인공지능으로 글, 그림, 음악을 만들어 내는 방법은 무엇일까? · 인공지능으로 발표 자료를 만들 수 있을까? · 인공지능을 잘 활용해 동화책을 만들어 볼까요?	· 글쓰기: 챗GPT, 뤼튼, 자작자작 · 그리기: 퀵 드로우, 빙 이미지, 파이어플라이 어도비, 캔바(AI), 투닝 · 음악: 수노 · 발표: 감마
7	나는 디지털 시민!	디지털 시민으로 살아 가려면 어떤 노력을 해야 할까요?	· 나에게 있어 디지털 세상은 무엇인가요? · 디지털 시민으로서 '해야 할 일'과 '하지 말아야 할 일'에는 어떤 것들이 있을까요? · 건강한 디지털 시민으로 살아가기 위해 약속을 정한다면?	· 디지털 세상 속 디지털 시민 · 디지털 시민이 지켜야 할 예절 · 개인 정보 보호 및 저작권
8	디지털 기술의 빛과 그림자	딥페이크 기술의 두 얼굴, 올바르게 사용 하려면?	· 딥페이크 기술은 무엇이며, 어디에 활용되고 있을까요? · 딥페이크가 우리 삶에 미치는 긍정적, 부정적 영향은? · 딥페이크 범죄를 예방하고 대응하려면 어떻게 해야 할까요?	· 딥페이크 기술 알아보기 · 딥페이크 활용 사례 탐색 및 딥페이크의 두 얼굴 · 딥페이크 범죄 및 예방, 대응책
9	미래 사회와 직업 세계 변화	디지털 및 인공지능 기술 변화는 직업에 어떤 변화를 줄까?	· 과거의 인기 직업과 요즘 인기 있는 직업은 무엇인가요? · 인기 직업들은 왜 사라지게 되었을까? · 무엇이 직업 변화에 영향을 주었을까? · AI 시대, 사라질 직업과 유망 직업은 무엇일까요? · AI 시대에 우리가 갖추어야 할 태도와 역량은 무엇일까요?	· 과거와 현재 인기 있는 직업 비교 · 일부 직업들이 사라지게 된 이유 · 직업 변화의 영향 요인 · 인공지능을 통해 사라질 직업과 유망 직업 · 인공지능 시대에 우리가 갖추어야 할 태도와 역량

10	나만의 창업과 창직에 도전하라!	나만의 창업과 창직에 도전해 본다면?	· 내가 좋아하는 것과 관련한 직업들을 찾아본다면? · 창직과 창업은 무엇인가요? · 창직의 특성과 과정은 어떻게 될까요? · 창업가 정신의 의미와 창업가의 공통점은 무엇일까요? · 인공지능 시대에 AI를 활용하여 창업을 기획하고 발표한다면?	· 창업과 창직 · 창직의 특성과 과정 · 창업가 정신 · 창업가 역량
11	우리가 만드는 건강한 디지털 문화 도시 완주	우리 완주를 건강한 디지털 문화 도시로 만든다면?	· 우리 지역의 디지털 활용과 관련된 문제는 무엇이 있을까? · 우리 지역의 디지털 활용 실태와 문제점을 비판적으로 바라본다면? · 건강한 디지털 문화 도시 완주군을 만들기 위한 대안을 찾아본다면?	· 우리 지역의 디지털 활용 관련 문제점 비판 · 우리 지역의 디지털 활용 실태 · 우리 지역의 디지털 문화에 대한 대안 모색
12	우리 지역 완주군을 알려라!	우리가 만드는 행복한 완주의 모습은?	· 완주, 너는 어떤 곳이니? · 완주, 너의 매력은 무엇이니? · '생애 꼭 가봐야 할 여행지 TOP10'에 완주군을 소개한다면?	· 완주군의 자연 및 인문환경의 특색 · 완주군의 네 가지 상징 · 완주군 캐릭터 · 우리 지역 홍보 활동

10. 나만의 창업과 창직을 도전하라!

■ **질문 및 단계**

질 문	질문 내용	활 동
핵심 질문	나만의 창업과 창직을 도전해 본다면?	
출발 질문	내가 좋아하는 것과 관련한 직업을 찾아본다면?	개별 활동
전개 질문	창직과 창업은 무엇인가요? 창직의 특성과 과정은 어떻게 될까요? 창업가 정신의 의미와 창업가의 공통점은 무엇일까요?	모둠 활동
도착 질문	인공지능 시대에 AI 활용하여 창업을 기획하고 발표한다면?	개별 및 모둠 활동

■ **학습 목표**
- 창직의 개념을 이해하고 디지털 시대에 필요한 창직을 만들어 설명할 수 있다.
- 창업가 정신의 의미를 이해하고 창업가의 공통된 특징을 설명할 수 있다.
- 인공지능 시대에 AI를 활용하여 더 나은 세상을 위한 창업을 기획하고 발표할 수 있다.

■ **교육과정 연계**

교과목	영역(단원)	성취기준
진로과	창업의 특성과 창업가 정신	[9진로02-06] 창업의 특성과 창업가 정신을 이해하고 그 중요성을 인식한다.
정보과	인공지능 시스템을 활용한 문제 해결	[9정04-04] 인공지능 시스템으로 해결 가능한 문제를 발견하고, 문제 해결에 적합한 인공지능 시스템을 적용한다.

기술 가정과	기술적 문제 해결	[9기가02-14] 디지털 생활 환경으로 나타난 일상생활의 혁신과 변화를 비판적으로 분석한 결과를 삶의 질 향상에 활용할 수 있는 방안을 탐색하여 제안한다. [9기가03-03] 기술적 문제 해결 과정의 이해를 바탕으로 문제를 확인하고, 정보를 수집하며, 확산적 사고와 수렴적 사고를 통해 해결 방안을 탐색하고 대안을 선정한다.

- **개념**   창직, 창업, 인공지능, 새로운 직업 변화, 아이디어와 기획

- **수업의 주안점**   급변하는 시대의 변화에 따라 직업 세계도 빠르게 변화하고 있다. 기존의 직업을 준비하다가도 과학 기술이 급격하게 변화하여 새로운 직업이 생겨나고 있다. 이러한 변화의 움직임에 발 빠르게 대비하고 적응하기 위해 시장을 조사하고 트렌드 변화를 이해하는 것이 중요하다. 앞으로의 사회 흐름과 변화의 추이를 예측하고 시대에 필요한 새로운 직업과 직종을 파악하려는 마음가짐과 준비가 필요하다. 본 수업은 '미래 직업 세계의 변화'라는 주제를 가지고 시대에 따라 급변하는 직업이 아닌 본인의 적성과 흥미 등을 살리고 시대가 요구하는 흐름에 맞춘 새로운 직종과 직업을 탐색 해 보고, 미래 사회에 대응하고 준비하기 위한 창업과 창직을 기획해 보고자 한다.

- **핵심 질문**   나만의 창업과 창직을 도전해 본다면?

- **수업 전개도**

내가 좋아하는 것과 관련한 직업을 찾아본다면? 문답법	→	창업과 창직은 무엇인가요? 창직의 특성과 창직 과정은 어떻게 되나요? 창업가들의 공통점은 무엇이고, 창업가 정신은 어떤 의미를 가지고 있을까요? 개별 활동 [활동지 1] 모둠 활동 [활동지 2, 3, 4]	→	인공지능 시대에 AI를 활용하여 창업을 기획한 다면? 개별 및 모둠 활동 [활동지 5]

■ **학습 준비물** 활동지, 필기도구, 인터넷 기반 디지털 기기, 온라인 학습 관리
시스템(LMS)

교수학습 활동

출발 질문 내가 좋아하는 것과 관련한 직업들을 찾아본다면?

· 교사가 학생들에게 질문하면서 학생들의 답변을 간단하게 판서로 정리
한다.

전개 질문 창직과 창업은 무엇인가요?

· 창직의 개념을 이해하고 창직의 특성과 자기 이해를 연결하여 탐색할
수 있다.

 [서울경제TV] 세상에 없던 직업을 만드는 '창직' (2016, 3분)
https://youtu.be/VVIiNGj6HBY?si=WV2brkjh0UpCbvWj

 [KBS 뉴스] 취미·특기를 직업으로…'창직'의 세계 (2015, 1분 45초)
https://youtu.be/UuHlvH5HdUc?si=IwYB-Tx3ZahnpLqI

· 영상을 보고 [활동지 1]을 통하여 창직한 인물과 직업을 찾아본다.

 창직, 당신의 직업을 만들어 봐요 (2020, 2분 15초)
https://youtu.be/uTvPzKheUhE?si=kv64gv_mjfjk0R2o

 창직이란, 이런 것이당?/ 유퀴즈 (2021, 3분 5초)
https://youtu.be/e_9FVV6n8Bg?si=EsF8Gfkf5o954jJg

· 자신의 특성과 흥미, 적성 등을 기반으로 새로운 일을 찾아 마인드맵으
로 작성한다.

창직의 특성과 과정은 어떻게 될까요? 창업가 정신의 의미와 창업가의 공통점은 무엇일까요?

· 창직에 영향을 주는 시대적 상황을 이해하고 장단점을 분석할 수 있다.

 청소년을 위한 미래토론수업 '퓨처스쿨 2020' | 창직 편
(2020, 11분 50초)
https://youtu.be/_vNQdkeSZSM?si=N6A4y90HsUl742NM

· [활동지 2]에서 창직에 영향을 주는 요인을 찾아보고 이해한다. 창직을 했을 때의 장점과 단점을 구분해 본다.

 창업과 창직(2020, 시청하기 1분 24초~9분 22초까지)
https://youtu.be/e7wgaBnfkq8?si=0cF4WCquRyqLlc6v&t=83

· 창업과 창직을 구분하고, 창업 과정 및 성공적인 창업 자세를 이해한다.

 기업가 정신이란 무엇일까? (5분 16초)
https://youtu.be/snohJB1DcVc?si=KV88_RZlnPAVLPsH

 창업가 정신 핵심 역량 진단 (예상 소요시간: 15~20분 / 총 48문항)
〈바로가기〉 https://yeep.go.kr/intro/coreCmptyIntro.do

· [활동지 3, 4]를 활용하여 자신의 창업가 정신 핵심 역량 검사를 실시한다.
· 검사 결과를 통해 자신의 강점을 확인하고 활용방안에 대해 생각해 본다.

도착 질문   인공지능 시대에 AI를 활용하여 창업을 기획하고 발표한다면?

· 디지털 기술과 AI 발달로 AI를 활용하여 창업을 기획하고 발표할 수 있다.

 창업 자료실 (YEEP)
https://yeep.go.kr/noti/rfrcDataList.do

· [활동지 5-1]에서 창업 분야의 사례 기사(영상)을 보고 관련 정보를 탐색한다.
· 내가 만약 창업한다면 관심 분야에서도 어떤 소재와 목적으로 창업을 할 것인지 먼저 주제부터 선정해 본다.

[YTN] AI에 일자리 뺏겨?... 오히려 AI와 동업으로 창업! (2024, 2분 40초)
https://youtu.be/2GNHmwCo770?si=5KvrhvsOv-oK3dUS

· [활동지 5-2] 활동에서 AI를 활용하여 창업의 아이디어를 구체화한다.

· 모의 창업 활동에서 AI를 어디에 활용할 것인지 생각해 보고 AI를 활용
해서 명함, 로고, 홍보 영상 등을 직접 기획하고 제작한다.

· 모둠별로 발표를 진행하고 창업의 가능성과 유망 창업에 대해 서로 이
야기 나눈다.

창업가가 되려면 어떤 역량이 필요할까?

학년   반   번 이름:

1. 창업가 역량 검사를 실시하고, 나의 창업가 역량 결과를 분석해 봅시다.

창업가 정신 핵심 역량 진단 (예상 소요시간: 15~20분 / 총 48문항)
☞ 〈바로가기〉 https://yeep.go.kr/intro/coreCmptyIntro.do

창업가정신(Entrepreneurship) 핵심역량이란?

창업가가 갖추어야 할 핵심역량으로 미래 사회의 창의적 진로 개발을 위해 필요한 역량입니다.
이 진단을 통해 여러분이 어느 정도 창업가정신 핵심역량을 가지고 있는가를 스스로 확인할 수 있습니다.

창업가정신이란, 실패를 두려워하지 않는 혁신적이고 창의적인 사고를 바탕으로 빠르게 사회 환경에 능동적으로 대처하여
새로운 가치를 창출하려는 태도나 행동 양식을 말합니다.

[출처] YEEP(온라인 창업체험교육 플랫폼) https://yeep.go.kr/compt/comptMain.do

① 나의 핵심 역량 진단 결과에서 가장 점수가 높은 역량은?

첫 번째로 높은 역량	두 번째로 높은 역량

② 영역별로 높게 나온 역량을 동그라미 해 보고, 높게 나온 이유를 분석해 보세요.

핵심 역량군	핵심 역량	높게 나온 이유
가치 창출	혁신성, 사회적 가치 지향, 변화 민첩성	
도전	성취 지향성, 위험 감수 역량, 회복 탄력성	
자기 주도	자율성, 자기관리 역량, 끈기	
집단 창의	공동의사결정, 자원 연계 역량, 협력성	

[출처] 한국청년기업가정신재단

깊이 있는 수업

AI 활용하여 창업하기

학년   반   번 이름:

1. 관심 분야별로 어떤 창업들이 있는지 아래 바로가기를 눌러 탐색해 보세요.

창업가정신 핵심 역량 진단 (예상 소요시간: 15~20분 / 총 48문항)
☞ 〈바로가기〉 https://yeep.go.kr/intro/coreCmptyIntro.do

전체보기 > | IT(ICT/IOT) | 관광 | 광고 | 디자인 | 콘텐츠(문화/미디어)
패션/미용 | 사회적기업/NGO | 생활/안전 | 식품 | 애완동물(PET) | 업사이클링(up-cycling)
예술 | 의료 | 과학 | 환경 | 기타

관심 분야	NO	구분	제목	창업 내용 요약

2. 위 조사 내용을 토대로 창업 분야와 배경, 소재를 잠정적으로 설정해 보세요.

관심 분야	소재	구분	창업명	창업 배경 및 목적
(예) 식품	떡볶이	분식		기존 철판에 미리 조리한 떡볶이가 아닌 즉석떡볶이에 재료와 소스를 선택해서 만들어 먹어 고객 만족도 높이고자 함.

인공지능 활용 수업

생성형 인공지능 서비스인 챗GPT 등장으로 인하여 기계어가 아니라 자연어를 프롬프트에 입력하여 원하는 콘텐츠를 얻을 수 있게 되었다. 생성형 인공지능은 사용자의 명령어를 통해 사용자의 의도를 파악하고, 이를 기반으로 새로운 유형의 텍스트, 이미지, 오디오, 영상 등 다양한 콘텐츠를 만들어 내는 기술이다[4]. 생성형 인공지능 서비스는 검색어와 관련된 다양한 정보를 찾아주는 인터넷 검색과 달리 사용자가 원하는 형태의 정답을 짧은 시간 안에 만들어 제시한다. 인공지능 활용 수업은 교육적 목표를 달성하기 위해 학생들이 인공지능 도구를 활용하여 다양한 콘텐츠를 만들거나 비판하는 수업을 말한다.

최근 인공지능 교육에 대한 사회적 관심이 높아지는 이유는 인공지능 기술이 가지고 있는 '신박함'과 혁신성 때문이다. 인공지능을 이용하면 해당 분야의 전문 지식이 없어도 좋은 질문만으로 답을 만들 수 있다. 코딩을 몰라도 프로그래밍을 할 수 있다. 음정과 박자를 몰라도 작곡이 가능하다. 색채와 구도를 몰라도 그림 그리기가 가능하다. 무엇보다 경제적인 차원에서 인공지능 기술이 현재와 미래의 먹거리가 된다. 세계 각국이 경쟁적으로 인공지능 기술에 투자하는 것도 이러한 맥락에서 이해할 수 있다.

인공지능 교육은 인공지능 리터러시 관점에서 인공지능 이해 교육, 인공지능 활용 교육, 인공지능 개발 교육, 인공지능 윤리 교육, 인공지능 융합 교육 등으로 분류할 수 있다. 인공지능 이해 교육은 인공지능 기술에 대한 이해와 지식을 다루고 비판적인 관점에서 인공지능을 바라볼 수 있는 기초 소양을 다룬다. 인공지능 활용 교육은 인공지능을 다양한 교과 수업 상황에서 교육의 도구로 활용하는 교육을 의미한다. 인공지능 개발 교육은 인공지능 모형 개발과 구현을 위한 교육으로 구성된다. 모형 개발은 수학적 배경지식을 활용하여

---

4) 김용성(2023), 『챗GPT 충격, 생성형 AI와 교육의 미래』, 프리렉

인공지능 모형을 개발하는 것이고, 인공지능 구현을 위한 교육은 개발된 인공지능 모형을 구현하기 위한 알고리즘 교육과 프로그래밍 교육을 말한다. 인공지능 윤리 교육은 인공지능 문제와 관련한 윤리적 문제를 다룬다[5]. 인공지능 융합 교육은 교과 및 문제를 중심으로 인공지능 기반 프로젝트를 수행하는 과정에서 인공지능 기반 프로그래밍과 인공지능 기술 등을 모두 활용하는 종합적인 형태의 융합 교육이다[6].

팀 프로젝트 수업 수행평가 채점기준표 사례

영역	내용
이해	인공지능 기술에 대한 이해와 지식을 다루고 비판적인 관점에서 바라볼 수 있는 기초 소양을 다루는 교육
활용	인공지능을 다양한 교과 수업 상황에서 교육의 도구로 활용하는 교육
개발	인공지능 모형 개발과 구현을 위한 교육 수학적 배경지식을 활용하여 인공지능 모형을 개발하는 것 개발된 인공지능 모형을 구현하기 위한 알고리즘 교육과 프로그래밍 교육
윤리	인공지능 문제와 관련한 윤리적 문제를 다루는 교육
융합	교과 및 문제를 중심으로 인공지능 기반 프로젝트를 수행하는 과정에서 인공지능 기반 프로그래밍과 인공지능 기술 등을 모두 활용하는 종합적인 형태의 융합 교육

인공지능 활용 수업은 기본적으로 테크놀로지(technology) 기반 수업, 에듀테크 활용 수업이다. 테크놀로지란 특정 분야에서 지식의 실용화, 즉 과학적 지식을 개별 영역에서 실제적 목적을 위해 공학으로 적용하는 방법론이다. 과학적 지식을 이용하여 개발된 기계 장치 및 도구류를 말하기도 한다[7].

5) 정제영 외(2020), 『AI 융합교육의 이해』, AI융합교육연구지원센터
6) 융합교육연구소(2023), 『융합교육으로 미래교육의 길을 찾다』, 맘에드림
7) 위키백과

에듀테크란 교육(education)과 기술(technology)을 결합한 신조어로서 말 그대로 '교육기술'을 말한다. ICT(정보통신 기술 활용) 교육, 이러닝, 스마트 수업 등 예전에도 비슷한 용어들이 있었지만, 구태여 차이점을 찾는다면 디지털 기반 교육, 인공지능 활용 수업의 의미가 좀 더 강화된 단어라고 이해할 수 있다. 에듀테크 활용 수업의 개념 안에 전통적인 시청각 활용 수업뿐 아니라 인공지능 활용 수업, 온라인 수업, 블렌디드 수업, 코딩 수업, 로봇 활용 수업 등이 다 포괄된다고 볼 수 있다.

인공지능 활용 수업의 특징은 스마트 기기와 인터넷을 기반으로 한 도구 중심 수업이기에 디지털 디바이스의 특성에 기초하여 수업이 진행된다는 점이다. 인공지능 활용 수업의 특징을 정리하면 다음과 같다[8].

- 교수학습 활동이 온라인 공간과 오프라인에서 동시적으로 또는 비동시적으로 이루어지는 수업
- 인터넷 접속이 가능한 사이버 공간에서 교사와 학생 간의 상호작용이 이루어지는 동시에 대면 교실에서 대면적 상호작용이 동시다발적으로 진행되는 수업
- 컴퓨터, 스마트폰, 태블릿 등의 매체를 기반으로 하여 학습하는 수업
- 기존 수업에 비해 시간과 공간의 제약을 덜 받으며 학습자의 의지와 선택에 따라 이루어지는 수업
- 인공지능을 활용하여 간편하게 높은 수준의 산출물(콘텐츠)을 얻을 수 있는 수업
- 개별 학습에 기반한 개인 맞춤형 접근을 도와주는 수업

인공지능 활용 수업의 장점은 다음과 같다.

- 언제 어디서나 수업이 가능하다. 스마트 디바이스를 가지고 있으면 가정이나 야외에서도 학습할 수 있다.
- 교실 벽을 넘어 다양한 사람들과 협력학습이 가능하다. 다른 학급이나 학교와도 함께

---

8) 김현섭 외(2021), 『미래를 여는 온오프라인 수업』, 수업디자인연구소

깊이 있는 수업

학습할 수 있다. 지구 반대편 교실에서도 동시다발적으로 협동학습을 할 수 있다.

- 학교 밖 자원을 적극적으로 활용할 수 있고, 시간과 비용을 줄일 수 있다.
- 진화하는 기술 속도에 맞추어 새로운 기능이 지속적으로 업데이트가 가능하다.
- 인공지능 기술을 활용하여 높은 수준의 산출물을 손쉽게 얻을 수 있다.
- 인공지능을 활용한 피드백과 평가가 가능하다.

하지만 인공지능 활용 수업의 한계점도 있다.

- 스마트 기기와 인터넷이 전제되어야 수업을 할 수 있다. 스마트 기기가 고장 나거나 사양이 낮은 경우, 원활한 학습이 이루어지기 힘들다. 인터넷 연결이 매끄럽지 않으면 수업 자체가 진행되기 힘들다.
- 학생들이 수업 활동과 상관없는 딴짓을 하기가 쉽다. 스마트 기기 과의존 현상과 게임 중독 문제 등 새로운 생활 지도 문제가 발생할 수 있다.
- 유치원생이나 초등학교 저학년생, 특수 학생, 스마트 기기 활용 능력이 부족한 학생의 경우, 수업에 접근하기 힘들다.
- 일단 모든 교과에 적용 가능하지만, 교과 특성에 따라 활용 방식이 달라지거나 기존 수업보다 효과적이지 않을 수 있다.
- 예산 문제와 유지 비용, 스마트 기기 관리 문제, 보안, 저작권 문제 등 여러 가지 기술적인 문제들이 있다.
- 교사의 운영 기술과 기능 숙달 여부에 따라 수업 진행 방식이 달라질 수 있다. 중견 교사들은 상대적으로 불리하다.
- 학습과정을 몰라도 산출물을 손쉽게 얻을 수 있어서 학습 주제에 대한 지식과 기능을 충분히 익히지 못할 수 있다.

인공지능 활용 수업은 본질적으로 도구 활용 수업이다. 물론 정보 과목 등은 인공지능 자체가 교육 내용일 수 있지만, 그 외의 대다수 교과 수업에서는 수업 목표에 도달하기 위한 수단으로 인공지능이 활용된다. 인공지능 활용 수업은 자칫 활동 중심 수업의 한계에 빠질 수 있다. 인공지능은 학습 목표를 이루기 위한 도구이지, 그 자체가 목적은 아니다. 그러므로 기술 만능주의나 기술 지상주의의 위험에 빠져서는 안 된다. 인공지능 활용 수업은 깊이 있는 수업을 돕는 도구가 될 수도 있고, 반대로 과정을 생략한 채 손쉽게 결과만 얻는 편법적인 도구가 될 수도 있다.

인공지능 활용 수업은 인공지능의 특성을 적절하게 활용하되, 학생의 배움과 성장 입장에서 접근해야 한다. 성인들은 업무 보조 비서로 인공지능 기술을 폭넓게 활용할 수 있겠지만, 학생들이 수업에서 인공지능을 활용하는 것은 수업 목표와 성취 기준 맥락에서 의미가 있어야 한다. 학생이 직접 자료를 수집하여 요약 정리하여 프레젠테이션 발표 자료를 만드는 것과 학생이 내용을 잘 알지 못한 상태에서 감마 등 인공지능을 통해 키워드를 활용하여 인공지능이 생성한 프레젠테이션 발표 자료를 그대로 제출하는 것은 결과물 차원에서는 비슷할 수 있다. 하지만 학생의 배움과 성장 관점에서 바라볼 때는 전혀 다른 행위일 수 있다.

인공지능 활용 수업을 위한 여섯 가지 열쇠

인공지능(에듀테크) 활용 수업이 깊이 있는 학습을 위한 도구로 활용되기 위해서는 다음의 여섯 가지 열쇠를 기억해야 한다.

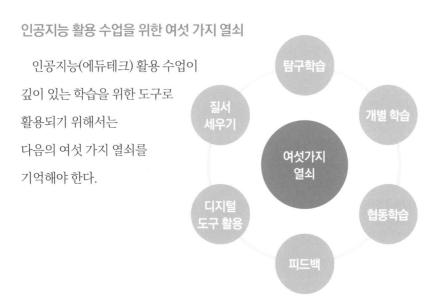

깊이 있는 수업

• 탐구학습(Inquiry-based Learning)

현재 교육방식은 종이책이나 인터넷 전자문서를 중심으로 지식과 정보를 얻고, 학생이 이를 학습 목표에 따라 가공하여 활용하는 것이다. 그래서 짧은 시간 안에 정답을 찾기를 강조하였다. 하지만 인공지능 시대에는 지식과 정보를 가공하여 정답을 제시하는 것도 인공지능이 대체할 수 있게 되면서 정답 자체보다는 정답을 구하는 방식이 더 중요해졌다. 정답을 구하기 위한 첫 걸음이 질문이다. 인간은 자기 주도적으로 탐구하고 학습할 수 있지만, 인공지능이 인간의 명령 없이 스스로 탐구 및 학습 활동을 하지는 않는다. 즉, 탐구 문제를 설정하고 질문을 던지는 것은 인간만이 할 수 있다는 것이다. 그래서 인공지능 활용 수업은 기본적으로 탐구학습에 기반하여 운영될 필요가 있다.

질문에 따라 정답의 방향과 내용이 달라진다. 그래서 인공지능 활용 수업에서는 질문 자체가 중요하다. 생성형 인공지능에 질문할 때는 다음의 요령을 기억해야 자기가 원하는 대답을 얻을 수 있다. 일반적인 프롬프트 입력 요령은 다음과 같다[9].

- 구체적인 주제 제시: 예) 인공지능의 주요 특징을
- 옵션(문체, 언어) 지정: 예) 손쉽게 개조식으로
- 분량 제시: 예) 400자 내외로
- 형식(텍스트, 그림, 표, 코딩 등) 제시: 예) 글로
- 방법(생성, 요약, 유형화 등) 제시: 예) 서술해 줘

조두연 수석교사가 제시한 인공지능 활용 수업에서 질문 요령은 다음과 같다.

• 역할을 부여하기

예) '나(너)는 교사야. 다음 질문에 대답해 줘', '난 중학교 2학년 학생이야' 등

---

9) DIGIOCEAN 2024.3.7.
   https://www.blog.digiocean.co.kr/post/chatgpt-prompt-engineering-five-tips

- 대상을 설정하기

  예) '초등학교 6학년 학생들을 대상으로 연극 수업을 하려고 해', '우리 할머니에게 알려 주고 싶어' 등

- 질문 내용 정하기

  예) '연극의 3요소에 대하여 어떻게 수업을 진행하면 좋을까?', '할머니 컴퓨터의 오피스를 새롭게 깔아 드리고 싶은데, 어떻게 하면 좋을까?' 등

- 형식을 제시하기

  예) '글로 표현해 줘', '표(그림)로 만들어 줘', '코딩으로 만들어 줘,' 등

- 세부 조건을 제시하기

  예) '해당 내용에 대하여 사지선다형 객관식 문항으로 퀴즈 문제를 세 개 만들어 줘', '일제 강점기 가상의 독립운동가를 주인공으로 하여 짧은 연극 시나리오를 써 줘', '할머니 컴퓨터의 오피스를 새롭게 까는 방법을 간단한 이미지와 함께 단계별로 설명해 줘' 등

생성형 인공지능 수업은 대화형으로 진행된다. 학생이 처음에는 두루뭉술하게 질문할 수 있지만, 인공지능이 답변한 내용을 토대로 심화 질문으로 연결해 간다면 높은 수준의 결과물을 도출할 수 있다. 인공지능 활용 수업을 단순 검색처럼 활용하면 지식과 이해 수준의 저차원적 산출물로 그칠 수 있겠지만, 탐구 학습 차원에서 적용, 분석, 종합, 평가, 창조 단계로 질문을 던지면 고차원적 산출물을 기대할 수 있다.

인공지능 활용 수업에서 깊이 있는 학습을 하는 방법의 하나는 꼬리 물기 질문(집중 질문, 연속 질문)을 던지는 것이다. 프롬프트에 질문을 입력하여 나온 대답을 기반으로 관련된 내용, 이해 가지 않은 부분, 더 알고 싶은 부분 등을 꼬리 물기 형태로 연속해서 질문하는 것이다. 그리고 심화 질문, 확대 질문을 던져서 원하는 답을 풍부하게 얻을 수 있다. 과제를 제출할 때는 최종 산출물만이

아니라 원하는 정답을 얻기 위해 거친 과정들을 모두 모아서 포트폴리오 방식으로 제출하면 좋다.

꼬리 물기 질문 사례

사회정의란 무엇인가

◆ **사회 정의**란 사회 구성원 모두가 공정하고 평등하게 대우받고, 자신의 권리와 책임을 다할 수 있는 사회 상태를 의미합니다. 이는 단순히 **법률적인 평등**뿐만 아니라, 경제적, 사회적, 문화적 불평등을 해소하고 모든 사람이 인간다운 삶을 누릴 수 있도록 하는 것을 목표로 합니다.

사회 정의의 핵심 가치는 다음과 같습니다.
- **자유**: 모든 개인이 자신의 의사에 따라 자유롭게 행동하고 선택할 수 있는 권리
- **평등**: 모든 사람이 동등한 기회를 보장받고 차별받지 않아야 함
- **정의**: 사회 구성원 모두가 공정한 대우를 받고 자신의 몫을 받을 수 있어야 함
- **연대**: 사회 구성원들이 서로 협력하고 돕는 공동체 의식

사회 정의의 실현은 다양한 방식으로 이루어질 수 있습니다.
- **법률 및 제도 개선**: 사회적 불평등을 야기하는 법률이나 제도를 개선하고, 소외된 계층을 위한 정책을 마련
- **경제적 불평등 해소**: 소득 불균형을 완화하고, 취약 계층을 위한 사회복지 시스템 강화

🖉 왜 사람들이 사회적으로 억울한 일을 당할까? 사회적 불평등과 경제적 불평등이 생기는 이유는?

◆ **사회적 불평등과 경제적 불평등은 왜 생길까요?**

사회적 불평등과 경제적 불평등은 복잡하고 다양한 원인이 복합적으로 작용한 결과입니다. 주요 원인들은 다음과 같습니다.

1. 개인적인 요인:
- **능력과 노력:** 개인의 능력과 노력은 소득 수준에 영향을 미칠 수 있습니다. 뛰어난 능력이나 끊임없는 노력은 더 높은 성과로 이어져 더 많은 보상을 받을 수 있습니다. 하지만 개인의 노력만으로는 극

복하기 어려운 사회적, 경제적 제약도 존재합니다.

- **운:** 개인의 운도 불평등에 영향을 미칠 수 있습니다. 예상치 못한 사고나 질병, 또는 경제 상황의 변화는 개인의 삶에 큰 영향을 미칠 수 있습니다.
- **선택:** 개인의 선택 또한 불평등에 영향을 미칠 수 있습니다. 학업, 직업, 결혼 등 개인의 선택은 미래의 소득 수준이나 사회적 지위에 영향을 줄 수 있습니다.

사회적으로 억울한 일을 당하는 이유

사회적으로 억울한 일을 당하는 것은 불평등한 사회 구조와 개인의 취약성이 결합된 결과일 수 있습니다. 사회적 약자는 불평등한 사회 구조 속에서 차별을 경험하고, 자신의 권리를 제대로 행사하지 못하거나 부당한 대우를 받을 가능성이 높습니다.

불평등 문제 해결을 위한 노력

불평등 문제는 개인의 노력만으로는 해결하기 어렵습니다. 사회 전체의 관심과 노력이 필요합니다.

- **사회 제도 개선:** 불평등을 야기하는 사회 제도를 개선하고, 사회적 약자를 위한 정책을 마련해야 합니다.
- **차별 해소:** 성별, 인종, 출신 등 다양한 이유로 인한 차별을 없애고, 다양성을 존중하는 사회 문화를 조성해야 합니다.
- **경제 민주화:** 경제력을 소수의 집단이 독점하는 것을 막고, 경제적 불평등을 완화하기 위한 노력이 필요합니다.
- **시민 의식 함양:** 시민들은 사회 문제에 대한 관심을 가지고, 불평등 해소를 위한 행동에 참여해야 합니다.

우리 사회는 불평등 문제를 해결하고, 모든 구성원이 공정하고 평등하게 살아갈 수 있는 사회를 만들어나가야 합니다.

> 사회적 불평등 해소를 위해 우선적으로 우리가 할 수 있는 일은 무엇일까?

사회적 불평등 해소를 위해 우리 개인이 우선적으로 할 수 있는 일들은 다음과 같습니다.

1. 인식 개선 및 공감대 형성:

- **불평등 문제에 대한 관심 가지기:** 사회 뉴스나 다큐멘터리를 통해 불평등의 심각성을 인지하고, 주변 사람들과 이에 대해 이야기하며 공감대를 형성합니다.
- **다양한 계층의 사람들 만나기:** 서로 다른 배경을 가진 사람들과의 교류를 통해 그들의 어려움을 이해하고, 편견을 줄입니다.
- **차별에 대한 비판적 시각 갖기:** 일상생활에서 발생하는 차별 사례를 인지하고, 이에 대해 문제 제기하거나 비판적인 시각을 유지합니다.

2. 소비 윤리 실천:

- **착한 기업 제품 구매:** 사회적 책임을 다하는 기업의 제품을 구매하고, 불매 운동 등을 통해 사회적 문제를 일으키는 기업에 대한 소비를 줄입니다.
- 공정무역 제품 이용: 개발도상국 생산자에게 정당한 가격을 지불하는 공정무역 제품을 구매하여,

칼럼의 주요 비판점은 다음과 같습니다.

- **정부 정책의 비일관성:** 정부가 가계부채 증가를 우려하면서도 정책적으로 이를 부추
기는 행위를 반복하고 있다는 점을 지적합니다.
- **부동산 시장 과열에 대한 우려:** 부동산 시장 과열이 경제 전체에 미칠 수 있는 부정적
인 영향을 강조하고 있습니다.
- **서민 경제에 대한 무관심:** 정부 정책이 서민 주거 안정보다는 부동산 투기를 부추기는
데 초점을 맞춰 서민 경제를 어렵게 만들고 있다고 비판합니다.

이 칼럼의 주장은 정부의 부동산 정책에 대한 비판적인 시각을 잘 보여주고 있습니다. 하
지만, 이 칼럼의 주장이 완전히 객관적인 것은 아니며, 다른 관점에서 해석될 수도 있습
니다. 예를 들어, 정부는 경기 침체를 막기 위해 불가피하게 부동산 시장을 부양할 수밖
에 없었다고 주장할 수도 있습니다.

정부가 추진해야 할 부동산 정책 방향:

1. **가계부채 관리 강화:**

   - **DSR 규제 강화:** 가계의 상환 능력을 고려하여 DSR 규제를 강화하고, 실효성 있는
     관리 체계를 구축해야 합니다.
   - **금리 인상 신중 검토:** 금리 인상은 가계 부담을 가중시킬 수 있으므로 신중하게 검
     토하고, 가계부채 상황을 고려한 맞춤형 금리 정책을 시행해야 합니다.
   - **주택담보대출 심사 강화:** 주택담보대출 심사를 강화하여 투기 목적의 대출을 차단
     하고, 실수요자 중심의 대출 시장을 조성해야 합니다.

2. **부동산 시장 안정화:**

   - **공급 확대:** 주택 공급을 확대하여 수요-공급 불균형을 해소하고, 부동산 가격 상승
     을 억제해야 합니다.

인공지능 활용 수업을 탐구학습 형태로 진행할 수 있는 대표적인 수업 모형은 문제 중심 수업(Problem-based Learning)이다. 문제 중심 수업은 학생들이 실제적인 삶의 문제(Problem)를 이해하고, 제시된 문제의 해결 방안을 개별 학습이나 협동학습 등으로 모색하는 수업이다. 삶과 관련된 문제를 구조화해서 문제 시나리오로 만들고, 교사는 안내자와 촉진자 역할을 하고, 학생은 자기 주도적으로 해당 문제를 해결할 수 있도록 하는 것이다.

서진학교에서는 특수 학생에게 인공지능 코딩 로봇을 중심으로 수업을 진행하고 있다. 로봇을 통해 주어진 문제를 해결할 수 있도록 접근하였다. 테일봇, 엠타이니, 포켓 터틀, 터틀 로봇, 대시앤닷, 알버트 등 직관적이고 단순한 로봇에서 복잡한 로봇으로 단계를 발전시켜 가면서 특수 학생에게 맞는 다양한 문제를 제시하고 코딩 로봇을 활용하여 이를 해결하도록 수업을 진행하고 있다. 예컨대, 출발점과 도착점이 기록된 학습지에 학생들이 선을 그리고, 터틀 로봇이 그 선을 따라 출발점에서 도착점까지 성공적으로 도달할 수 있도록 활동을 진행한다. 일반 학생들은 정보 교과 시간에 직접 코딩을 만들어 로봇이 도착점에 도달하도록 할 수 있다. 문제 해결의 도구로 인공지능을 활용할 수 있고, 인공지능이 제시한 정답이 진짜 정답이 될 수 있는지 평가하고 피드백할 수 있다. 에듀테크 활용 수업을 문제 중심 수업 모형이나 프로젝트 수업 모형과 결합하여 진행한다면 탐구학습 형태로 풀어갈 수 있다.

정준용 교사(영본초)는 초등 사회과 6학년 경제 단원에서 '놀이공원 방문객 데이터 분석을 통한 마케팅 전략 수립'을 주제로 인공지능 활용 수업을 진행하였다. 연령대별 놀이공원 사용 실태 자료를 모둠별로 분석하고 이를 패들렛에 올려놓았다. 분석 결과를 토대로 질문을 만들어 모둠별로 토의를 진행하였다. 예컨대, '30대에는 남성 방문자가 여성 방문자보다 적은데, 40대에서는 남성과 여성 방문자가 비슷해진 이유는?' 등의 질문으로 토의하는 것이다. 토의 결

깊이 있는 수업

과에 기초해 연령대별로 마케팅 전략을 수립하고, 그에 맞는 홍보 안내 자료를 모둠별로 제작하여 그 결과를 발표하였다. 자료를 제작할 때는 캔바를 활용하였다. 이 수업의 핵심은 패들렛 및 캔바 활용 방법 자체가 아니라 데이터를 분석하고 그에 맞는 질문과 해결 방안을 모색하는 것이었다.

1. 데이터를 보고 질문 만들기

놀이공원 방문객 데이터 분석을 통해 마케팅 전략 수립 수립 사례

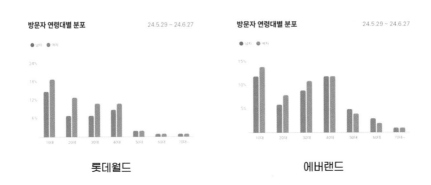

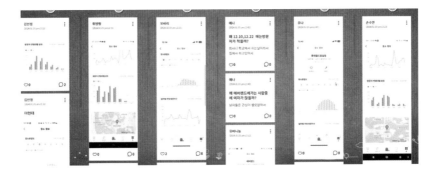

2. 에버랜드는 10대, 30대, 40대 방문자 수가 비슷한데 롯데월드는 왜 유독 10대 방문자가 많을까?

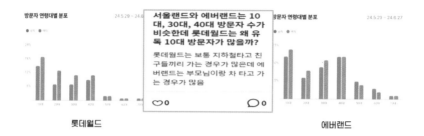

롯데월드

에버랜드

데이터 분석하기(협력)

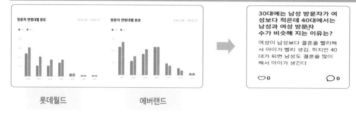

롯데월드   에버랜드

3. 기업 마케팅 담당자가 되어 마케팅 홍보 포스터 만들기

• 개별 학습(Individual Learning)

인공지능 활용 수업은 개별 학습의 가장 좋은 도구가 될 수 있다. 개별 학습은 학생 상호 간의 상호작용이 없는 상태로서 학생 개개인의 특성과 수준에 맞게 접근하는 학습 방식이다. 개별 학습은 학생의 특성과 수준에 맞추어 개인 맞춤형 교육을 지향한다는 점에서 가장 이상적인 교육 방식이다. 하지만 다인수 학급에는 적합하지 않고, 기존 수업 방식에 비해 예산이 많이 소요되고, 학습 효과가 그리 크지 않다는 단점이 있다. 인공지능 활용 수업에서는 이러한 개별 학습의 한계를 인공지능으로 어느 정도 극복할 수 있다. 다인수 학급에서도 인공지능 활용 수업을 진행하면 개인 맞춤형 교육이 가능하다. 인공지능 활용 수업은 초기 시설과 기기 투자 예산이 많이 들고 서비스 구독 비용과 기기 관리 비용이 필요하지만, 교사나 학습코치 인건비 등을 줄일 수 있어서 기존 교실에서 개별 학습을 진행하는 것보다 저렴하게 운영할 수 있다.

기존 수업에서 개별 학습을 적용하는 경우, 교사가 보조교사(Tutor)와 함께 팀티칭을 하게 된다. 교사가 전체 수업을 기획하여 진행하면서 기본 개념을 설명하고, 개별 학습 활동 시 보조교사가 학생 개인별 학습 과제 활동을 확인하고 피드백을 하는 것이다. 인공지능 기술은 보조교사(Tutor) 역할을 대체해 갈 수 있다. 수학과 수업에서 학생들이 문제를 풀면 인공지능 기술을 활용하여 정답을 확인하고, 오답에 피드백할 수 있다. 그리고 인공지능을 통해 학생 수준에 맞는 개인별 과제를 제시하고 이를 확인하여 그다음 단계에 맞는 학습 과제를 제시할 수 있다.

인공지능을 활용한 교육용 앱 '콴다'(qanda.ai)의 경우, 수학 문제를 풀고 이를 스마트폰 사진으로 찍어서 앱에 올리면 문제 풀이에 대한 피드백을 받을 수 있다. 여기에서는 수식 계산과 일대일 질문까지 가능하다.

콴다 사이트(https://qanda.ai/ko)

사교육 온라인 학습지 시장이 발달하면서, 온라인 학습지에 인공지능 기술을 활용하여 개인별 피드백을 할 수 있는 시스템이 이미 잘 구축되어 있다.

개별 학습 운영 사례로서 생성형 인공지능을 활용한 진로 탐색 수업도 가능하다. 내가 좋아하거나 잘하는 과목, 관심 있는 분야, 성격 유형 등의 세부 조건을 제시하고 그에 맞는 직업을 인공지능에게 추천해 달라고 하면 추천받을 수 있다.

구글 제미나이를 활용한 진로 탐색 활동 사례

나는 국어와 사회를 잘하고, 성격은 ENFP이고, 도전적이고 다양한 분야에 대한 호기심이 많아. 나에게 맞는 직업을 추천해줘~

다른 답안 보기 ∨

국어와 사회를 잘하고, 성격이 ENFP이며, 도전적이고 다양한 분야에 대한 호기심이 많으시다니, 정말 매력적인 분인 것 같습니다.

ENFP는 성격 유형 중 하나로, 외향적이고, 감각적이고, 직관적이고, 사고적이고, 개방적인 특징을 가지고 있습니다. 이러한 특징을 바탕으로, 다음과 같은 직업이 적성에 맞을 수 있습니다.

- 언론인

언론인은 사회의 다양한 분야에 대한 정보를 수집하고, 이를 분석하여 보도하는 일을 합니다. 국어와 사회에 대한 지식이 풍부하고, 다양한 분야에 대한 호기심이 많으신 분이라면, 언론인으로서 자신의 능력을 충분히 발휘할 수 있을 것입니다.

- 교사

교사는 학생들에게 지식과 정보를 전달하고, 올바른 가치관을 형성하도록 돕는 일을 합니다. 사람을 좋아하고, 타인을 가르치는 데 보람을 느끼시는 분이라면, 교사로서 학생들의 성장에 기여할 수 있을 것입니다.

- 마케터

마케터는 제품이나 서비스의 특성을 소비자에게 알리고, 구매를 유도하는 일을 합니다. 창의적이고, 도전적인 성격을 가지고 계신 분이라면, 마케터로써 새로운 마케팅 전략을 개발하고 실행하는 데 재미를 느낄 수 있을 것입니다.

- 광고 기획자

광고 기획자는 제품이나 서비스의 특성을 소비자에게 효과적으로 전달하기 위한 광고를 기획하는 일을 합니다. 예술적 감각과 창의적인 사고력을 가지고 계신 분이라면, 광고 기획자로써 소비자의 마음을 사로잡는 광고를 만들 수 있을 것입니다.

- 사회복지사

사회복지사는 도움이 필요한 사람들에게 물질적, 정서적 지원을 제공하는 일을 합니다. 따뜻한 마음씨와 남을 돕고자 하는 의지가 있으신 분이라면, 사회복지사로써 소외된 이웃들에게 희망을 줄 수 있을 것입니다.

깊이 있는 수업

마이베스트 AI(mybestedu.ai)를 활용하면 인공지능을 활용한 진로 탐색 보고서를 작성하여 자기 진로에 맞는 직업 탐색 활동을 손쉽게 진행할 수 있다. 학습 관점에서 바라보면 인공지능이 만든 진로 탐색 보고서는 학생이 직접 만든 진로 탐색 보고서와는 완전 다르다. 그러므로 인공지능이 만든 진로 탐색 보고서를 학생이 학습하여 자기 것으로 익힐 수 있도록 지도할 필요가 있다. 학생이 보고서를 읽고 요약하여 발표하거나 수정 보완하여 자기 보고서로 만들 수 있도록 해야 한다.

• 협동학습(Cooperative Learning)

인공지능 활용 수업을 협동학습 방식으로 운영하면 좋다. 학생마다 디지털 및 인공지능 기술 활용 능력이 다르므로 또래 가르치기 방식을 도입할 필요가 있다. 잘하는 학생이 그렇지 않은 학생을 도와서 과제를 수행하도록 하는 것이다. 협동학습의 기본 원리에 따라 인공지능 활용 수업을 다음과 같이 적용하면 좋다.

긍정적인 상호 의존

긍정적인 상호 의존이란 '나의 성공이 너의 성공'이라는 것이다. 학생 상호 간의 관계를 승(win)-승(win) 관계로 만드는 것이다. '너의 성공이 나의 실패'인 부정적인 상호 의존 방식의 경쟁학습과는 정반대이다. 교육용 앱 중 온라인 퀴즈 게임으로 카훗, 퀴즈앤, 띵커벨 등이 있다. 대개 퀴즈 게임을 경쟁학습 방식으로 활용하지만, 이를 협동학습 방식으로 전환하면 좋다. 예컨대, 모둠별로 퀴즈를 함께 풀거나 학습 수준에 따른 리그별로 퀴즈 게임을 진행하고 이를 합산하여 모둠 점수로 환산하는 것이다. 과제 분담 학습 모형을 활용하여, 각 모둠 내에서 개인별 학습 과제를 병렬적으로 나누어 각자 자료를 수집하고 이를 모아서 함께 하나의 과제를 수행하도록 할 수 있다. AI 활용 과제 탐구 활동이나 프로젝트 수업을 운영할 때 모둠별로 진행할 수 있다. 긍정적인 상호 의존을 높이기 위해 디지털 디바이스를 1인 1기기가 아니라 2인 1기기, 1팀 1기기로 배부하여 함께 활용할 수 있다.

개인적인 책임

개인적인 책임(개별적인 책무성)이란 '개인의 역할을 보다 분명하게' 세우자는 것이다. 기존 조별 학습의 문제점 중 하나가 무임승차자와 일벌레 학생

깊이 있는 수업

이다. 이러한 문제점을 극복하기 위해 개인의 역할을 보다 분명하게 나누고, 개인별 역할 기여도에 따라 평가하는 것이다. 인공지능 활용 수업의 경우, 팀 안에서 사회자, 자료 수집자, 기록자, 산물출 제작자 등으로 과제 성격에 따라 세부 역할을 나누어 과제를 수행하도록 하고, 자기 역할 수행 정도에 따라 평가 점수를 차등적으로 부여한다. 예컨대, 자료 수집자가 자료 수집을 제대로 하지 못하면 팀 점수보다 낮은 마이너스 점수를 받도록 한다.

동등한 참여

동등한 참여란 '모든 학생이 누구나 참여할 수 있도록 기회를 동등하게' 제공하는 것이다. 기존 조별 학습의 경우, 공부를 잘하고 외향적인 학생이 수업 대화를 독점할 가능성이 높다. 그러다 보면 그렇지 않은 학생들이 소외되기 쉽다. 인공지능 활용 수업에서도 마찬가지이다. 디지털 및 인공지능 기술 활용 능력이 뛰어나고, 적극적인 학생이 수업을 주도할 가능성이 높고, 상대적으로 그렇지 않은 학생이 소외될 수 있다. 그러므로 누구에게나 참여할 기회를 골고루 부여해야 한다. 학습 수준에 맞는 개별 과제를 제시해 디지털 및 인공지능 기술 활용 능력이 부족한 학생들도 참여할 기회를 제공해야 한다. 미네르바 스쿨의 경우, 자체 온라인 학습 플랫폼을 제작하여 활용하고 있는데, 학생이 수업에 열심히 참여하여 발표하면 해당 학생 창이 빨간색으로 배경 처리되고, 그렇지 않으면 파란색 배경 처리가 자동으로 이루어진다. 누구나 골고루 참여할 수 있도록 지원하는 체제가 구성되어 있고, 수업 이후 수업 참여도에 대한 피드백이 즉각적으로 이루어진다.

동시다발적인 상호작용

동시다발적인 상호작용이란 '동시에 여기저기서' 활동하도록 하는 것이다. 기존 수업에서는 주로 순차적 발표 방식을 사용한다. 30명의 학생이 1분씩 말하면 총 30분의 시간이 필요하다. 그런데 동시다발적인 발표 방식을 활용하여 2인 짝꿍끼리 번갈아 이야기하게 하면 모든 학생에게 발표하고 들을 기회를 주는 데 2분이면 충분하다. 동시다발적인 상호작용이 일어나면 학습 시간을 효율적으로 활용할 수 있다. '동시 시작'과 '동시 멈춤'을 강조하여 제한 시간 안에 학습 과제를 수행할 수 있도록 훈련할 필요가 있다. 인공지능 활용 수업에서도 학생 개인차로 인하여 학습 활동 시간이 각기 다른 경우가 발생하는데, 이때 우수한 학생이 빨리 과제를 수행하고 남는 시간에 인터넷 서핑이나 SNS, 게임을 하는 경우가 있다. 제한 시간 안에 모든 학생들이 주어진 학습 과제를 수행할 수 있도록 노력해야 한다. 인공지능(에듀테크) 활용 수업에서는 패들렛, 잼보드, 띵커벨 등 인터넷 보드 활용 수업 시 학생들이 생각을 동시다발적으로 작성하도록 할 수 있고, 다른 학생들이 작성한 글에 댓글을 달아 놓을 수 있도록 유도하면 좋다.

• 디지털 및 인공지능 도구 활용

에듀테크 기업에서 다양한 교육용 디지털 및 인공지능 기술과 도구, 플랫폼을 제작하여 학교에 제공하거나 다양한 서비스를 하고 있다. 이러한 교육용 디지털 및 인공지능 도구들과 플랫폼을 잘 활용하면 수업을 보다 풍성하고, 재미있게 진행할 수 있다.

가장 많이 알려지고 활용하고 있는 전 세계적인 온라인 학습 플랫폼은 구글 클래스룸이다. 구글에서 개발한 캘린더, 위성 디지털 지도, 클라우드, 실시간 쌍방향 온라인 서비스, 구글 문서, 각종 교육 앱 등을 구글 클래스룸에서 연동하여 사용할 수 있어서 좋다. 무료로 활용할 수 있어서 전 세계적으로 가장 많이 활용하고 있다.

최근 우리나라에서 많이 활용하고 있는 학습 플랫폼은 클라썸이나 띵커벨 등이 있다. 띵커벨(tkbell.co.kr)의 경우, 퀴즈뿐 아니라 토의토론, 보드, 학습지(워크시트), 게임 등을 묶어서 서비스하고 있다. 온라인 학습지 제작 도구도 구글 설문지(www.google.com/forms)뿐 아니라 티쳐메이드(teachermade.com), 라이브 워크시트(www.liveworksheets.com) 등이 있다.

생성형 인공지능 서비스를 교육에 활용하면 더욱 풍성해질 수 있다. 대표적인 생성형 인공지능 서비스는 챗GPT, 제미나이, 클로바 엑스(Clova X) 등이 있고, 한국형 생성형 인공지능 플랫폼인 뤼튼(wrtn.ai) 등이 있다.

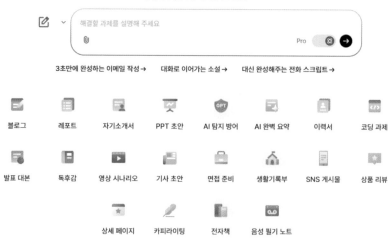

최근 특화형 인공지능 기반 교육 앱들이 개발되고 있다. 출처를 밝히는 대화형 AI 챗봇인 퍼플렉시티(perplexity.ai), 프레젠테이션 자료를 만들어 주는 감마(gamma.app), 글쓰기 교육 플랫폼인 키위티(keewi-t.korean.ai)나 자작(jajakjajak.com), 아바타를 활용한 뉴스 영상을 제작할 수 있는 AI 스튜디오(aistudios.com), 간편하게 전자책을 만들 수 있는 북 크리에이터(bookcreator.com) 등이 있다.

깊이 있는 수업

인공지능을 활용하여 손쉽게 PPT를 제작하는 감마

인공지능 도구들은 국어, 수학, 영어, 사회 등 기초 교과뿐 아니라 미술, 음악, 체육까지 다양한 분야에 활용할 수 있다. 인공지능을 활용하여 다양한 그림을 그려 주는 오토 드로우(Auto Draw), 웹툰을 만드는 스토리보드 댓(storyboardthat.com), 다양한 디자인을 할 수 있는 캔바(canva.com), 오페라처럼 성악을 기반으로 다양한 화음을 만들어 노래를 부를 수 있도록 도와주는 블롭 오페라(Blob Opera), 간단한 키워드만으로도 높은 수준의 작곡을 할 수 있는 수노(suno.com), 아바타를 만들어 주는 브루(Vrew) 등이 그 예라고 볼 수 있다. 앞으로 인공지능을 기반으로 한 다양한 교육 서비스들이 등장할 것이다. 교사나 학생들이 디지털 및 인공지능 도구와 플랫폼을 잘 이해하고 활용할 수 있도록 해야 한다.

• 피드백(Feedback)

지난 코로나 기간에 중위권 학생들의 학습이 전반적으로 하락한 이유 중 하나는 온라인 수업이나 블렌디드 수업에서 교사의 피드백 활동이 제대로 이루어지지 않았기 때문이다. 인공지능 활용 수업에서도 피드백이 잘 이루어져야 학습 효과를 기대할 수 있다. 인공지능 활용 수업이 기존 수업 방식보다 좋은 점 중의 하나는 교사만 피드백하는 것이 아니라 인공지능을 통해 실시간 피드백을 할 수 있다는 것이다.

온라인 학습지로 사용할 수 있는 구글 설문지, 티쳐메이드, 라이브 워크시트 등 온라인 학습지 제작 도구를 살펴보면, 공통적으로 피드백 기능이 있다. 교사가 온라인 학습지를 제작할 때, 정답이나 오답에 따른 피드백 내용을 기술하면 학생들이 온라인 학습지를 풀면서 즉각적으로 피드백 내용을 확인할 수 있다. 피드백은 특히 타이밍이 중요한데, 인공지능 활용 수업에서는 기술적으로 즉각적인 피드백을 받을 수 있다는 점에서 교사의 대면 피드백보다 뛰어나다.

인공지능 활용 수업에서는 보조교사 역할을 사람이 아니라 인공지능이 대체할 수 있다.

제미나이를 활용한 피드백 사례

내가 쓴 글에 대하여 피드백해줘

네, 알겠습니다.

먼저, 전체적으로 글의 내용이 잘 정리되어 있고, 논리적으로 전개되어 있어 좋은 인상을 받았습니다. 또한, 한국의 인구 감소에 대한 다양한 관점을 소개하고, 그에 대한 자신의 생각을 솔직하게 밝힌 점도 인상적이었습니다.

구체적인 피드백을 드리자면, 다음과 같은 점이 있습니다.

- 인구 감소의 원인에 대한 내용을 좀 더 구체적으로 설명하면 좋을 것 같습니다. 예를 들어, 경제적 불안, 사회 구조적 변화, 가치관의 변화 등 다양한 요인이 인구 감소에 영향을 미치는데, 이러한 요인들이 어떻게 작용하는지 구체적인 사례를 들어 설명하면 글의 이해를 돕는 데 도움이 될 것입니다.
- 인구 감소가 사람의 행복에 미치는 영향에 대한 논의가 좀 더 풍부했으면 합니다. 인구 감소가 사람의 행복에 긍정적인 영향을 미칠 수도 있고, 부정적인 영향을 미칠 수도 있는데, 이러한 양면성을 고려하여 논의하면 글의 완성도를 높일 수 있을 것입니다.

이러한 피드백을 바탕으로 글을 수정하면 더욱 완성도 높은 글이 될 것이라고 생각합니다.

자작 등을 활용하면 학생들이 쓴 글을 인공지능이 읽고 분석하여 첨삭 피드백까지 해줄 수 있다.

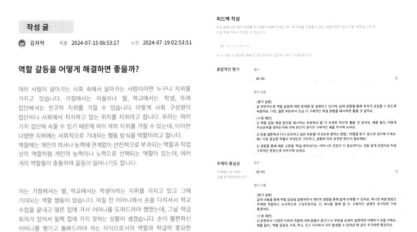

• 질서 세우기(Discipline)

인공지능 활용 수업에서는 디지털 디바이스 사용 원칙과 방법에 대한 세부 규칙을 세우는 것이 필요하다. 인공지능 활용 수업을 참관해 보면 학생들이 학습 과제를 일찍 마치거나 학습 과제에 흥미를 느끼지 못하는 경우, 바로 다른 창을 열어 딴짓하는 경우를 쉽게 발견한다. 일종의 멀티태스킹으로서 PC에서는 여러 가지 창을 동시에 띄워 놓고 상황에 따라 필요한 창을 열어 작업을 할 수 있다. 이 경우, 아무래도 학생들의 학습 집중도가 떨어질 수밖에 없다. 어느 고교 수업에서는 한 학생이 태블릿 PC에서 학습지 PDF 파일과 다른 학원 강사의 인터넷 강의를 동시에 띄워 놓고, 교사 몰래 이어폰을 끼고 인

강을 듣다가 교사가 다가오면 해당 창을 내리고 학습지 파일을 띄워 놓는 경우가 있었다. 교단 쪽에 있는 교사는 학생들이 디지털 디바이스 화면을 어떻게 활용하고 있는지 잘 알아차릴 수 없다. 그러다 보니 일부 학생들은 수업과 상관없는 사이트를 열어 놓고 서핑하거나 간단한 온라인 게임을 하기도 했다. 쉬는 시간이라도 온라인 게임 등으로만 시간을 보내면 친구들과 대면 상호작용의 기회가 줄어들어 사회성 발달에 어려움을 경험할 수 있다. 많은 학생이 스마트폰 과의존 현상에 빠져서 디지털 디바이스가 없으면 불안감을 느낄 정도로 쉽게 디지털 미디어에 중독될 수 있다. 줌, 구글 미트 등 실시간 쌍방향 온라인 수업에서도 학생이 비디오 화면을 꺼 버리면 콘텐츠 활용 수업보다 학습 효과가 떨어질 수밖에 없다. 그러므로 디지털 디바이스가 학습 방해 도구가 되지 않도록 사용 규칙을 세우고 질서를 유지할 수 있도록 생활 지도가 이루어져야 한다.

디지털 디바이스 사용 규칙을 정할 때 다음의 내용들이 포함되어야 한다.

- 디지털 디바이스 사용 방법 : 딴짓(수업 내용과 상관없는 서핑, SNS 등)하지 않기 등
- 디지털 디바이스 사용 시간 : 일과 시간이나 허용 시간 외에는 제한적으로 사용하기 등
- 디지털 디바이스 관리 방법 : 충전 요령 및 도난 방지, 기기 고장 예방을 위한 규칙 등
- 디지털 디바이스 담당자 : 학생 관리 담당자 이름을 표기하기 등
- 규칙 위반 시 제재 내용 포함 : 규칙을 어기는 경우, 그에 따른 책임 행동을 구체화, 명료화하여 제시하기 (예 : 수업 시간에 딴짓하는 경우, 1회차는 구두 경고, 2회차는 3일 동안 수업 시간 외 사용 금지 등)

디바이스 사용 규칙을 정할 때, 긍정훈육법(PDC)에서 제시하는 수업 규칙 세우기 요령을 활용하면 좋다. 문제가 되는 상황을 질문으로 만들어 학생들의 생각과 의견을 모아서 이를 규칙화하는 것이다. 이때 교사도 규칙을 제안하여 넣을 수 있도록 한다. 민주적인 합의 과정을 통해 사용 규칙을 정하여 운영하

면 학생들이 사용 규칙을 잘 수용하고, 규칙을 따를 힘을 가질 수 있다.

AIDT란 무엇인가?

AIDT(Artificial Intelligence Digital Textbook)란 'AI 디지털 교과서'의 영어 약칭으로서 '학생 개인의 능력과 수준에 맞는 다양한 맞춤형 학습 기회를 지원하고자 인공지능을 포함한 지능정보기술을 활용하여 다양한 학습 자료 및 학습 지원 등을 탑재한 교과서(소프트웨어)'를 말한다.

교육부에서는 2025년부터 수학, 영어, 정보에 AIDT를 우선 도입하고, 2028년까지 사회, 과학 등으로 과목을 단계적으로 확대 적용할 예정이다. 다만, 발달단계와 과목 특성을 고려하여 초등 1, 2학년과 고교 선택과목 예체능은 제외할 예정이다.

AIDT를 잘 이해하려면 그 이전의 전자 교과서 또는 디지털 교과서와의 공통점과 차이점을 먼저 이해해야 한다. 기존 디지털 교과서는 서책형 교과서를 디지털화한 교과서라고 할 수 있다. 즉, 서책형 교과서의 PDF 파일을 기반으로 하되, 기존 이미지에 애니메이션 효과를 넣거나 동영상 등을 추가해 보완하였다. 그리고 간단한 진단평가 및 형성평가 퀴즈 활동과 정오에 대한 피드백, 간단 해설 등이 포함되었다. 기존 디지털 교과서는 다음과 같은 한계가 있었다.

- 소프트웨어 차원에서 기존 서책형 교과서와의 차별성이 낮음
- 하드웨어 차원의 문제 (디지털 기기 보급 미비, 인터넷망 미비, 관리 문제 등)
- 휴먼웨어 차원에서 교사들의 무관심
- 지속적인 예산 투자 미비 등

그래서 일반 교실에서 디지털 교과서가 잘 활용되기 힘들었다. 이러한 기존

디지털 교과서의 한계를 인공지능 기술로 극복하려는 것이 AIDT라고 할 수 있다. 인공지능을 활용하여 학생의 개별화 수업이 가능하게 하고, 다양한 인공지능 서비스를 활용하여 다양한 산출물을 만들 수 있도록 한 것이다.

교육부에서 제시한 AIDT 플랫폼 구조는 다음과 같다.

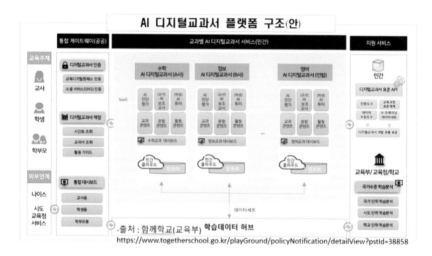

-출처 : 함께학교(교육부) 학습데이터 허브
https://www.togetherschool.go.kr/playGround/policyNotification/detailView?pstId=38858

교사용 대시보드(천재교육)

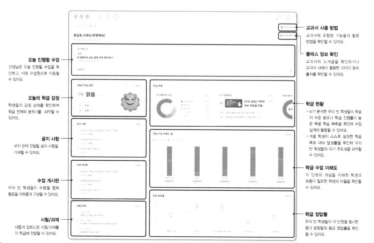

깊이 있는 수업

학생용 대시보드(천재교육)

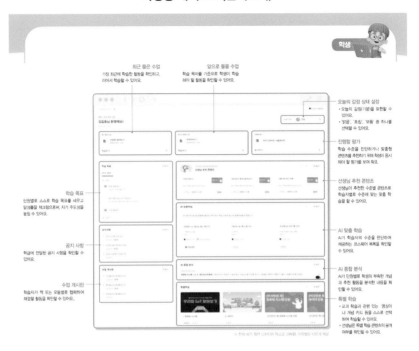

수학과 수업의 경우, 진단평가 후 그에 맞는 개인 맞춤형 학습 과제를 제시하고, 인공지능에 의한 개별 피드백이 가능해진다. 영어과 수업의 경우, 개인 맞춤형 회화 연습이 가능하고, 단어 검색이나 독해 활동 시 인공지능의 도움을 손쉽게 받을 수 있으며 개별 피드백이 가능하다. 사회과 수업의 경우, 빠른 정답 찾기와 함께 일정 수준의 다양한 산출물(보고서, PPT, 노래, 영상)을 손쉽게 만들 수 있다. 초등 3~4학년 사회과 교육과정은 지역화 교육과정으로 운영해야 하는데, 기존 사회과 교과서는 그 한계가 있지만 AIDT는 이러한 한계를 잘 극복할 수 있다.

AIDT 기능과 AIDT 활용 수업모델

AIDT 세부 기능으로 다음과 같은 기능들이 지원된다[10].

- AI 보조교사 : 원하는 학습 자료 찾기
- 교육용 콘텐츠 지원 : 이미지, 영상 등을 찾아 넣기
- 학업성취도 분석 : 우리 학급 학생들의 학업성취도를 분석한 데이터 제공하기
- 수업 맞춤 환경 설정 : 교사가 자기 수업 방식에 따라 각 요소를 맞춤형으로 재배치하기
- 모니터링 기능 : 학생들의 현재 학업 상황을 실시간으로 보여 주고, 교사가 피드백할 기회 제공하기
- 활동형 수업 지원 : 온라인 퀴즈 게임 등 학생 참여 활동을 돕는 도구를 제공하기
- 실시간 학습 지원 : 인공지능을 활용해 개별 학생에게 피드백하기
- 학생 정서 돌봄 : 학생들의 감정 날씨 등을 체크하여 교사가 한눈에 파악할 수 있도록 함
- 학습 관리 : 학생들의 학습 활동(완료, 미제출 등)을 점검하기
- 디지털 생활기록부(학생 학습 이력 관리 포트폴리오) : 학생들의 학습 이력 정보를 포트폴리오 방식으로 정리하여 제시하기

학습 관리 및 디지털 생활기록부 사례(아이스크림)

학습 완료한 학생   20명

학생	학업 성취율 그룹	발행일	학습 완료일	자세히 보기
15번 김이삭	빠른 학습자	2023.12.15.	2023.12.15.	→
16번 박민준	빠른 학습자	2023.12.15.	2023.12.15.	→
17번 이우현	느린 학습자	2023.12.15.	2023.12.15.	→
18번 정영서	조금 느린 학습자	2023.12.15.	2023.12.15.	→

---

10) 아이스크림 AIDT 소개 누리집(https://aidt.i-scream.co.kr/)

영역별 학업 성취율

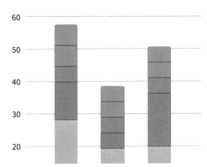

단원별 학업 성취율

천재교육에서는 AIDT 활용 교수 유형으로 AIDT 중심형, 서책형과 AIDT 혼합형, 과제 중심형으로 크게 세 가지 접근법을 제시한다.

・AIDT 중심형

AIDT 중심형 유형은 개발자들이 제시한 AIDT 그대로 수업을 진행하는 접근이다. AIDT 기능을 충실하게 구현할 수 있다는 것이 장점이라면 단점은 소위 '클릭 수업'으로 전락할 가능성이 있다는 것이다.

・서책형과 AIDT 혼합형

서책형과 AIDT 혼합형 유형은 서책형으로 교과서 진도를 나가고, 멀티미디어와 형성평가 활동은 AIDT를 활용한다. 즉, 서책형 교과서와 AIDT를 혼합하여 사용하는 것이다. 서책형 교과서와 AIDT의 장점만을 결합하여 운영한다는 점에서 좋지만, 실제로는 둘 다 사용하는 번거로움으로 인하여 상대적으로 사용하기 쉬운 서책형 교과서만 주로 사용할 수 있다.

・과제 중심형

과제 중심형 유형은 서책으로만 교과서 진도를 나가고, 과제만 AIDT를 활용한다. 기존 수업과 유사하게 운영할 수 있어서 활용하기 좋을 수 있지만, 자칫 학생들에게 학습 과제를 많이 부과하여 학습 부담을 늘릴 수 있다.

AIDT 활용 유형(천재교육)

그리고 이에 따른 세부 수업모델로 일반학습 모델, 거꾸로 학습 모델, 과제 수행 모델, 개별 학습 모델, 컴퓨팅 활용 모델, 보충학습, 심화학습 모델 등을 제시하고 있다[11].

AIDT의 장단점과 AIDT 관련하여 고민해야 문제들

AIDT의 장점을 정리하면 다음과 같다[12].

- AIDT는 AI 기술을 활용해 각 학생의 수준과 진도에 맞는 개인 맞춤형 학습 지원을 제공할 수 있음
- AIDT는 학생의 학습 과정을 실시간으로 분석하고 필요한 피드백을 제공할 수 있음
- 디지털 형태의 교과서는 텍스트뿐만 아니라 멀티미디어 자료, 인터랙티브(상호작용) 콘텐츠 등 다양한 형태의 학습 자료를 포함할 수 있음
- AIDT를 통해 학생들은 자연스럽게 디지털 환경에 익숙해질 수 있음
- AIDT는 지역이나 경제적 여건과 관계없이 모든 학생에게 동일한 수준의 교육 자료와 기회를 제공할 수 있음

---

11) 천재교육(2025), 「AI 디지털교과서 수업가이드」, 천재교과서
12) 이미화, 「종이책에서 AIDT로: 교육 혁명의 시작과 과제」, 울산일보, 2024.7.16.

깊이 있는 수업

하지만 AIDT 관련 교육 정책의 문제점도 많다. 국회토론회(2024.7.23)에서 제기된 비판을 정리하면 다음과 같다.

- 천문학적 비용 소요
- 제작사가 아닌 사용자에게만 부과된 윤리적 책임
- 학습 격차 유발 위험성
- 학습데이터 수집의 불안정성
- 일정 및 시범 모델 부족에 대한 우려
- AI 기술의 부정확성 및 정신적·신체적 부작용에 대한 우려
- AI 튜터에 대해 발생할 수 있는 다양한 문제에 대한 우려(챗GPT와 같은 생성형 AI 기술 접목의 한계 등)
- 서책형 교과서와 연계 부족 우려
- 플랫폼 및 예산 중복
- 데이터의 분산화에 따른 우려 등

그 외에도 AIDT의 문제점들이 있다.

- 모든 학생에게 도움이 되지 않을 것(학습된 무기력 학생 등)
- 인공지능 관련 정보 및 기술 격차로 인한 문제 발생
- 학생 개인 및 학습 정보의 관리 문제와 오용 가능성
- 개발 및 유지, 업데이트 등 관련 비용 문제
- 서책형 교과서 출판사의 독점 또는 중복 투자, 투자비 손실 보전 문제 등

인공지능은 성격상 기존 교육적 접근을 뛰어넘어 새롭게 학습할 수 있는 혁신적인 도구이다. 그에 비해 교과서는 성격상 매우 보수적인 성격을 가지고 있다. 교과서는 성격상 학문적 체계에 따라 논리적으로 서술되어야 하고, 오개념이 없어야 한다. 정치적, 종교적 중립을 지켜야 하고, 다양한 사회집단으로부터 비판을 받지 않도록 무난해야 하고, 활용하기 손쉽고, 경제적이어야 한다. 그래

서 기존 교과서 심의 기준이 까다롭다.

AIDT는 인공지능의 혁신성과 교과서의 보수성이 충돌할 수밖에 없다. 인공지능의 핵심 기능 중의 하나가 생성형 인공지능을 통하여 누구나 손쉽게 양질의 콘텐츠를 만들 수 있다는 것이다. 그런데 AIDT에 생성형 인공지능을 도입하기 힘든 현실적인 문제들이 있다. 대표적인 생성형 인공지능 서비스는 챗GPT, 제미나이, 딥시크 등인데, 대부분 해외에서 개발한 AI 엔진들이다. 생성형 인공지능 서비스는 특성상 오답이 나올 가능성이 있고, 정치적, 종교적 중립이 힘들 수 있고, 경제적이지 않다. 해외에서 개발한 생성형 인공지능을 활용하면 국내 정보가 해외에 유출될 가능성이 높고, 국내 인공지능 서비스가 자체적으로 발전할 가능성이 줄어들 수 있다. 그래서 AIDT에 생성형 인공지능을 결합할 수 있지만, 이 경우, 교과서 심의 기준과 충돌할 수밖에 없다. 그 결과 현재로서는 AIDT에 생성형 인공지능 기술을 접목하기 힘들다는 것이다. 생성형 인공지능 서비스를 빼버린 AIDT는 반쪽짜리 인공지능 교과서가 될 수밖에 없다. 증강현실 등 체험 활동을 강화한 형태로 AIDT를 보완할 수 있겠지만, 기존 디지털 교과서에 일부 기능만 추가한 형태로 머물 수 있다. 서책형 교과서에 미디어 기능과 퀴즈 활동을 좀 더 강화한 기존 디지털 교과서 수준에서 인공지능 피드백과 학습 이력 관리 기능 정도가 좀 더 추가된 형태의 AIDT가 될 수 있다.

이러한 문제점을 잘 해결하지 못하면 AIDT는 많은 현실적인 부작용에 직면하게 될 것이다. AIDT가 교실에서 성공적으로 활용되려면 기존 디지털 교과서의 문제점들을 잘 극복해야 할 뿐 아니라 깊이 있는 학습을 위한 도구로 활용할 수 있어야 한다. AIDT 사용에 대한 세부 가이드라인을 제시해야 한다. 학생 발달단계의 특성과 교과 특성과 학습 목표를 고려한 가이드라인이 필요하다. AIDT 활용 수업에서 교사가 구체적으로 어떠한 역할을 해야 할지 제시할 필요가 있다. 교사의 역할로 티칭보다는 코칭이 더 강조될 것이다. 또한 저작권 및 표절 문제, 정서행동 위기 학생들을 위한 훈육과 상담 방안 등도 제시해야 한다. 즉, 디지털 리터러시 관점에서 AIDT 정책과 수업이 이루어져야 한다. 디지털 및 인공지능 기술의 장단점을 잘 파악해야 한다. 뉴스(정보), 유튜브나 쇼츠(영상), SNS 등 주요 디지털 미디어의 특성을 이해하고 비판적으로 읽을 수 있어야 한다. 저작권 문제, 디지털 성범죄 문제, 개인정보 유출로 인한 문제 등 디지털 시민성과 인공지능 윤리 문제를 다룰 수 있어야 한다. 디지털 및 인공지능 기술을 활용할 수 있고, 이를 통해 높은 수준의 산출물을 만들 수 있도록 해야 한다.

다음의 토의 주제들을 교사 학습공동체 차원이나 교사 연수 차원에서 논의하면 좋을 것이다.

AIDT 활용 수업 문제와 관련하여 고민하고 토의할 주제

· AIDT 교육 정책에 대한 자신의 입장은 무엇인가? AIDT를 교실에서 잘 적용하려면 구체적으로 어떠한 원칙과 노력이 필요할까?

· 자신의 인공지능 활용 수업 실천 사례를 나누어 본다면? 인공지능 활용 수업에서 좋았던 점과 힘들었던 점은?

· 인공지능 활용 수업 시 학생들이 학습 과정을 생략하고 일정 수준의 산출물을 낼 수 있다면 과연 의미 있는 배움이라고 말할 수 있을까? 외국어를 몰라도 외국인과 소통이 가능하고, 코딩을 몰라도 프로그래밍을 할 수 있고, 색채 감각이 없어도 그림을 그릴 수 있고, 음정과 박자를 몰라도 작곡이 가능하다면 우리는 무엇을 가르쳐야 하는가? 성인이 업무 수행 과정에서 인공지능을 활용하는 것과 학생이 인공지능을 활용하는 것의 차이점은 무엇인가? AIDT 수업 디자인 시 교사가 어디에 초점을 두어야 할까? 교사의 역할은 구체적으로 무엇인가?

· 초등 저학년 시기에 손 글씨 훈련을 충분히 하지 않고 태블릿 사용을 가르치는 것이 좋은가? 발달단계 및 학교급별(초등 저학년, 중학년, 고학년, 중학교, 고등학교) 가이드라인을 어떻게 정리하여 활용할 것인가?
· AIDT가 서책형 교과서를 대체할 수 있을까? 대체 가능하다고 해도 과연 대체하는 것이 더 좋은가?
· 학생 고사 시 지필고사가 더 좋은가? 컴퓨터나 태블릿을 활용한 평가가 더 좋은가?
· 교사 간 기기 역량 차이를 어떻게 극복할 것인가? 중견 교사들에게는 상대적으로 불리하지 않은가? 이러한 문제점을 극복하려면?

　궁극적으로는 인공지능 활용 교육을 추진하는 데 있어서 교과서 개념보다는 플랫폼 개념으로 접근하는 것을 고민할 필요가 있다. AIDT의 문제점을 극복하려면 일단 AIDT 활용 수업과 AI 활용 수업을 구분해야 한다. AI 활용 수업은 생성형 인공지능을 활용할 수 있다는 점에서 AIDT 활용 수업에 비해 혁신적인 수업이 가능하다. AI 활용 수업을 발전시키려면 국가 차원에서 별도의 AI 교육플랫폼을 만들어 지원할 필요가 있다. 즉, 정부 차원에서 구글 클래스룸처럼 AI 교육플랫폼을 만들고, 다양한 교육 관련 기업들이 교육용 AI 도구들을 만들어 자유롭게 올려놓으면 교육청이나 학교에서 저렴하게 해당 교육용 AI 도구를 사용할 수 있도록 하는 것이다. AI 교육플랫폼을 만들면 중소기업도 교육용 AI 도구를 만들어서 유통하기 좋고, 교육청이나 학교 입장에서는 필요한 교육용 AI 도구만 저렴하게 활용할 수 있을 것이다. AI 교육플랫폼이 활성화되면 AIDT 플랫폼과 연계하여 시너지 효과를 발휘할 수 있도록 하면 좋을 것이다. 그러므로 AI 활용 수업을 위한 AI 교육생태계를 구축할 필요가 있다. 우리나라보다 인공지능 기술이 발달한 미국이나 중국이 AIDT를 서두르지 않은 이유가 있을 것이다. '최초'에 초점을 두지 말고, '최적'에 초점을 두어 교육적인 차원

깊이 있는 수업

에서 AI 교육생태계를 구축하는 데 노력해야 한다. 정치적 입장과 형국에 따라 AIDT 정책이 흔들리는 것보다 국가교육위원회 등을 통해 사회적인 합의를 도출하고, 이를 기반으로 점진적으로 AIDT 정책을 추진하는 것이 필요하다고 생각한다. 또한 AIDT 출판사들이 손해 보지 않고 상생할 수 있는 방안도 마련해야 할 것이다.

인공지능 활용 수업에서 인공지능의 '신박함'에 매료되어 인공지능 도구를 활용하는 것 자체에 초점을 둘 수 있다. 하지만 인공지능 도구 활용 자체보다 교육과정 목표와 성취기준에 도달하고 있는지에 초점을 두어 운영해야 한다. 이러한 맥락에서 AIDT 정책과 개발 방향도 AIDT가 학생들의 전인적 성장을 위한 도구가 되도록 개발하고 적용하는 방안을 모색해야 할 것이다.

9장.
성장 중심 평가를 위한 논서술형 평가

9장.
성장 중심 평가를 위한 논서술형 평가

평가의 본질

"시험은 곧 경쟁이다?"

"시험은 학습 동기를 유발한다?"

"숫자는 정확하다?"

"객관식 평가만 믿을 수 있다?"

"평가 결과는 모두 학생 책임이다?"

평가를 제대로 이해하기 위해서는 평가에 대한 올바른 관점을 먼저 정립할 필요가 있다. 평가란 학생들이 일정한 학습 경험을 수행한 후 학습 목표를 어느 정도 달성했는지 측정하는 것이다. 교사들은 측정 자료를 활용하여 학생들의 학습 수준을 이해하고 교사 자신의 수업을 반성하는 자료 또는 학생들과 학부모들의 자기 발전 자료로 삼을 수 있다[1].

하지만 현재의 평가 방식은 절대평가보다는 상대평가, 피드백보다는 테스트에 초점을 둔 경우가 많다. 절대평가는 학습 목표 도달 여부에 초점을 맞춘 평가이고, 상대평가는 다른 학생들과의 우열 순위를 중심으로 평가하는 방식이다. 평가의 본질에 가까운 평가 방식은 절대평가이고, 입시나 선발 등 특수 상황에서 필요한 평가 방식이 상대평가이다. 학교 교육은 기본적으로 절대평가로 운영하면서 입시 선발의 경우에만 상대평가를 하는 것이 좋다. 그런데 입시경쟁이 치열해지면서 일반적인 평가 방식도 상대평가 부분이 강조되어 평가에 대한 왜곡 현상이 발생한 부분이 있다. 수업의 과정과 결과로 평가가 이루어지는 것이 아니라, 평가 점수를 잘 받는 것이 중요해서 수업이 평가 방법에 따라 왜곡되기도 하였다. 기말고사를 마치고 나서 학기 말 수업이 정상적으로 이루어지지 않은 현상도 이러한 맥락에서 이해할 수 있다. 백워드 교육과정 개발 모델은 학력 신장에 초점을 맞추어, 목표 ⇒ 내용 ⇒ 방법 ⇒ 평가 순서로 진행되는 기존 합리적 교육과정 개발 모델(포워드)에서 평가를 앞부

---

1) 강승호 외(1999), 『현대 교육평가의 이론과 실제』, 양서원

분으로 돌려서 목표 ⇒ 평가 ⇒ 내용 ⇒ 방법의 순서로 접근한 것이다. 하지만 평가에 대한 강조가 자칫 목표, 내용, 그리고 방법을 왜곡하지 않도록 유의할 필요가 있다. 상대평가의 비중을 줄이고 절대평가의 비중을 높이는 방향으로 평가 혁신이 이루어져야 한다.

지금까지 평가 방식은 객관적인 측정과 등급 매기기(Test)에만 초점을 두고, 상대적으로 환류 및 개선(Feedback)은 소홀히 여기는 경우가 많았다. 평가는 측정과 등급 제시로 그쳐서는 안 된다. 테스트 이후 학생들이 학습 목표에 도달하지 못한 경우, 그 원인을 분석하고 대안을 제시하여 모든 학생이 일정 기준 이상 학습 목표에 도달할 수 있도록 수업 방식을 바꿀 수 있어야 한다. 우리나라에서 테스트를 강조한 이유는 입시 중심의 상대평가에서 주관적 요소를 배제한 정량 평가에 초점을 두어 객관식 평가를 강조했기 때문이다. 그리고 다인수 학급에서 피드백은 현실적으로 쉽지 않았기 때문이다.

평가는 수업과 다른 그 무엇이 아니라 수업 안에 녹아 있어야 한다. 수업과 평가의 분리는 수업의 본질을 무시하는 것일 뿐 아니라 수업 문화를 왜곡하는 주범이다. 평가의 기본 원칙은 수업한 만큼 평가하는 것이다. 수업하지 않은 내용을 평가하는 것은 잘못된 접근이라고 할 수 있다. 예컨대, 수업 시간에 다루지 않은 내용을 수행평가로 연결하는 것은 문제가 될 수 있다. 과정 중심 평가 담론이 나오게 된 것도 이러한 맥락에서 이해할 수 있다. 수업 내용에는 내용적인 지식만 있는 것이 아니라 과정적인 지식도 있으므로 균형 잡힌 평가를 해야 한다. 지식·내용 뿐 아니라 과정·기능, 가치·태도 등도 평가 영역에 포함해야 한다.

깊이 있는 수업

평가 도구의 적합성

평가 도구의 적합성 기준은 타당도, 신뢰도, 객관도, 실용도 등이 있다[2].

- 타당도 – 측정하고자 하는 바를 실제로 측정하고 있는가? (평가 문항 자체)
- 신뢰도 – 측정값이 믿을 만한 것인가?
- 객관도 – 채점자(교사)가 얼마나 일관성 있게 채점하는가? (평가자[교사] 자체)
- 실용도 – 측정 도구에 시간, 돈, 노력이 얼마나 적게 드는가?

지필평가와 수행평가를 평가 도구의 적합성 기준으로 분석하면 다음과 같다.

지필평가	비교 기준	수행평가
낮음	타당도	높음
높음	신뢰도	낮음
높음	객관도	낮음
높음	실용도	낮음
결과(점수) 중심	강조점	과정(성장) 중심

그런데 이 중에서 가장 중요한 적합성 기준은 타당도이다. 목표 도달 여부에 맞게 평가했는지가 가장 중요하다. 예컨대, 키를 재려고 체중계를 사용한다면, 신뢰도, 객관도, 실용도는 매우 높지만 타당도는 매우 낮다.

우리나라는 입시경쟁이 치열한 상대평가에서 신뢰도, 객관도, 실용도를 중요하게 여기다 보니 상대적으로 객관식 선다형 평가를 강조하게 되었다. 그런 가운데 수행평가가 도입된 것은 부족한 타당도를 높이기 위한 평가 혁신 정책

---

2) 강승호 외(1999), 위의 책

이라고 볼 수 있다. 하지만 지필평가보다 수행평가가 더 좋다고 단순하게 평가할 수는 없다. 평가 도구의 적합성 기준으로 볼 때 두 가지 평가 방식은 상호 대립적인 관계보다는 상호 보완적인 관계에 있기 때문이다. 대개 내용적인 지식(지식·이해)은 지필평가가 좋고, 과정적인 지식(과정·기능)은 수행평가가 좋다. 그러므로 교과 및 주제의 특성, 교육철학에 따라 이 두 가지 평가 방식을 적절한 비중으로 운영하는 지혜가 필요하다. 하지만 지필평가와 수행평가를 둘 다 강조하다 보면 학생들의 학습 부담이 오히려 늘 수 있다는 것을 기억해야 한다.

학습구조론 관점에서의 평가

학습구조론 관점에서 평가를 바라보면 학습구조에 따라 강조하는 평가 방식이 다르다. 학습구조란 교사와 학생, 학생과 학생 사이의 사회적 상호작용 방식을 의미한다[3].

• 일제 학습

일제 학습은 교사 주도형 수업으로 교사가 학생들에게 지식을 일방적으로 전달하는 방식을 말한다. 여기에서는 '교사가 전달한 지식이나 정보를 어느 정도 이해했는가?'가 중요하다. 대표적인 수업 방법은 강의식 설명이고, 대표적인 평가 방식은 일제고사이다.

• 개별학습

개별학습은 학생 개개인의 특성에 맞게 접근하는 방식으로 학생과 학생 사

---

3) 존슨은 '학생과 학생 사이의 상호작용'을 학습구조라고 정의하였다.
　정문성(2002), 『협동학습의 이해와 실천』, 교육과학사
　김현섭(2018), 『철학이 살아있는 수업기술』, 수업디자인연구소

깊이 있는 수업

이의 상호작용이 없다. 여기에서는 '학생 개개인에 따른 학습 목표를 어느 정도 이루었는가?'가 중요하다. 대표적인 수업 방법은 인공지능을 활용한 개별화 수업 등이 있고, 대표적인 평가 방법으로 수준별 평가[4], 향상점수제 등이 있다.

• 경쟁학습

경쟁학습이란 학생 간 관계가 부정적인 상호 의존 관계로서 '너의 성공이 나의 실패'로 연결되는 방식이다. 여기에서는 '다른 사람과 비교해서 어느 정도 우위를 가지고 있는가?'가 중요한 기준이 된다. 대표적인 수업 방법은 퀴즈 게임 등이 있고, 대표적인 평가 방법은 상대평가, 선발고사이다.

• 협동학습

협동학습이란 학생 간 관계가 긍정적인 상호 의존 관계로서 '너의 성공이 나의 성공'인 경우를 말한다. 여기에서는 '공동의 학습 목표를 이루기 위해 각자가 어떠한 노력을 기울였는가?'가 중요하다. 대표적인 수업 방법은 협동학습, 팀 프로젝트 수업 등이 있고, 대표적인 평가 방법은 모둠 수행평가(개인 역할 기여도에 따른 차등 점수 부여 등)이다.

과정 중심 평가와 성장 중심 평가

2022 개정 교육과정에서의 평가 방향은 깊이 있는 학습을 촉진하고 핵심 역량을 지원하는 데 초점을 둔다. 제시하는 내용은 다음과 같다.

---

4) 노무현 정부 시절 수준별 수업을 추진했으나 평가는 수준별 평가가 아니라 일제고사로 진행했기에 결국 수준별 수업이 실패로 돌아갈 수밖에 없었다.

- 과정 중심 평가 강화
  - 수업 중 관찰, 토론, 프로젝트 수행 등 다양한 활동을 통한 평가
- 역량 중심 평가
  - 문제 해결력, 비판적 사고력, 창의성 등 핵심 역량을 종합적으로 평가
- 수행평가 확대
  - 협동학습, 토론, 발표 등 다양한 수행평가 방법 활용
- 형성평가 강화
  - 학습 과정에서 지속적인 피드백 강조, 자기 평가와 동료 평가를 통한 학생 메타인지 능력 향상
- 개별화된 평가
  - 학습자의 다양성을 존중하는 개인 맞춤형 평가
- 통합적 평가
  - 여러 교과의 지식과 기능을 융합한 평가
- 디지털 기술을 활용한 평가
  - 온라인 플랫폼, 인공지능 기술을 활용한 평가, 실시간 피드백과 개별화된 학습 경로 제공
- 평가의 신뢰성과 타당성 확보
  - 평가 기준과 루브릭을 명확하게 하여 평가의 일관성 유지

과정 중심 평가는 기존 결과 중심 평가를 비판하면서 제시된 대안적 평가이다. 결과 중심 평가가 수업과 평가의 분리 현상을 촉발한 부분이 있었기에 수업과 평가의 일치를 추구하는 과정 중심 평가가 등장한 것이다. 과정 중심 평가는 학생들의 학습 결과뿐 아니라 과정을 확인하는 평가다. 2015 교육과정에서는 과정 중심 평가를 "교수학습의 과정에서 학생의 변화와 성장에 대한 자료를 다각도로 수집하여 적절한 피드백을 제공하는 평가"로 규정한다. 수행평가는 과정 중심 평가로 운영될 수 있지만, 교사가 수업 시간에 다루지 않는 내용을 수행평가로 제시한다면, 이는 결과 중심 평가라고 말할 수 있다. 과

정을 통해 좋은 결과도 유도하는 평가가 과정 중심 평가라고 할 수 있다.

2015 교육과정에서 강조한 과정 중심 평가는 학교 현장에서 오해와 왜곡을 불러일으키기도 했다. 과정 중심 평가를 형성평가나 수행평가와 동일시하여 이해하는 경향이 있었다. 과정 중심 평가가 평가의 관점이라면, 형성평가는 평가 목적에 따른 평가 유형이고, 수행평가는 평가 방법에 따른 유형이다. 즉, 차원이 다른 평가 유형이라는 것이다. 형성평가는 진단평가, 총괄평가와 함께 평가 목적에 따른 유형으로 학습 과정에서 이루어지고 있는 내용을 확인하는 것이다. 과정 중심 평가가 대두된 이유는 수행평가에 대한 학생 부담이 커지고, 수업 시간에 다루지 않은 내용을 수행평가로 제시하는 문제점을 보완하기 위해서이다.

기준	평가 유형
평가 목적	진단평가, 형성평가, 총괄평가
평가 방법	지필평가, 수행평가
평가 시기	정시 평가, 상시 평가
평가 주체	일제 평가, 교사별 평가
평가 산출 방식	절대평가, 상대평가
평가 관점	과정 중심 평가, 결과 중심 평가

일부 초등학교에서는 과정 중심 평가를 교수학습 활동 자체로 여기는 현상이 나타났다. 초등학교 평가는 절대평가로 운영되고, 점수를 주는 대신 학생 성장 내용을 서술 형태로 진술하기 때문에 정교하게 평가할 필요성을 잘 느끼지 못했다. 그래서 교수학습 활동 자체를 과정 중심 평가와 동일하게 여기는

현상이 나타났다. 일부 중고등학교에서는 과정 중심 평가를 사실상 결과 중심 평가(총괄평가)를 여러 번 하는 것으로 이해하는 현상이 나타났다[5].

무엇보다 과정 중심 평가를 과정만 평가하고 결과를 소홀히 하는 것으로 이해하는 경우도 있었다. 평가에서 과정만 평가할 수 없다. 지금까지 결과만 평가하다 보니 문제점이 발생해서 나온 개념이지, 결과를 빼고 과정만 가지고 평가할 수는 없다.

이러한 과정 중심 평가의 한계를 극복하기 위해 등장한 개념이 바로 '성장 중심 평가'이다. 성장 중심 평가란 학생의 잠재력과 가능성을 확인하고 이를 현실화하기 위해 다양한 기회와 도움을 제공하여 모든 학생이 성장할 수 있도록 돕는 평가이다. 성장 중심 평가는 학생의 전인적 성장을 중시하고 이를 구현하기 위해 다양한 기회와 도움을 제공한다. 성장 중심 평가는 서열화를 통한 학생 선발을 강조하는 선발적 평가관과 달리 학생의 전인적 성장을 지원하는 발달적 평가관을 제시한다. 무엇보다 기존 평가 관행과 성장 중심 평가의 가장 큰 차이점은 '피드백'과 '재도전'의 유무이다. 학생들은 피드백을 통해 자신의 부족한 면을 알게 되고, 재도전을 통해 목표에 도달할 기회를 얻게 된다[6]. 평가 시 재도전의 기회를 부여한다는 것은 현재 채점 등급과 점수를 말하고 그 이유에 대하여 설명하고, 부족한 부분을 수정할 기회를 부여하는 것이다. 학생이 피드백을 받은 대로 평가산출물에 대한 수정 보완을 했다면, 등급과 점수를 올려 주는 것이다. 재도전의 기회를 준다는 것은 평가 기준을 높게 설정해야 한다는 것을 의미한다. 논서술형 평가에서 재도전의 기회를 주는 것은 현실적으로 쉽지 않겠지만, 수행평가의 경우, 재도전의 기회를 부여하는

---

5) 이형빈·김성수(2022), 『백워드로 설계하고 피드백으로 완성하는 성장 중심 평가』, 살림터
6) 이형빈·김성수(2022), 위의 책

깊이 있는 수업

것은 좋은 접근이라고 할 수 있다.

성장 중심 평가에서는 상대평가보다는 절대평가를 강조하고, 상대적 우위 여부를 확인하는 것보다 과거 자신의 학습 수준에 비해 어느 정도 성장했는지를 확인하는 자기 참조 평가를 강조한다. 성장 중심 평가는 인지적 영역뿐 아니라 정의적 영역까지 포괄한다. 그래서 성장 중심 평가에서는 자기 평가와 동료 평가도 포함하여 강조한다.

논서술형 평가의 이해

최근 논서술형 평가에 대한 사회적 관심이 높아지고 있다. 왜냐하면 논서술형 평가를 강조한 국제 바칼로레아(IB)를 도입한 학교들이 늘어나고 있고, 깊이 있는 학습을 평가하는 데 논서술형 평가가 좋기 때문이다.

평가는 평가 방법에 따라 지필평가와 수행평가로 구분할 수 있다. 지필평가 유형은 선다형 평가와 서답형 평가가 있다. 서답형 평가 문항은 응답자가 직접 답을 작성하는 문항 형태를 말한다. 서답형 평가 유형으로 단답형, 완성형, 서술형, 논술형 평가 문항 등이 있다[7].

서술형 문항은 학생이 직접 응답을 구성하되, 응답 내용, 주제 범위, 응답 방식, 시간 등에 제한이 있어 응답 자유도가 논술형 평가 문항보다 낮은 형태의 문항이다. 논술형 문항은 정답이 하나로 정해져 있지 않으며, 서술형에 비해 학생이 작성할 분량이 많고, 개인의 생각이나 주장을 창의적이고 논리적이면서 설득력 있게 조직하여 작성하는 것을 강조한다[8].

---

7) 강승호 외(1999), 위의 책
8) 김선·반재천(2023), 『사고력 함양을 위한 서·논술형 평가 도구 개발 이론과 실제』, AMEC

서술형과 논술형 평가 비교(김선, 반재천[2023])

구분	서술형	논술형
응답 분량 및 내용	· 분량이 상대적으로 짧고 응답할 내용이 단순함	· 분량이 상대적으로 길고, 응답할 내용이 복잡함
응답 방식 제한	· 응답 내용, 주제 범위, 응답 방식, 시간 등에 있어서 구체적으로 제한함	· 응답 내용, 주제 범위, 응답 방식, 시간 등에 있어서 제한이 없거나 상대적으로 약함
측정 사고 수준과 특성	· 지식, 이해, 적용 등	· 평가, 종합, 조직 등
정답	· 정답이 하나인 경향이 있으나 측정 목표에 따라 여러 개의 대답, 유사 정답도 가능함	· 하나의 정답보다는 다양한 해답 가능, 모범 답안 활용 가능
유형	· 분량 제한형 · 내용 범위 제한형 · 서술 양식 제한형 · 자료 제시형	· 일반 쓰기 능력형 · 교과 관련 능력형 · 단독 과제형 · 자료 제시형

서술형 평가와 논술형 평가의 장단점을 비교하면 다음과 같다[9].

구분	서술형	논술형
장점	· 학생이 문항의 의도를 정확히 이해할 수 있음 · 평가자의 채점이 상대적으로 쉬움 · 답안 채점 기준이 분명하면 신뢰도가 높고 타당성도 올라감	· 고차원적 사고 능력을 평가할 수 있음 · 깊이 있는 학습을 위한 학습 습관 및 태도를 기르는 데 도움이 됨 · 좋은 답안을 쓰기 위한 방법이 다양함 · 학생이 자기 생각을 자유롭게 작성할 수 있고, 교사의 전문성에 따라 평가할 수 있음

---

9) 김선·반재천(2023), 위의 책

깊이 있는 수업

		· 채점의 신뢰도가 상대적으로 낮음
단점	· 응답 내용이나 서술 양식에 제한이 있으므로 학생이 자기 생각을 자유롭게 표현하거나 창의적인 답변을 제시하는 것이 제약받음	· 채점 시간 및 에너지가 많이 들어 실용도가 떨어짐 · 문항 수가 많지 않아 학습 내용을 포괄적으로 평가하기 쉽지 않음 · 답안 내용이 충실하지 않아도 학생의 글쓰기 능력이 뛰어나거나 단순하게 길게 쓴 경우, 좋은 점수를 얻을 수 있음

실제 평가에 있어서 서술형 평가와 논술형 평가를 혼합하여 출제하는 경우가 많다. 왜냐하면 기본 개념을 확인하고, 주어진 자료를 해석한 후 자신의 입장과 근거를 제시하도록 하는 경우가 많은데, 이때 기본 개념 확인은 서술형으로, 자료 해석과 자기 입장 및 근거 제시는 논술형으로 평가하는 것이 좋기 때문이다. 그래서 두 가지 평가를 혼합한 논서술형 평가 또는 서논술형 평가라는 용어를 많이 사용한다.

논서술형 평가의 장점은 다음과 같다.

- 고차원적 사고력을 측정하기에 효과적이다.
- 학생이 자기 말로 융통성 있게 서술할 수 있다.
- 학생의 학습 습관과 방법 개선에 도움이 된다.
- 글쓰기 능력을 향상할 수 있다.
- 학생의 사고와 추론 과정을 평가할 수 있다.
- 삶에 필요한 역량을 향상하는 데 도움이 된다.

논서술형 평가의 한계점은 다음과 같다.

- 채점 신뢰도와 객관도가 선다형 평가에 비해 낮다.
- 채점하는 데 시간과 에너지가 많이 든다(실용도).

- 문항 내용이 명확하지 않아 답안 작성이 힘들 수 있다.

- 길게 서술하면 점수 획득에 유리하다.

- 글씨체나 맞춤법 등이 채점에 영향을 미친다.

논술형 평가 제작 단계 및 평가 문항의 기본 구조

논서술형 평가 제작 단계는 다음과 같다[10].

논서술형 평가 문항의 기본 구조를 제시하면 다음과 같다.

- 과목명 : 고등학교 생활과 윤리

- 단원명 : 교정적 정의와 윤리적 쟁점

- 주제 : 사형제도 존속 문제

- 학습 목표 : 사형제도에 대한 찬성과 반대 입장의 논거를 바탕으로 자신의 입장을 주장할 수 있다.

- 성취기준 : [12생윤03-02] 공정한 분배를 이룰 방안으로써 우대 정책과 이에 따른 역차별 문제를 분배 정의 이론을 통해 비판 또는 정당화할 수 있으며, 사형제도를 교정적 정의의 관점에서 비판 또는 정당화할 수 있다.

---

10) 경남교육청(2022), 『서논술형 평가, 이렇게 해 봐요(중등)』

깊이 있는 수업

예) 사형제도 존속 문제에 대한 자신의 입장을 제시하고 그 이유에 대하여 ⇒ 평가 요소

세 가지 이상 논하시오. ⇒ 반응 지시어

(총 9점) ⇒ 배점

위의 기본 구조를 토대로 확장하여 상황, 자료, 조건을 추가하여 논서술형
평가 문항을 구성할 수 있다.

예) 사형제도 존속 문제에 대한 다양한 입장이 존재한다. 우리나라는 실질적인 사형제도
폐지 국가로 분류되기도 하지만 강력 사건이 벌어질 때마다 사형제도 문제가 사회적
이슈로 떠오르기도 한다.(상황) 사형제도 존속 문제에 대한 다음 글을 읽고 해당 내용
에 대한 자신의 입장을 정하여 옹호 또는 비판적 입장에서(조건) 자신의 의견과 근거
(평가 요소)를 네 가지 이상 논하시오.(반응 지시어) 그리고 반대 입장이 제시할 것으로
예상되는 반론과 그에 대한 재반론(평가 요소)을 제시하시오.(반응 지시어) (자기 입장
에 대한 논거 각 2점, 합 8점, 예상 반론 제시 2점, 재반론 4점, 총 14점)(배점)

(자료 제시) 사형제도는 유지되어야 한다. 무엇보다 사회 정의를 실현하기 위해서 사형
제도가 필요하다. 살인, 강간 등 흉악한 범죄에 대한 최고의 사회적 처벌이 바로 사형이
다. 만일 법이 흉악한 범죄에 대하여 응징하지 않는다면 결국 개인적인 복수밖에 해결
책이 없을 것이다. 자기가 행동한 만큼 그 행동에 대하여 책임질 수 있도록 해야 한다.

경제적인 안정 못지않게 중요한 것이 치안이라 생각한다. 연일 뉴스에 오르내리는 강
력 범죄에 이 세상 사는 사람이면 누구나 불안함을 느낀다. 강력 범죄의 증가 원인은
범죄인들이 형벌에 대한 두려움이 없기 때문이다. 흉악 범죄를 줄이기 위해서는 형량
에 있어서 중형으로의 법 개정과 법정최고형의 선고가 필요하다. 사형제도는 인간이
기를 포기한 사람에게 인간으로 대접받지 못한다는 교훈을 줌으로써 흉악 범죄를 예
방하는 효과를 거둘 수 있다.

사형제도가 없어진다면 흉악 범죄자들을 교도소에 장기간 보호할 수밖에 없다. 그런
데 범죄자를 수감하는 데 많은 사회적 비용이 발생한다. 범죄자를 수감하는 데 있어
서 숙식비, 의류비, 교도관 인건비, 시설 유지비 등이 소요된다. 이러한 예산은 국민이
낸 세금으로 충당된다. 흉악한 범죄자를 위해 국민이 낸 세금을 함부로 낭비해서는 안
된다.   [참고] 네이버 지식인

논서술형 평가 문항 출제 시 유의 사항

일반적인 평가 문항에서 유의할 사항이 있다. 이러한 사항은 논서술형 평가 문항에도 동일하게 적용될 수 있는 내용이다.

- 문항에서 요구하는 능력이 평가 목표와 일치해야 한다.
- 문항이 모호하지 않고 구조화될 수 있어야 하며, 문항의 발문과 답지의 내용이 간결하고 명확해야 한다.
- 문항의 난도를 적절히 조절해야 한다.
- 학습자의 학습 동기를 유발하고 참신해야 한다.

특히 논서술형 평가 문항 제작 시 유의해야 할 부분이 있다[11]. 첫째, 발문 자체가 명료하고 구체적이어야 한다. 평가 문항을 두루뭉술하게 서술하기보다 구체적이고 명료한 표현을 제시해야 한다.

예) 민주주의 사회를 만들기 위해 노력해야 할 자세를 서술하시오.
⇒ 4·19혁명을 통해서 알 수 있는 민주 시민으로서 지켜야 할 교훈 두 가지를 제시하고 그 이유를 쓰시오.

둘째, 배점 기준을 구체적으로 제시해야 한다.

예) 윗글의 사례에 대해 공리주의와 칸트 입장에서 도덕적인 판단을 내리고 그 이유를 쓰고, 이 사례에 대한 자신의 견해를 세 가지 이상 논하시오. (총 30점)
⇒ (도덕적 판단 각 2점, 총 4점 / 공리주의와 칸트 입장에서 그 이유를 제시하기 각 4점, 총 8점 / 자신의 견해 한 가지당 4점, 총 12점 / 분량이 200자 미만 시 감점 채점함)

셋째, 수업 시간에 다룬 내용을 평가 문항으로 만드는 것이 원칙이다. 수업 시간에 다루지 않은 내용을 평가 문항으로 출제하면 변별력은 올라갈지 몰라도 타당도가 떨어질 수밖에 없고, 학생들의 학습 부담만 늘리게 되고 만다. 교

---

11) 강승호(1999), 위의 책

육과정-수업-평가의 일체화 맥락에서 수업과 평가의 일치를 추구해야 한다.

논서술형 평가 문항을 검토할 때는 다음의 질문을 통해 점검하는 것이 좋다.

- 교육과정의 정상적 운영을 기할 수 있게 출제되었는가?
- 발문에 묻고자 하는 내용을 정확하게 물었는가?
- 발문과 관련하여 답지의 의도가 분명하게 드러났는가?
- 발문이 너무 길어 해석 자체에 부담을 주지 않았는가?
- 보기는 문제 해결에 필요한 내용만 담고 있는가?
- 관점에 따라 다양한 반응이 나올 가능성이 있는가?
- 예상하는 문항 해결 시간은 적절한가?
- 수업 내용과 평가 문항이 잘 연결되고 있는가?
- 민감한 내용이 포함되고 외부 민원의 소지가 있을 수 있는가?
- 모범 답안은 미리 작성되어 있는가? 등

채점기준표(루브릭) 작성

논서술형 평가가 학부모 민원 중심 평가가 아니라 객관성과 신뢰성을 확보한 평가로 운영되려면 정교한 채점기준표(루브릭) 작성이 필요하다. 채점기준표는 평가 요소와 등급, 그리고 배점을 도표화하여 한눈에 파악할 수 있도록 정리하면 좋다.

논서술형 평가 문항 채점기준표 예시

구분	자기 입장에 대한 논리적 근거	예상되는 반론	재반론
상	찬반 입장에서 네 가지 논거를 제시함(8점)	예상되는 반론을 제시함(2점)	재반론을 세 문장 이상으로 제시함 (4점)
중	세 가지 논거를 제시함(6점) 두 가지 논거를 제시함(4점)	–	재반론을 두 문장으로 제시함(2점)
하	한 가지 논거를 제시함(2점) 논거를 제시하지 못하거나 입장과 논거가 연결되지 못함(0점) ※논거를 두 문장 이상으로 각각 서술하면 2점, 한 문장만 서술하면 1점 처리함	예상되는 반론을 제시하지 못함 (0점)	재반론을 한 문장으로 제시함 (1점) 재반론을 제시하지 못함(0점)

※ 자기 입장에 대한 논리적 근거와 예상 반론에 대한 재반론을 여덟 문장 이상 서술하거나 창의적인 입장에서 제시했다면 가산점 2점을 부여할 수 있음.

모범 답안 예시

• 찬성 입장

1. 범죄 억제 효과가 크다. 왜냐하면 아무리 흉악범이라도 사형을 좋아할 사람이 없기 때문이고, 다른 사람들도 사형당하지 않으려고 노력할 것이기 때문이다.

2. 흉악한 범죄를 엄단하는 것은 사회적 정의의 실현이다. 자기 행동에 책임을 질 수 있도록 하는 것이 정의의 핵심이라고 생각하기 때문이다.

3. 국민의 일반 감정은 사형제도를 지지하고 있다. 상당수의 국민이 사형제도를 지지하고, 흉악범에 대한 엄벌을 당연하다고 생각하고 있다.

4. 국민의 자유, 재산, 생명, 안전을 지키기 위한 최후의 수단이 사형이다. 사형은 형법에서 제시한 사회 질서를 유지하기 위한 최후의 수단이다.

• 반대 입장

1. 사형제도는 예방 효과가 별로 크지 않다. 실제 범죄 발생률을 살펴보면 사형제도가 운

영되고 있는 국가에서 중대 범죄가 줄어들고 있지 않다.

2. 사형은 인간의 생명권을 근본적으로 부정하는 것이고 인도적 이유에서도 존치시킬 수 없다. 범죄자라 할지라도 인권 차원에서 사람을 죽이는 것이 정당하다고 볼 수 없다.

3. 교육과 교화를 목적으로 한 형벌의 본질에 반한다. 형벌은 범죄자가 재범하지 않고 바람직한 삶을 살 수 있도록 도와주기 위한 수단이다.

4. 오판 가능성이 있다. 실제 사형 집행 후 진범이 나중에 잡혀서 억울한 죽임을 당한 사람들이 있다. 다른 처벌과 달리 사형은 오판 결과에 대한 책임을 보상하기 힘들다.

5. 정치적으로 악용될 수 있다. 독재 정부하에서 정적들을 처리하는 데 있어서 사형제도를 숙청의 도구로 사용한 사례들이 많이 있다.

- 예상되는 반론 및 재반론
  - 반대 측의 '오판 가능성이 있음' – 과학적 수사와 제도 보완을 통해 오판 가능성을 줄일 수 있음
  - 찬성 측의 '범죄 억제 가능성이 큼' – 실제 사형제도 유지 국가의 범죄 발생률을 살펴보면 줄어들고 있지 않음

논서술형 평가의 문제점은 객관성과 신뢰성이 부족할 수 있다는 것이다. 이를 보완하기 위해서는 논서술형 채점기준표(루브릭)를 잘 작성할 필요가 있다. 채점기준표를 작성할 때는 다음 사항을 유의해야 한다.

첫째, 채점기준표를 작성할 때 명료하고 행동 관찰이 가능한 언어로 표현하는 것이 필요하다. 예컨대, '잘 설명했다', '그저 그렇게 설명했다', '설명이 부족하다'와 같은 형용사 중심의 서술보다는 '세 가지 이유를 주장과 논거 구조에 맞게 제시하였다', '두 가지 이유를 주장과 논거 구조에 맞게 제시하였다' 등 행동 관찰이 가능한 언어로 서술하는 것이 필요하다.

둘째, 정량 평가 요소뿐 아니라 정성 평가 요소도 고려하여 채점기준표에

작성할 필요가 있다. 예컨대, 문항이 '사형제도 존속 문제에 대하여 자신의 견해를 세 가지 이상으로 논하시오'라면 최소 여섯 문장만 쓰고도 만점을 받을 수 있다. 만약 한 가지 주장과 이유만 서술했다면, 열 문장 이상으로 적고 창의적인 입장과 대안을 제시했더라도 채점기준표상 3분의 1에 해당하는 점수만 받을 수 있다. 이러한 경우, '한 가지 주장과 이유를 열 문장 이상으로 서술하거나 창의적인 입장과 대안을 제시하면 가산점을 부여함'을 추가하는 식으로 정성 평가 요소를 고려하여 채점기준표를 작성하면 좋다.

셋째, 모범 답안을 반드시 제시해야 한다. 출제자가 모범 답안을 생략하는 경우가 있다. 모범 답안을 제시하는 것 자체가 출제자 입장에서 부담되기 때문이다. 하지만 응답 비제한형 논술평가 문항이라도 모범 답안이 제시되어야 학생들에게 피드백 근거가 될 수 있다. 출제자가 원하는 답안이 무엇인지를 알게 되면 학생이 자신의 답안지와 비교하여 수정 보완할 수 있고, 다음번 논서술형 평가를 잘 준비할 수 있다.

채점

논서술형 평가 채점 시 평가자가 두 번 이상 채점할 필요가 있다. 더불어 평가자만 채점하는 것보다 동료 교사도 채점하는 복수 채점 방식을 통해 객관도를 올리는 노력도 필요하다. 교사가 채점 후 학생들에게 점수와 등급만 이야기하기보다는 해당 점수와 등급이 어떻게 나왔고, 부족한 부분이 무엇인지 개별적으로 만나 구체적으로 피드백하는 노력이 필요하다. 논서술형 평가의 객관도와 신뢰도를 올리기 위한 도구가 채점기준표이므로 채점기준표를 통해 학생과 소통하면서 최종 확인 작업을 하는 노력이 필요하다.

성장 중심 평가를 위한 논서술형 평가

성장 중심 평가 차원에서 논서술형 평가가 이루어져야 한다. 논서술형 평가가 잘 이루어지려면 먼저 수업 자체가 깊이 있는 수업으로 진행되어야 한다. 논서술형 평가가 이루어지기 위해서는 강의식 설명법과 문답법만으로 수업을 진행해서는 안 된다. 수업 과정에서 독서 수업, 토의토론 수업, 글쓰기 수업, 하브루타 수업, 프로젝트 수업 등이 이루어져야 논서술형 평가로 마무리할 수 있다.

논서술형 평가는 고차원적 사고가 가능한 상위권 학생들에게 유리한 평가이다. 현실적으로 중하위권 학생들은 논서술형 평가 시 포기하고 백지를 낼 가능성이 높다. 중위권 학생들의 참여를 유도하기 위해서는 예상 문제를 미리 주고 그 안에서 출제하면 좋다. 하위권 학생들의 참여를 유도하기 위해서는 자기가 직접 평가 문항을 만들고 답하도록 하는 하브루타 방식의 논서술형 평가를 도입하면 좋다. 상위권 학생들의 변별력을 강화하려면 예상 문제가 아닌 평가 문항을 출제할 수 있다. 논서술형 평가는 학생들의 학습 수준에 맞는 접근과 노력이 필요하다.

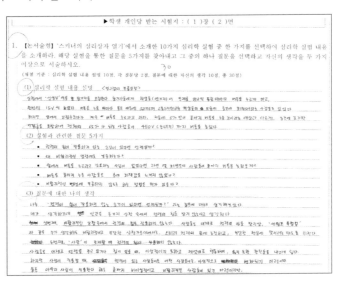

수업 과정에서 글쓰기 수업과 피드백이 상시 진행되어야 한다. 논서술형 평가가 잘 이루어지려면 국어과 수업뿐 아니라 다른 교과 수업에서 글쓰기 활동이 잘 이루어져야 한다.

논서술형 평가는 기본적으로 상대평가가 아니라 절대평가 방식으로 진행되어야 한다. 왜냐하면 성장 중심 평가는 기본적으로 절대평가 안에서 이루어지기 때문이다. 논서술형 평가는 특성상 절대평가 형태로 진행되어도 변별력이 드러나기 쉽다.

논서술형 평가는 자신의 과거 학습 수준을 기준으로 향상 여부를 확인하는 자기 참조 평가 방식으로 진행되어야 한다. 다른 학생과의 상대적 우위가 아니라 자기 과거 학습 수준과 비교하여 성장 정도에 따라 평가와 피드백이 이루어져야 한다.

논서술형 학생 평가 기록은 실제 사실에 근거하여 학습 수준 파악과 피드백을 구체적으로 할 수 있어야 한다. 교사가 수업 활동 시 학생들의 글쓰기 내용을 잘 파악하고 일상 수업 시 평가 기록을 꼼꼼하게 할 수 있어야 한다.

학교 차원에서 점수 부풀리기 현상이 나타나지 않도록 학교 평가 시스템을 구축할 필요가 있다. 평가 기준을 다소 높게 설정하고 피드백을 통해 평가 기준에 도달할 수 있도록 해야 한다. 복수 채점 시스템을 구축하고 실질적인 다면(多面) 평가 체제를 운영해야 한다. 국제 바칼로레아 기구(IBO)처럼 제3의 전문 기관에서 상시 평가 결과를 확인하는 체제(표집 또는 전수 조사)를 만들어야 한다. 학교 차원에서 평가 관련 연수를 실시하고 평가 컨설팅을 해야 한다. 그리고 교감 또는 수석교사의 평가 관리를 강화해야 한다.

무엇보다 교사의 평가권과 권위에 대한 사회적 인정이 전제되어야 한다. 논서술형 평가는 자칫 '학부모 민원' 중심 평가가 될 수 있다. 학생과 학부모들로부터 평가 전문성과 권위를 인정받을 수 있어야 논서술형 평가가 학교 현장에서 잘 뿌리내릴 수 있을 것이다.

학생 성장을 위한 피드백

피드백은 '개선을 위한 정보'를 말한다. 교육에서 피드백은 학생의 성장을 위해 학생의 학습 상황을 점검하고 교사가 학생에게 적절한 반응을 보여 학습 목표에 도달할 수 있도록 하는 것이다. 피드백은 학습 목표에 도달했을 때 칭찬하고, 도달하지 못했을 때 오류를 지적하는 것 이상의 의미를 지니고 있다. 피드백을 통해서 학생이 학습 목표에 도달할 수 있도록 학습 방향을 제시하고, 학습 동기를 유발하고, 학생 스스로 자기 문제를 해결할 수 있도록 도와주는 것이다. 피드백의 일반적인 원칙은 다음과 같다(이찬승).

- 목표 달성에 초점을 맞춘다.
- 피드백을 주는 사람을 받는 사람이 신뢰할 수 있어야 한다.
- 구체적이어야 한다.
- 명료하고 이해하기 쉽다.
- 학습자 수준을 고려한다.
- 감정적 반응보다는 인지적 반응이어야 한다.
- 반영할 시간 제공을 위해 학습 도중에 신속히 제공한다.
- 지속적이고 일관성이 있다.
- 단순한 조언보다 상호작용이나 질문 형식의 피드백이 효과적이다.

교육적 차원에서의 피드백은 목표를 기준으로 진행하는 목표 참조 피드백, 정답을 제시하는 것이 아니라 힌트나 질문을 통해서 스스로 해결 방안을 모색하게 하는 비계식 피드백, 다른 사람과 비교하는 것이 아니라 과거의 자기가 이룬 성취 수준을 기준으로 피드백하는 자기 참조 피드백을 추구하는 것이 필요하다[12].

---

12) 성태제(2019), 『교육평가의 기초』, 학지사
   김선·반재천(2020), 『학생의 배움과 성장을 지원하는 과정 중심 피드백』, AMEC

- **목표 참조 피드백**
  - 학생이 성취해야 할 학습 목표를 기준으로 학습 목표 성취의 진행 정도에 관한 정보를 담은 피드백을 구성하는 방식
  - 학습 목표에 초점을 두고 피드백하는 것

  예) "네 글을 보니 전반적으로 문장 구조가 논리적으로 구성되어 있구나. 그런데 이번 수업의 목표는 자기 생각을 진솔하게 표현하는 것이니만큼 다음에는 네 생각과 주장도 잘 드러나면 좋겠어."

- **비계식 피드백**
  - 학습 과제를 세분화하여 제시하고 학생이 학습 목표에 도달할 수 있도록 정보와 방법을 제시하는 것
  - 정답을 주는 피드백이 아니라 해답을 스스로 찾을 수 있도록 유도하는 피드백

  예) "처음부터 완성도가 있는 글을 쓰려고 하지 말고, 먼저 글의 개요부터 구성해 보면 어떨까?"

- **자기 참조 피드백**
  - 학생의 현재 학습 진행 정도를 이전 수행과 비교하여 피드백을 제공하는 것
  - 다른 학생과 비교하는 것이 아니라 과거의 자기 모습과 상태를 기준으로 피드백하는 것

  예) "예전에 쓴 네 글과 비교해 보면 이번 글은 더욱 논리적이고, 네 생각이 보다 분명하게 드러나서 참 좋은 것 같아. 특히 이 부분이 인상적으로 느껴져."

평가의 핵심은 피드백이다. 논서술형 평가 후 피드백을 하는 것은 추후 학

생들이 시험을 준비하는 데 큰 도움이 된다. 하지만 평가 후 피드백보다 수업 과정에서 이루어지는 피드백이 더 중요하다. 논서술형 평가에서 좋은 결과를 얻으려면 일상 수업에서 글쓰기 및 토의토론 활동이 잘 이루어지고 이에 따른 피드백 활동이 뒷받침되어야 한다. 그런데 다인수 학급에서 교사가 수업 시간마다 피드백하는 것은 그리 쉽지 않다.

가장 이상적인 피드백 방법은 교사가 수업 시간마다 학생들의 글쓰기 활동을 점검하고 피드백하는 것이겠지만, 다인수 학급의 경우 교사의 피드백 부담이 크기 때문에 용두사미 형태로 흐지부지될 가능성이 높다. 지속 가능한 피드백을 위해서는 계속 강화 방식에서 간헐 강화 방식으로 전환하는 것이 좋다. 계속 강화 방식은 모든 행동을 할 때마다 주어지는 피드백이고, 간헐 강화 방식은 해당 행동들 중 선택적으로 주어지는 피드백이다. 새로운 행동을 학습할 때는 계속 강화가 도움이 되지만, 지속 가능성을 추구할 때는 간헐 강화가 더 좋다. 예컨대, 글쓰기 활동을 점검할 때 처음에는 매번 점검한다면 어느 정도 시간이 지난 뒤에는 몰아서 점검하는 것이다.

글쓰기에 대한 피드백을 교사가 서술형으로 하는 것이 가장 좋겠지만, 중등학교 다인수 학급에서 수업한다면 그렇게 피드백하기가 쉽지 않기에 일상 수업에서 확인 도장(토큰)으로 간단하게 피드백할 수 있다. 예컨대, 글을 잘 썼다면 세 개, 보통이면 두 개, 부족하다면 한 개 정도로 확인 도장을 주는 것이다.

그리고 교사 중심 피드백을 벗어나 동료 피드백을 포함하여 다면 피드백 체제를 구축하는 것이 필요하다. 즉, 학생들끼리 소그룹을 만들어 서로 간에 점검하여 피드백하는 체제를 만드는 것이다. 또래 학생일 수도 있고, 선후배 관계 속에서 진행할 수도 있다. 동료 피드백을 하면, 교사는 그만큼 업무 부담을 줄이면서도 그 효과는 유지할 수 있다.

무엇보다 자기 피드백이 필요하다. 자기가 계획한 대로 어느 정도 도달했는지 스스로 점검하고, 수행 결과에 대하여 평가 기록하는 것이다. 잘된 점, 미흡한 점, 대책, 목표 달성률 등을 기록하도록 한다. 차기 계획 수립 시 이를 반영할 수 있도록 한다.

최근 개발된 인공지능 기반 논서술형 피드백 서비스를 활용하여 피드백하는 것도 좋은 방법이다. 다만 인공지능 피드백 서비스를 활용하는 경우, 교사의 전문성과 평가권 문제가 발생할 수 있고, 채점 및 피드백 오류 발생 가능성이 있다. 그러므로 인공지능 기반 논서술형 피드백에 전적으로 의지하는 것보다 교사도 수정 보완하여 피드백 과정에 참여하는 것이 필요하다. 인공지능 활용 피드백은 정량 평가는 어느 정도 가능하지만 정성 평가는 한계가 있을 수 있다. 그러므로 인공지능 서비스를 교사의 피드백을 대체하는 도구가 아니라 비서나 보조 도우미 정도로 활용하여 교사의 피드백 부담을 줄이는 도구로 활용하는 것이 필요하다.

재도전의 기회를 어떻게?

성장 중심 평가의 특징 중 하나가 학생들에게 재도전의 기회를 부여하는 것이다. 총괄평가에서 논서술형 평가 문항을 출제한 경우, 재도전의 기회를 줄 수 없다. 그러므로 수업 중 글쓰기 활동 후 피드백을 통해 학생들이 자기가 부족한 부분을 수정 보완할 수 있는 시간을 주고, 재도전하여 글의 완성도를 올리는 것이 필요하다. 수업 중 글쓰기 활동을 자주 하는 것이 좋다. 수행평가로 논서술형 평가를 하는 경우, 1차 마감 기한을 정하고 채점과 피드백을 한다. 그리고 2차 마감 기한을 제시하여 피드백받은 부분을 학생이 적극적으로 반영할 수 있도록 유도하고, 수정 보완 시 점수와 등급을 올려 준다. 물론 재도전의 기회를 주는 것이 점수 부풀리기로 연결될 수 있다. 그러므로 교사가 학생 기대 수준을 다소 높게 잡아야 재도전의 기회를 주는 것이 의미가 있다.

깊이 있는 수업

논서술형 평가가 깊이 있는 학습에 도움이 되지만 모든 교과와 주제에 적용할 수는 없다. 논서술형 평가는 대개 국어과, 사회과, 도덕윤리과, 과학과, 진로와 직업과, 교양 교과의 융합 수업 등에 적용하기가 좋다. 하지만 외국어, 음악, 미술, 체육과의 경우, 일부 문항을 논서술형 평가로 출제할 수 있겠지만, 기본적으로 해당 교과 특성에 맞는 실기 중심의 수행평가가 더 좋을 것이다.

　깊이 있는 수업은 교사의 깊이 있는 사고를 기반으로 진행된다. 교사가 깊이 있는 수업을 하면서 양과 질을 모두 추구하기는 힘들다. 교사가 학습 분량을 조절하기 위해서는 핵심 아이디어를 이해하고 개념적 렌즈를 통해 먼저 세상을 바라보고 역량을 중심으로 교육과정 재구성을 할 수 있어야 한다. 교사의 교수학습 방법에 따라 학생의 학습 경험이 달라지므로 교사가 학생들에게 깊이 있는 학습이 가능한 교수학습 방법을 사용할 수 있어야 한다. 가르침의 방향과 깊이가 배움의 방향과 깊이에 영향을 미친다.

참고문헌

1장

· 교육부 고시 제2022-33호

· 경남교육청(2023), 『미리 준비하는 2022 개정 교육과정(초등)』

· 김진규(2015), 『교육과정과 교육평가(3판)』, 동문사

· 김현섭(2015), 『질문이 살아있는 수업』, 수업디자인연구소

· 온정덕(2022), 「역량과 주도성을 기르는 2022 개정 교과 교육과정」, 『서울교육』 2022 겨울호(249호)

· 유영식(2018), 『교육과정 문해력』, 테크빌교육

· 유영식(2023), 『2022 개정 교육과정 기반 교사 교육과정과 수업 디자인』, 테크빌교육

· 임유나(2023), 「2022 개정 교육과정의 '핵심 아이디어'에 대한 비판적 검토」, 『학습자중심교과교육연구』 제23권 18호

· 정제영 외(2023), 『챗GPT 교육혁명』, 포르체

· 황농문(2007), 『몰입』, 알에이치코리아(RHK)

· 게리 보리치, 박승배 외 역(2002), 『효과적인 교수법』(4판), 프랜티스홀

· 론 리치하트 외, 최재경 역(2023), 『생각이 보이는 교실』, 사회평론아카데미

· 미하이 칙센트미하이, 이희재 역(2010), 『몰입의 즐거움』, 해냄

· 브루스 조이스·마샤 웨일, 김종석 외 역(1992), 『교수·학습 이론의 이해와 실제』, 성원사

· 요한 하리, 김하연 역(2023), 『도둑맞은 집중력』, 어크로스

· 제이 맥타이·그랜트 위긴스, 정혜승·이원미 역(2016), 『핵심 질문, 학생에게 이해의 문 열어 주기』, 사회평론아카데미

· 파커 파머, 이종인 외 역(2013), 『가르칠 수 있는 용기』, 한문화

2장

· 김현섭(2015), 『질문이 살아있는 수업』, 수업디자인연구소

· 김현섭 외(2020), 『에듀파베르』, 수업디자인연구소

· 백희정(2023), 『질문에 관한 질문들』, 노르웨이숲

· 서수현 외(2023), 「서울형 쓰기 중심 수업·평가 모델의 효과성 분석 연구」, 서울특별시교육청교육연구정보원

· 로버트 마르자노 외, 정혜승 외 역(2017), 『학생탐구중심 수업과 질문연속체』, 사회평론아카데미

3장

· 온정덕(2022), 「역량과 주도성을 기르는 2022 개정 교과 교육과정」, 『서울교육』 2022 겨울호(249호)

· 유영식(2023), 『교사 교육과정과 수업디자인』, 테크빌교육

· 이은총(2024), 『어떻게 배움과 가르침의 주인이 되는가』, 푸른칠판

· 조호제 외(2022), 『개념 기반 교육과정 수업설계의 이론과 실제』, 박영스토리

· 브루스 조이스·마샤 웨일, 김종석 외 역(1992), 『교수·학습 이론의 이해와 실제』, 성원사

· 에릭슨 외, 온정덕 외 역(2019), 『생각하는 교실을 위한 개념 기반 교육과정 및 수업』, 학지사

· 제이 맥타이·그랜트 위긴스, 정혜승·이원미 역(2016), 『핵심 질문, 학생에게 이해의 문 열어 주기』, 사회
평론아카데미

· 칼라 마샬·레이첼 프렌치, 신광미·강현석 역(2021), 『개념 기반 탐구학습의 실천』, 학지사

4장

· 김현섭 외(2012), 『협동학습 1, 2』, 한국협동학습센터

· 정문성(2002), 『협동학습의 이해와 실천』, 교육과학사

· 밴스턴 쇼, 수원중앙기독초 역(2007), 『공동체를 세우는 협동학습』, 디모데

· 스펜서 케이건, 수원중앙기독초 역(1999), 『협동학습』, 디모데

· Jacob 외(2002), 『The Teacher's Sourcebook for Cooperative Learnning』, Corwin Press, 2002

5장

· 김대권 외(2020), 『교실에서 바로 쓰는 초등 독서수업』, 푸른칠판

· 김현섭 외(2012), 『협동학습 2』, 한국협동학습센터

· 김현섭(2015), 『질문이 살아있는 수업』, 수업디자인연구소

· 김현섭 외(2020), 『에듀파베르』, 수업디자인연구소

· 정문성(2002), 『토의·토론 수업 방법 36』, 교육과학사

· 정문성(2002), 『협동학습의 이해와 실천』, 교육과학사

· 형지영(2001), 『통합적 독서교육』, 인간과 자연사

· 하워드 가드너, 문용린 역(2007), 『다중지능』, 웅진지식하우스

6장

· 김선자 외(2020), 『별별학습코칭』, 함께교육

· 김현섭·김성경(2018), 『욕구코칭』, 수업디자인연구소

· 김현섭 외(2022), 『중3 진로연계학기 수업자료집』, 광명교육지원청

· 김현섭 외(2024), 『에듀코칭』, 수업디자인연구소

· 박유찬(2012), 『코칭, 마음을 열다』, 별다섯

· 차희영 외(2021), 「거꾸로 하는 문제 중심 학습(FPBL) 모형 개발 및 적용 결과 분석」, 『교육문화연구』 제27권 제2호

· 최귀길(2012), 『공부생 노트필기』, 마리북스

· 제키 턴불, 이영만 역(2014), 『교사를 위한 학습코칭』, 학지사

· 폴 김·함돈균(2020), 『교육의 미래, 티칭이 아니라 코칭이다』, 세종서적

7장

· 강인애 외(2007), 『PBL의 실천적 이해』, 문음사

· 김현섭(2016), 『질문이 살아있는 수업』, 수업디자인연구소

· 김현섭(2023), 『학교, 미래교육을 디자인하다』, 수업디자인연구소

· 김현섭·장슬기(2019), 『미래형 교육과정을 디자인하다』, 수업디자인연구소

· 융합교육연구소(2023), 『융합교육으로 미래교육의 길을 찾다』, 맘에드림

· 이영만(2001), 『통합교육과정』, 학지사

· 최재천(2007), 『지식의 통섭』, 이음

· 실비아 차드, 지옥정 역(1995), 『프로젝트 접근법』, 창지사

· 존 라머 외, 최선경 외 역(2017), 『프로젝트 수업 어떻게 할 것인가?』, 지식프레임

· 파커 파머, 이종인 외 역(2013), 『가르칠 수 있는 용기』, 한문화

8장

· 김용성(2023), 『챗GPT 충격, 생성형 AI와 교육의 미래』, 프리렉

· 김현섭 외(2012), 『협동학습』, 한국협동학습센터

· 김현섭·이상찬·김대권(2021), 『미래를 여는 온오프라인 수업』, 수업디자인연구소

· 박일준·김묘은(2020), 『디지털 리터러시 교실』, 북스토리

· 안다겸, 「디지털, AI 협업으로 지식 생산하기(교과 융합 프로젝트 수업 실천 사례)」, 충북 미래교육 재움길 연수, 충북단재교육연수원

· 온정덕, 「역량과 주도성을 기르는 2022 개정 교과 교육과정」, 『서울교육』 2022 겨울호

· 융합교육연구소(2023), 『융합교육으로 미래교육의 길을 찾다』, 맘에드림

· 정제영 외(2020), 『AI 융합교육의 이해』, AI융합교육연구지원센터

· 천재교육(2025), 『AI 디지털교과서 수업가이드』, 천재교과서

· 스펜서 케이건, 수원중앙기독초 역(1999), 『협동학습』, 디모데

· 제인 넬슨 외, 김성환 역(2014),『학급긍정훈육법』, 에듀니티

· 칼라 마샬·레이첼 프렌치, 신광미·강현석 공역(2021),『개념 기반 탐구학습의 실천』, 학지사

· 티타임, https://www.youtube.com/watch?v=kLKKF8xgr7k&t=11s

· 티타임, https://www.youtube.com/watch?v=kLKKF8xgr7k&t=225s

· 티타임, https://www.youtube.com/watch?v=amMjAoEVAis&t=2532s

· 아이스크림 AIDT 소개누리집(https://aidt.i-scream.co.kr/)

9장

· 강승호 외(1999),『현대 교육평가의 이론과 실제』, 양서원

· 경남교육청(2022),『서논술형 평가, 이렇게 해 봐요(중등)』

· 김선·반재천(2020),『학생의 배움과 성장을 지원하는 과정 중심 피드백』, AMEC

· 김선·반재천(2023),『사고력 함양을 위한 서·논술형 평가 도구 개발 이론과 실제』, AMEC

· 김현섭(2015),『질문이 살아있는 수업』, 수업디자인연구소

· 김현섭(2017),『철학이 살아있는 수업기술』, 수업디자인연구소

· 박혜영 외(2021),『서술형·논술형 평가 문항 어떻게 만들어지나?』, EBS북스

· 성태제(2019),『교육평가의 기초』, 학지사

· 온정덕(2023),「역량과 주도성을 기르기 위해서 교과에서는 무엇을, 왜, 어떻게 가르치고 평가할 것인가?」, 2022 개정 교육과정 총론 핵심교원 원고

· 이형빈·김성수(2022),『백워드로 설계하고 피드백으로 완성하는 성장 중심 평가』, 살림터

· 정문성(2002),『협동학습의 이해와 실천』, 교육과학사

· 최무연(2024),『교육과정 수업 평가 수업을 디자인하다』, 행복한미래

· 칼라 마샬·레이첼 프렌치, 신광미·강현석 공역(2021),『개념 기반 탐구학습의 실천』, 학지사

교육디자인 네트워크
EDUCATION DESIGN NETWORK

교육디자인네트워크 (www.edudesign21.net)
교육디자인네트워크는 교육 혁신을 위한 씽크 및
액션 탱크 역할을 지향합니다.

- 현장 교원과 연구자를 중심으로 따뜻한 전문가주의와 실천연구 조직
- 교사는 연수받는 존재에서 연구하고 공유하는 존재
- 이론과 경험, 정책과 현장, 교육과 연구, 초등과 중등의 이분법 극복
- 각 영역별 연결과 협업, 소통과 나눔이 있는 플랫폼 조직
- 학습공동체, 연구공동체, 역량공동체, 실천공동체
- 연구자, 학부모, 교원, 전문직원 등이 함께 어우러지는 공동체를 지향합니다.

현재 교육디자인네트워크는 수업디자인연구소, 교육과정디자인연구소, 교육리더십디자인연구소, 교육정책디자인연구소, 부모교육디자인연구소, 보건교육디자인연구소, 유아교육디자인연구소, 사회정서학습디자인연구소, 특수교육디자인연구소, 평화교육디자인연구소 등 10개 연구소가 함께 하는 수평적인 플랫폼 조직입니다.

사단법인 교육디자인네트워크는
- 네트워크 협의회 운영을 통한 각 연구소별 소통과 협업, 연대 강화
- 성장단계별 아카데미 공동 운영
  (예 : 새내기, 수석교사, 전문직원, 학부모 등)
- 연구소의 연구 및 실천 성과 홍보
  (예 : 뉴스레터, 블로그, 페이스북 페이지 등)
- 논문과 보고서, 저서를 통한 출판 운동
- 각 연구소의 콘텐츠를 결합한 학교혁신 운동
- 분야별 컨설팅(예 : 연구, 수업 등)
- 정기모임을 통한 학습
- 각 연구소 사업 홍보 및 지원 등의 사업을 추진하고 있습니다.

앞으로 뜻을 같이 하는 사람들과 단체와의 협력을 하면서 교육 혁신의 꿈을 함께 이루어가고자 합니다.

- 서울 광화문센터 : 서울특별시 종로구 세종대로23길 47
  　　　　　　　　미도파빌딩 411호
- 군포 대야미센터 : 경기도 군포시 대야2로 147, 201호
- 연락처 : 변미정 실장 (031-502-1359), eduhope88@naver.com

수업디자인연구소
INSTRUCTION DESIGN INSTITUE

수업디자인연구소(www.sooupjump.org)는
수업 혁신과 교사들의 수업 성장을 돕기 위해 수업 관련 콘텐츠를
지속적으로 연구 개발하고, 연수와 출판을 통해 콘텐츠를 확산하고,
수업 전문가를 지속적으로 양성하고
수업공동체 운동을 지원하고자 합니다.

활동 방향

1. 수업 혁신을 위한 다양한 콘텐츠 개발 및 보급

2. 지속적인 수업 성장을 위한 수업 코칭 활동

3. 수업 전문가 양성

4. 수업공동체 지원 및 좋은 학교 만들기 활동

5. 교육디자인네트워크 활동 및 교육 관련 단체들과의 연대 활동

활동 내용

1. 수업 혁신 콘텐츠 개발 연구
    (질문이 살아 있는 수업, 수업공동체 만들기, 철학이 살아 있는 수업 등)

2. 수업 혁신 콘텐츠 보급 (출판 및 학습도구 제작 등)

3. 외부 연구 프로젝트 추진
    (교육부 주관 인성교육 및 자유학기제 자료 개발, 비상교육 주관 질문이
    살아 있는 교과수업 자료집 시리즈 등)

4. 교원 대상 연수 활동
    (서울 강남, 경기 광명, 구리남양주, 군포교육지원청 등 주관 연수,
    각종 교사 학습공동체 및 일선 학교 대상 연수,
    온라인 원격 연수(티스쿨원격연수원, 티쳐빌원격연수원 등))

5. 수업 혁신 콘텐츠 온라인 홍보
    (홈페이지, 블로그 및 각종 SNS 활동 등)

6. 수업 전문가 양성 프로그램
    (수석 교사 및 일반 교사 대상 수업 디자이너 아카데미 운영)

7. 수업콘서트(교사들을 위한 수업 이벤트)

8. 수업 코칭 활동
    (개별 및 단위학교, 교육청 주관 수업코칭 프로그램 수업코치 및 헤드코치)

9. 교사 힐링 캠프(교사 회복 프로그램)

10. 학교 내 교사 학습공동체 지원 및 외부 교육 단체 및 기관연대

변미정 실장
・연락처 : 031-502-1359, eduhope88@naver.com